Verfahrensbeteiligung und Klagebefugnis im EG-Recht
Zur Dogmatik der Klagebefugnis verfahrensbeteiligter Dritter im Kartell-,
Beihilfenaufsichts-, Fusionskontroll- und Außenhandelsrecht

Europäische Hochschulschriften

Publications Universitaires Européennes
European University Studies

Reihe II

Rechtswissenschaft

Série II   Series II
Droit
Law

Bd./Vol. 1733

PETER LANG

Frankfurt am Main · Berlin · Bern · New York · Paris · Wien

Philipp von Dietze

Verfahrensbeteiligung und Klagebefugnis im EG-Recht

Zur Dogmatik der Klagebefugnis verfahrensbeteiligter Dritter im Kartell-, Beihilfenaufsichts-, Fusionskontroll- und Außenhandelsrecht

PETER LANG
Europäischer Verlag der Wissenschaften

Die Deutsche Bibliothek - CIP-Einheitsaufnahme

Dietze, Philipp von:

Verfahrensbeteiligung und Klagebefugnis im EG-Recht : zur
Dogmatik der Klagebefugnis verfahrensbeteiligter Dritter im
Kartell-, Beihilfenaufsichts-, Fusionskontroll- und
Außenhandelsrecht / Philipp von Dietze. - Frankfurt am Main ;
Berlin ; Bern ; New York ; Paris ; Wien : Lang, 1995
  (Europäische Hochschulschriften : Reihe 2, Rechts-
  wissenschaft ; Bd. 1733)
  Zugl.: München, Univ., Diss., 1994
  ISBN 3-631-48151-9

NE: Europäische Hochschulschriften / 02

D 19
ISSN 0531-7312
ISBN 3-631-48151-9
© Peter Lang GmbH
Europäischer Verlag der Wissenschaften
Frankfurt am Main 1995
Alle Rechte vorbehalten.

Printed in Germany 1 2 3 4 5 7

Meinen Eltern und meiner Frau

Vorwort

Vorworte sind für den Leser eine höchst langweilige Einrichtung. Für den Schreiber bieten sie jedoch ein Forum für allerlei Dinge, die ihm am Herzen liegen.

Diese Arbeit wurde von der juristischen Fakultät der Ludwig-Maximilians-Universität München als Dissertation angenommen. Das Rigorosum fand am 26. Juli 1994 statt.

Die Literatur ist auf dem Stand vom Januar 1994; die neueste Judikatur datiert vom 19. Mai 1994.

Für die große Freiheit bei der Auswahl des Themas und dessen Bearbeitung bin ich meinen Doktorvater Prof. Dr. Rudolf Geiger sehr dankbar. Besonders verpflichtet bin ich dem Korreferenten, Prof. Dr. Bruno Simma, der sich mit dem Inhalt dieser Arbeit über das übliche Maß hinaus auseinandersetzte. Beiden verdanke ich ein außerordentlich zügiges Promotionsverfahren.

Diese Arbeit entstand in den Bibliotheken des Seminars für europäisches und internationales Wirtschaftsrecht an der Münchener Universität und des Max-Planck-Instituts für ausländisches und internationales Privatrecht, Hamburg. Ich habe dort große Unterstützung erfahren, wofür ich Herrn Diplom-Bibiliothekar Rüdiger Baatz stellvertretend für alle Mitarbeiter dieser Institutionen danke.

Meine Eltern haben mir das Studium und diese Promotion ermöglicht und meine juristischen Fortschritte immer mit großem Interesse begleitet. Meine Frau hat sich aufopferungsvoll durch die zahllosen Manuskriptseiten hindurchgearbeitet und durch Klugheit und Sprachgefühl so manche Stolperstelle für den Leser eliminiert. Ihnen sei diese Arbeit gewidmet.

Hamburg im Dezember 1994   Philipp v. Dietze

Inhaltsübersicht

11

Inhaltsverzeichnis

3. Kapitel
Dogmatische Einordnung
der Klagebefugnis verfahrensbeteiligter Dritter

4. Kapitel:
Aspekte der Rechtsfortbildung des Klagerechts Privater 145

15

Abkürzungsverzeichnis

Abl. .... Amtsblatt der EG

Abs. .... Absatz

AWD .... Außenwirtschaftsdienst des Betriebsberaters

bzw. .... beziehungsweise

C .... Abkürzung im Aktenzeichen für Gerichtshof

CDE .... Cahiers de droit européen

CMLRev. .... Common Market Law Review

Diss. .... Dissertation

ECLR .... European Competition Law Review

EG .... Europäische Gemeinschaft

ELRev. .... European Law Review

EMRK. .... Europäische Menschenrechtskonvention

EP .... Europäisches Parlament

EuG .... Gericht erster Instanz

EuGH .... Europäischer Gerichtshof

EuR .... Europarecht

EuZW .... Europäische Zeitschrift für Wirtschaftsrecht

EWG .... Europäische Wirtschaftsgemeinschaft

EWRecht .... Entscheidungssammlung Wirtschaftsrecht

EWS .... Europäisches Wirtschafts- und Steuerrecht

EZB .... Europäische Zentralbank

Fn. .... Fußnote

FS .... Festschrift

GA .... Generalanwalt

GS .... Gedächtnisschrift

Hg. .... Herausgeber

JZ .... Juristenzeitung

LIEI .... Legal Issues of European Integration

NJW .... Neue Juristische Wochenschrift

NVwZ .... Neue Zeitschrift für Verwaltungsrecht

RabelsZ .... Rabels Zeitschrift für ausländisches und internationales Privatrecht

RiW .... Recht der Internationalen Wirtschaft

RMCUE .... Revue du Marché Commun de l'Union européen

Rn. .... Randnummer

Rs .... Rechtssache

RTDE .... Revue Trimesterielle de Droit Euopéen

SEW .... Sociaal-Economisch Wetgeving

S. .... Seite

Slg. .... Sammlung der Entscheidungen des Gerichtshofs

T .... Abkürzung im Aktenzeichen für Gericht erster Instanz

vgl. .... vergleiche

VO .... Verordnung

WuW .... Wirtschaft und Wettbewerb

ZfRV .... Zeitschrift für Rechtsvergleichung, Internationales Privatrecht und Europarecht

ZHR .... Zeitschrift für das gesamte Handelsrecht

„Zum Thema Klagen nach Art. 173 Abs. 2 haben der Gerichtshof und die Lehre schon, wie man so sagt, Ströme von Tinte fließen lassen; es ist ihnen jedoch nicht gelungen, eindeutige, systematisch geordnete und leicht verständliche Regeln aufzustellen." (G. Federico Mancini)[1]

1. Kapitel:

Einleitung

Diese Arbeit will den Zusammenhang zwischen Verfahrensbeteiligung und Klagebefugnis beleuchten. Von einem solchen Zusammenhang geht die jüngere Rechtsprechung des Europäischen Gerichtshofes aus. Danach ist ein drittbetroffenes Unternehmen klagebefugt, wenn es an dem der angegriffenen Entscheidung vorausgehenden Untersuchungsverfahren der Kommission beteiligt wurde[2]. Diese Urteile sind demzufolge als eine Antwort auf das Problem der Klagebefugnis des Konkurrenten oder besser: des Drittbetroffenen zu verstehen[3].

Das „erkenntnisleitende Interesse" dieser Untersuchung zielt darauf, diese Rechtsprechung dogmatisch einzuordnen.

In diesem Zusammenhang wird auch die Auffassung erörtert, die die Urteile zur Klagebefugnis verfahrensbeteiligter Dritter als Annäherung an das deutsche Modell der Klagebefugnis auffaßt[4]. Demzufolge erkläre der

---

1 Als Generalanwalt in der Rechtssache (*BAT/Reynolds* - Rs 142, 156/84) Slg. 1987, 4487 (4547); aus Art. 173 Abs. 2 EWG-Vertrag ist durch den Unionsvertrag Art. 173 Abs. 4 EG-Vertrag geworden.

2 Gemeint sind u.a. folgende Entscheidungen, die in dieser Arbeit analysiert werden: EuGH (*Metro* - Rs 26/76) Slg. 1977, 1875; EuGH (*Demo-Studio Schmidt* - Rs 210/81) Slg. 1983, 3045; EuGH (*Fediol-I* - Rs 191/82) Slg. 1983, 2913; EuGH (*Timex* - Rs 264/82) Slg. 1985, 849; EuGH (*Fediol-III* - Rs 70/87) Slg. 1989, 1781; EuGH (*Cofaz* - Rs 169/84) Slg. 1986, 391; EuGH (*William Cook* - Rs 198/91) Urteil vom 19. Mai 1993, noch nicht veröffentlicht; EuGH (*Matra* - C-225/91) Urteil v. 15. Juni 1993, noch nicht veröffentlicht; EuGH (*Cirfs* - 313/90) Urteil v. 24. März 1993, noch nicht veröffentlicht.

3 Der Begriff Konkurrentenklage paßt hier nicht, weil insbesondere im Kartellrecht auch der Handelspartner eines Unternehmens ein Klageinteresse hat.

4 Stellvertretend seien hier genannt K. Schmidt, Klagebefugnis verfahrensbeteiligter Dritter im europäischen und nationalen Kartellrecht, in: FS für Steindorff, Berlin 1990 (fortan: Schmidt, Klagebefugnis); Löw, Der Rechtsschutz des Kon-

20

EuGH die Klagen von verfahrensbeteiligten Dritten deshalb für zulässig, weil sich diese Dritten auf subjektive EG[5]-Rechte berufen könnten, die durch die jeweilige Maßnahme der Kommission möglicherweise beeinträchtigt worden wären. Das Ergebnis dieser Untersuchung wird zeigen, daß es eines derartigen subjektivrechtlichen Ansatzes zur Begründung eines Klagerechts Dritter gar nicht bedarf.

Aber auch losgelöst von einer dogmatischen Auseinandersetzung um die Natur der Nichtigkeitsklage im EG-Recht ist die hier näher untersuchte Judikatur zur Klagebefugnis verfahrensbeteiligter Dritter von großer Bedeutung. Sie leistet einen Beitrag zur Auslegung der Klagevoraussetzung des unmittelbaren und individuellen Betroffenseins. Diese Tatbestandsmerkmale werden schon seit langem wegen ihrer das Klagerecht einschränkenden Wirkung kritisiert[6]. Es wurden immer wieder Versuche unternommen, die Klagebefugnis de lege ferenda durch eine Neuformulierung der Klagevoraussetzungen auszuweiten[7]. Der Unionsvertrag führte

---

kurrenten gegenüber Subventionen aus gemeinschaftsrechtlicher Sicht, Baden-Baden (fortan: Löw, Rechtsschutz); auf die Parallele zur Klagebefugnis nach § 42 Abs. 2 VwGO im Falle eines Anspruches auf fehlerfreie Ermessensausübung verweist Beutler/Bieber/Pipkorn/Streil, EU, S. 271.

5   Aus der „Europäischen Gemeinschaft" ist seit Inkrafttreten des Unionsvertrages die „Europäische Union" geworden. Die Union umfaßt als Oberbegriff neben den drei europäischen Gemeinschaften auch noch die außen- und sicherheitspolitische Zusammenarbeit (GASP) und eine verstärkte Zusammenarbeit bei der Verbrechensbekämpfung. Da die EG als Rechtssubjekt noch fortexistiert und diese Arbeit allein das Recht des EG-Vertrages zum Gegenstand der Untersuchung hat, kann die vertraute Terminologie „EG" weiterverwendet werden. Eine behutsame Anpassung an den neuen Sprachgebrauch ist jedoch dort erfolgt, wo die politische Dimension eine Rolle spielt, z. B. wenn vom EU-Bürger die Rede ist oder von der EU i.S. einer auf Integration angelegten Gemeinschaft. Die Organe werden nunmehr gemäß ihrer Umbenennung als Europäische Organe tituliert, vgl. FAZ v. 10. November 1993, S. 7, „Von nun an heißt es Europäische Union".

6   Vgl. nur Constantinesco, EG, Rn. 773: Unmittelbares Betroffensein soll für die Klagebefugnis genügen; Dinnage spricht in diesem Zusammenhang von „unfortunate drafting" des Art. 173, vgl. Dinnage, Locus Standi, S. 34.

7   So soll ein Recht zur Klage dann bestehen, wenn der Kläger in seinen rechtlich geschützten Interessen betroffen ist, so Ule, Gutachten für den 46. Deutschen Juristentag, in: Verhandlungen des 46. Deutschen Juristentages, Bd. 1 Teil 4, „Empfiehlt es sich, die Bestimmungen des europäischen Gemeinschaftsrechts über den Rechtsschutz zu ändern und zu ergänzen?" S. 21 u. S. 22 Fn. 87 m.w.N. (Zehn Jahre Rechtsprechung des Gerichtshofs der Europäischen Gemeinschaften, 1965).

jedoch zu keiner Reformierung der Klagebefugnis des Privaten. Um so mehr ist von Bedeutung, daß die hier zu untersuchende Judikatur einen Weg weist, wie durch bloße Auslegung dieser Tatbestandsmerkmale eine großzügigere Gewährung der Klagebefugnis bewirkt werden kann. Worin die dogmatische Rechtfertigung für diese Auslegung gesehen werden kann, ist die Kernfrage dieser Arbeit.

A. Problemdarstellung

Das der oben genannten Rechtsprechung zugrundeliegende Problem ist die Frage, wann ein Privater befugt ist, Nichtigkeitsklage gem. Art. 173 Abs. 4 EG-Vertrag zu erheben.

Bevor auf die Ausgestaltung der Nichtigkeitsklage im EG-Recht eingegangen werden kann, ist es erforderlich, die hier einschlägigen Untersuchungsverfahren kurz zu skizzieren. Nur so wird verständlich, inwiefern die Klagen verfahrensbeteiligter Dritter problematisch sind.

I. Beteiligung an Untersuchungsverfahren

Beteiligt waren die klagenden Dritten an Untersuchungsverfahren, die die Europäische Kommission auf den Gebieten des EG-Wettbewerbs- und Außenhandelsrechts einleitet, um zu prüfen, ob die wirtschaftliche Praktik eines bestimmten Unternehmens, eines Mitgliedstaates oder Drittstaates gegen Normen des EG-Vertrages verstößt. Die Dritten waren von dieser Praktik als Konkurrent oder Handelspartner negativ berührt und hatten daher ein Interesse daran, daß die Kommission dagegen einschritt.

Die Ausgestaltung der Untersuchungsverfahren ist mit Ausnahme des Beihilfenaufsichtsrechts in EG-Verordnungen geregelt. Das Untersuchungsverfahren gliedert sich mit Ausnahme des einphasigen Kartellverfahrens in zwei Abschnitte. In der Vorprüfungsphase wird zumeist kursorisch geprüft, ob ein ernstzunehmender Verdacht auf gemeinschaftsrechtswidriges Tun besteht und deshalb die Einleitung der Hauptphase gerechtfertigt ist. In der Hauptprüfungsphase (oft auch Untersuchungsverfahren genannt) wird genau ermittelt, ob Anlaß besteht, das beanstandete Verhalten durch eine Maßnahme der Kommission zu unterbinden. Erhärtet sich der Anfangsverdacht nicht, wird das Verfahren eingestellt. Im einzelnen handelt es sich um folgende Verfahren.

1. Wettbewerbsrecht

Im Wettbewerbsrecht sind das Kartellverfahren, die Fusionskontrolle und die Beihilfenaufsicht angesiedelt.

a) Kartellrecht

Im Kartellverfahren untersucht die Kommission, ob die kartellrechtlichen Vorschriften des EG-Vertrages, also das Verbot abgestimmten Verhaltens gem. Art. 85 EG-Vertrag und das des Mißbrauches einer marktbeherrschenden Stellung gem. Art. 86 EG-Vertrag, einhalten werden[8]. Zu einer solchen Kontrolle kann es von Amts wegen[9], auf Antrag eines Mitgliedstaates[10], durch die Anmeldung des eine Freistellung begehrenden Unternehmens[11] oder durch einen Antrag Dritter[12] kommen.

Der Dritte ist aus dieser Verordnung berechtigt, einen Antrag auf Einleitung eines Untersuchungsverfahrens zu stellen, wenn er sich durch ein kartellrechtswidriges Verhalten eines anderen Unternehmens in seinen berechtigten Interessen tangiert glaubt. Dritten ist darüber hinaus noch ein Anhörungsrecht eingeräumt, sofern sie ein „ausreichendes Interesse" glaubhaft machen können[13]. Das Anhörungsrecht ist in den Verfahren von Nutzen, die der Antragsteller nicht selbst initiiert hat. Falls die Kommission beabsichtigt zu erklären, daß das beanstandete Verhalten kein Eingreifen rechtfertige, weil es als nicht verfolgenswert erscheine

---

8 KartellVO ist die VO Nr. 17/62 Abl. 1962 Nr. 13/204 ff. vielfach geändert - für gegenwärtige Fassung vgl. Satorius Nr. 165.
9 Art. 3 Abs. 1 KartellVO.
10 Art. 3 Abs. 2 lit. a KartellVO.
11 Art. 4 Abs. 2 KartellVO.
12 Art. 3 Abs. 2 lit. b KartellVO: „Zur Stellung eines Antrages [auf Abstellung einer Zuwiderhandlung gegen Art. 85 oder 86] sind berechtigt: (...) Personen und Personenvereinigungen, die ein berechtigtes Interesse darlegen."
13 Art. 19 Abs. 2 KartellVO.

(Negativattest[14]) bzw. freigestellt werden könne[15], muß sie Dritte vorher zu einer Stellungnahme diesbezüglich auffordern[16].

Für das Kartellverfahren sind die Urteile *Metro*[17] und *Demo-Studio Schmidt*[18] in Zusammenhang mit der Klagebefugnis verfahrensbeteiligter Dritter richtungsweisend geworden. Beide Kläger rügten ein angeblich wettbewerbswidriges Verhalten ihres Lieferanten. Weil die Kläger sich nicht bereit erklärt hatten, gewisse Vertriebsbedingungen zu befolgen, weigerten sich diese, die Kläger zu beliefern[19].

Im Falle von *Metro* schaltete sich die Klägerin in ein bereits laufendes Freistellungsverfahren ein, im Falle von *Demo-Studio Schmidt* machte der Kläger von seinem Antragsrecht auf Verfahrenseinleitung Gebrauch. In beiden Fällen hatte die Kommission die Praktiken jedenfalls zum Teil als für mit dem Gemeinschaftsrecht vereinbar erklärt. Hiergegen wandten sich die Kläger in ihrer Klage.

b) Fusionskontrolle

Die Fusionskontrollverordnung[20] verpflichtet Unternehmen mit einem gewissen Umsatz dazu, eine beabsichtige Fusion anzuzeigen[21] und geneh-

---

14 Art. 2 KartellVO; das Negativattest hat gegenüber dem „comfort letter" eine nachrangige Bedeutung; der comfort letter ist die formlose Äußerung der Kommission, keinen Grund für die Einleitung eines Kartellverfahrens zu sehen; sie verhindert keine evtl. Nichtigkeit nach Art. 85 Abs. 2 EG-Vertrag und entfaltet nur begrenzt Vertrauensschutz; zum comfort letter und den damit zusammenhängenden Problemen vgl. Bechtold, Kartellverfahren, EuR 1992, 41 (45 f.).

15 Art. 85 Abs. 3 EG-Vertrag.

16 Art. 19 Abs. 4 KartellVO; in der Sache Carlsberg/Allied Lyons veröffentlichte die Kommission unmittelbar nach der Anmeldung eine Mitteilung mit der Aufforderung an Dritte, sich zu dem geplanten kooperativen Gemeinschaftsunternehmen der beiden Firmen zu äußern. Eine derartige frühe Einbindung des Dritten will die Kommission dann ermöglichen, wenn die Errichtung eines strukturellen kooperativen Gemeinschaftsunternehmens untersucht werden soll, vgl. EG Kommission, XXII. Bericht über die Wettbewerbspolitik (1992) Rn. 116, Rn. 135.

17 EuGH (*Metro - Rs 26/76*) Slg. 1977, 1875.

18 EuGH (*Demo-Studio Schmidt - Rs 210/81*) Slg. 1983, 3045.

19 Es handelt sich kartellrechtlich um das Problem „selektiver Vertriebssysteme".

20 VO Nr. 4064/89 ABl 1989 Nr. L 395/1 ff. berichtigt im ABl. 1990 Nr. L 73/74 ff.

21 Art. 4 Abs. 1 FusionskontrollVO.

migen[22] zu lassen. Ein Anhörungsrecht für Dritte mit „hinreichendem Interesse" besteht nur im Rahmen des Hauptverfahrens[23]. Die meisten Kontrollverfahren werden indessen schon im Vorverfahren abgeschlossen[24].

In seiner jüngst erlassenen *Air-France*-Entscheidung[25] hat das Gericht erster Instanz die Klage eines Konkurrenten der fusionierenden Unternehmen für zulässig erklärt. In der Rechtssache *Zunis* wurde eine Klage von Aktionären eines übernommenen Unternehmens gegen die Genehmigungsentscheidung abgewiesen[26]. Diese Urteile haben viele Fragen unbeantwortet gelassen. Aus diesem Grund sind auf dem Gebiet des Fusionskontrollrechts noch wichtige Urteile zur Klagebefugnis des Drittbetroffenen zu erwarten.

c) Beihilfenaufsicht

Zum Wettbewerbsrecht gehört schließlich noch das Beihilfenaufsichtsrecht[27]. Danach werden alle mitgliedstaatlichen Subventionen an Unternehmen einem Genehmigungsverfahren[28] unterzogen[29]. Dieses Verfahren ist nicht in einer Verordnung konkretisiert worden, obwohl Art. 94 EG-Vertrag hierzu ermächtigt[30]. Insofern ist für das Verfahren zur Einhaltung des Beihilfeverbotes nach Art. 92 EG-Vertrag allein Art. 93 EG-Vertrag maßgeblich. Diese Regelung unterscheidet zwei Kontrollverfahren. Zum einen die Kontrolle bestehender Beihilfen, zum anderen die präventive Kontrolle noch nicht gewährter Beihilfen. Im Falle der präventiven

---

22 Maßstab ist Art. 2 FusionskontrollVO; während der Anmeldung darf die Fusion nicht vollzogen werden, vgl. Art. 7 FusionskontrollVO.

23 Die Kommission informiert über den Fortgang des Kontrollverfahrens im Amtsblatt, vgl. EG Kommission, XXII. Bericht über die Wettbewerbspolitik (1992) S. 70 Rn. 116.

24 Für das Jahr 1992: 47 Vorhaben wurden in der ersten Prüfungsphase genehmigt; in vier Fällen wurde die Hauptprüfungsphase eingeleitet, vgl. EG Kommission, XXII. Bericht über die Wettbewerbspolitik (1992) S. 148 Rn. 244.

25 Vgl. EuG (*Air-France* - Rs T-2/93), Urteil. v. 19. Mai 1994, EuZW 1994, 534.

26 EuG (*Zunis* - T-83/92) Urteil v. 28. Oktober 1993, noch nicht veröffentlicht; vgl. hierzu Dirk Schroeder, WuW 1993, 1085 f.

27 GTE-Wenig Rn. 1 zu Vorbem. Art. 92 bis 94.

28 Eine förmliche Genehmigung ist im Beihilfenaufsichtsrecht eigentlich nicht vorgesehen, wird aber meistens ausdrücklich erteilt, vgl. Dauses-Götz Rn. 57 zu H III.

29 Ein entsprechendes Verfahren für EG-Subventionen gibt es nicht.

30 GTE-Wenig Rn. 5 zu Art. 94.

Kontrolle entscheidet die Kommission nach Anzeige der geplanten Beihilfe durch den Mitgliedstaat gem. Art. 93 Abs. 3 EG-Vertrag in einem Vorprüfungsverfahren, ob sie ein Hauptverfahren einleiten will. Dieses Hauptverfahren richtet sich, wie auch bei der Kontrolle bestehender Beihilfen, nach Art. 93 Abs. 2 EG-Vertrag. Laut dieser Vorschrift hat die Kommission den „Beteiligten" die Möglichkeit zu geben, zur geplanten Beihilfe Stellung zu beziehen. Unter „Beteiligten" sind gemäß Rechtsprechung (*Intermills*[31]) auch solche Unternehmen zu verstehen, die Konkurrenten des durch die Beihilfe begünstigten Unternehmen sind. Diese Aufforderung zur Stellungnahme geschieht durch eine im Amtsblatt Teil C veröffentlichte Aufforderung an die von der Beihilfe vermutlich Betroffenen oder durch direktes Anschreiben[32]. Dem Anhörungsrecht ist noch ein Informationsrecht zugeordnet, denn jeder „Beteiligte" bekommt eine „Mitteilung über den Ausgang des Verfahrens[33].

Grundlegend für die Klagebefugnis Dritter im Beihilfekontrollrecht war das Urteil *Cofaz*. Die französische Klägerin wehrte sich gegen eine niederländische Beihilferegelung. Durch ihren Wirtschaftsverband legte sie gegen diese Regelung Beschwerde ein. Dabei ist zu beachten, daß Art. 93 EG-Vertrag kein Beschwerderecht wie etwa die KartellVO verbrieft. Die Kommission leitete ein Untersuchungsverfahren nach Art. 93 Abs. 2 EG-Vertrag ein, in dem die Klägerin, vertreten durch ihre Wirtschaftsvereinigung, Stellung bezog. Gegen die darauf erfolgte Einstellung des Beihilfenaufsichtsverfahrens richtete sich die Klage.

Im Falle von *William Cook* und *Matra* weigerte sich die Kommission, wegen der von den Klägern monierten Subventionspraxis das Untersuchungsverfahren nach Art. 93 Abs. 2 EG-Vertrag einzuleiten. Sie stellte bereits in der Vorpüfungsphase die Untersuchung ein. Insofern ist der Untertitel der Arbeit zu präzisieren. Gegenstand der Untersuchung sind nicht nur verfahrensbeteiligte Unternehmen, sondern auch solche, die an einem Verfahren beteiligt worden wären, hätte eines stattgefunden.

---

31 EuGH (*Intermills* - Rs 323/82) Slg. 1984, 3809 (3826 - Rn. 16); vgl. auch hierzu Grabitz-v.Wallenberg Rn. 13 zu Art. 93 EG-Vertrag; Groeben-Wenig Rn. 14 zu Art. 93 EG-Vertrag.
32 Vgl. hierzu Grabitz-v.Wallenberg Rn. 14 zu Art. 93 EG-Vertrag; GTE-Wenig Anm. zu 93 EG-Vertrag Rn. 15.

2. Außenhandelsrecht

Im Außenhandelsrecht sind zwei Verordnungen von Bedeutung: die Antidumping-/Antisubventionsverordnung und die Verordnung zum Schutz vor unerlaubten Handelspraktiken.

a) Antidumping/Antisubvention

Die Antidumping-/Antisubventions-Verordnung[34] (fortan: Antidumpingverordnung) verleiht der Kommission die Befugnis, Strafzölle zu erheben, wenn Unternehmen aus Drittstaaten ihre Waren auf dem EU-Markt zu Niedrigstpreisen anbieten, um EU-Unternehmen vom EU-Markt zu verdrängen. Die AntidumpingVO erfaßt gleichfalls Schädigungen der Gemeinschaftsindustrie, die auf einer Subventionierung von Unternehmen durch Drittstaaten beruhen[35]. Ein derartiger Antidumping-/Ausgleichszoll (fortan: Antidumpingzoll) wird zunächst vorläufig durch die Kommission[36], dann endgültig vom Rat festgesetzt. Der Erlaß erfolgt in Form einer Verordnung.

Natürliche oder juristische Personen, die im Namen eines Wirtschaftszweiges der Gemeinschaft handeln, sind berechtigt, einen Antrag auf Einleitung eines Antidumpingverfahrens zu stellen[37]. Das Vorprüfungsverfahren dient der Sammlung von Beweisen dafür, daß ein Dumping[38] bzw. eine Subventionierung durch einen Drittstaat vorliegt. Erst wenn sich der Dumping- bzw. Subventionsverdacht erhärtet hat, wird das Hauptverfahren eingeleitet. Von der Einleitung dieses Untersuchungsverfahrens werden die Antragsteller unterrichtet[39]. Darüber hinaus gibt die Kommission im Amtsblatt die Einleitung des Verfahrens bekannt, verbunden mit der Aufforderung an betroffene Parteien, Stellungnahmen abzuge-

---

33 Diese Mitteilung erfolgt seit 1985; vgl. hierzu GTE-Wenig Rn. 21 zu Art. 93 EG-Vertrag mit Hinweis auf den 15. Bericht über Wettbewerbspolitik 1985, Rn. 172.

34 VO Nr. 2423/88 v. 11. Juli 1988 ABl. 1988 L 209/1 ff.

35 Art. 3 AntidumpingVO.

36 Art. 11 AntidumpingVO.

37 Art. 5 Abs. 1 AntidumpingVO; eine Verfahrenseinleitung ist auch von Amts wegen möglich, vgl. hierzu Dauses-Wenig Rn. 167 zu K II.

38 Als Faustregel für das Vorliegen von Dumping kann gelten: Ausfuhrpreis nach der Gemeinschaft ist niedriger als der normalerweise auf dem Heimatmarkt des ausführenden Unternehmens zu zahlende Preis. Zum Dumpingbegriff vgl. Art. 2 AntidumpingVO.

39 Art. 7 Abs. 1 lit. b AntidumpingVO.

ben[40]. Im weiteren Verfahrenslauf haben alle Unternehmen ein Recht darauf, von der Kommission angehört zu werden, sofern sie nachweisen, daß sie wahrscheinlich vom Ergebnis des Verfahrens betroffen werden[41]. Wenn keine Schutzmaßnahmen für die EU-Wirtschaft erforderlich sind, informiert die Kommission die „bekanntermaßen betroffenen Parteien" über die Einstellung des Verfahrens[42].

Über die Klagebefugnis von an einem Antidumpingverfahren beteiligen Dritten hatte der Gerichtshof in Sachen *Fediol* und *Timex* zu entscheiden. Im Falle des *Fediol*-Urteils wehrte sich die Klägerin dagegen, daß die Kommission ihren Antrag auf Einleitung eines Antisubventions-Verfahrens wegen Brasilianischer Sojaschroteinfuhren abgelehnt hat. *Timex* dagegen beanstandete die nach ihrer Ansicht unzureichende Höhe eines Antidumpingzolles, der nach Abschluß des Verfahrens gegen Uhren aus der Sowjetunion erlassen wurde.

b) Unerlaubte Handelspraktiken

Eine der Antidumping-/Antisubventions-Verordnung ebenbürtige Verfahrensbeteiligung gewährt die Verordnung zum Schutz gegen unerlaubte Handelspraktiken[43]. Sie soll den Schutz gegen solche Handelspraktiken ermöglichen, die nicht unter die AntidumpingVO fallen, jedoch gleichermaßen gegen die Regeln des internationalen Handels verstoßen. Auch hier haben Personen, die im Namen eines Wirtschaftszweiges der Gemeinschaft handeln, das Recht, die Einleitung eines Verfahrens zu beantragen[44]. Innerhalb des Hauptverfahrens haben Dritte Akteneinsichtsrecht[45], Informationsrecht[46] und Anspruch auf Anhörung, sofern sie ihre direkte Betroffenheit nachgewiesen haben[47].

---

40 Art. 7 Abs. 1 lit. a AntidumpingVO.
41 Art. 7 Abs. 5 der AntisubventionsVO.
42 Art. 9 Abs. 2 AntidumpingVO.
43 VO Nr. 2641/84: ABl. 1984 L Nr. 252/1 ff. v. 20.9.84; unerlaubte Handelspraktiken sind gem. Art. 2 Abs. 1 alle Praktiken, die, was den internationalen Handel betrifft, mit den Regeln des Völkerrechts oder den allgemein anerkannten Regeln unvereinbar sind.
44 Art. 3 Abs. 1 VO Nr. 2641/84.
45 Art. 6 Abs. 4 lit. a VO Nr. 2641/84.
46 Art. 6 Abs. 4 lit. b VO Nr. 2641/84.
47 Art. 6 Abs. 5 VO Nr. 2641/84.

In der Rs *Fediol-III* hatte ein Unternehmensverband Beschwerde gegen argentinische Praktiken der Begünstigung der heimischen Sojaverarbeitungsindustrie erhoben. Die Kommission weigerte sich, ein Untersuchungsverfahren einzuleiten. Hiergegen klagte *Fediol* in dem Verfahren *Fediol-III*.

II. Verfahrensbeteiligung und Klagebefugnis

Gegenstand der Klage verfahrensbeteiligter Unternehmen sind solche Maßnahmen, mit denen die Kommission ein Verfahren abschließt. Hierbei kommen folgende Fallkonstellationen in Betracht:

- Die Kommission leitet erst gar kein Verfahren ein.
- Die Kommission leitet zwar ein Verfahren ein, stellt es aber wieder ein. Im Rahmen eines zweistufigen Verfahrens ist das gleichbedeutend mit der Nichteröffnung des Hauptverfahrens.
- Die Kommission stellt zwar die Verletzung von Gemeinschaftsrecht fest und ergreift auch eine Maßnahme, die jedoch aus der Sicht des Dritten unzureichend ist.

Wie sich aus dem obigen ergibt, können die Maßnahmen, die der Kläger angreift, unterschiedlicher Art sein. Im letzten Fall handelt es sich um einen Rechtsakt, den die Kommission an das untersuchte Unternehmen bzw. den Mitgliedstaat richtet. Hier ist der Kläger also offensichtlich nicht Adressat der Entscheidung, sondern bloß Drittbetroffener. Die Klage kann sich auch gegen die Verfahrenseinstellung bzw. die Nichteröffnung eines Verfahrens richten. Im Rahmen der Untersuchung wird die Frage zu klären sein, ob der Dritte in diesem Fall als Adressat einer an ihn gerichteten Entscheidung anzusehen ist. Er wäre dann gem. Art. 173 Abs. 4 EG-Vertrag automatisch klagebefugt.

Wichtig ist es, sich noch einmal die Grundkonstellation bei Klagen verfahrensbeteiligter Dritter vor Augen zu führen. Die hier zu untersuchende Rechtsprechung zeichnet sich dadurch aus, daß der Kläger sich von dem wirtschaftlichen Verhalten eines anderen Unternehmens beeinträchtigt fühlt, hiergegen im Rahmen eines von der Kommission durchgeführten Verfahrens vorgeht und sich daraufhin in einer Klage gegen das Ergebnis des durchgeführten oder nichtdurchgeführten Verfahrens wendet.

III. Nichtigkeitsklage

Im folgenden soll dargestellt werden, welche Probleme entstehen, wenn gegen die oben genannten Verfahrensabschlüsse Nichtigkeitsklage erhoben wird.

Mittels Nichtigkeitsklage können Maßnahmen der europäischen Organe angegriffen werden. Der EuGH hebt solche Maßnahmen gem. Art. 173 Abs. 1 EG-Vertrag auf, wenn sie materiell oder formell gegen Gemeinschaftsrecht verstoßen oder ermessensfehlerhaft[48] sind.

Mitgliedstaaten, Rat und Kommission sind gem. Art. 173 Abs. 1 EG-Vertrag immer befugt, den EuGH anzurufen. Parlament und Europäische Zentralbank müssen gem. Art. 173 Abs. 2 EG-Vertrag dabei die Wahrung ihrer Rechte geltend machen. Private hingegen gehören nicht zu den „privilegierten Klägern" und können nur unter bestimmten Voraussetzungen Klage erheben[49]. Hierzu heißt es im Art. 173 Abs. 4 EG-Vertrag:

„Jede natürliche oder juristische Person kann unter den gleichen Voraussetzungen gegen die an sie ergangenen Entscheidungen sowie gegen diejenigen Entscheidungen Klage erheben, die, obwohl sie als Verordnung oder als eine an eine andere Person gerichtete Entscheidung ergangen sind, sie **unmittelbar und individuell** betreffen."

a)   Geschriebene Tatbestandsvoraussetzungen

Wie bereits angesprochen, handelt es sich bei dem Großteil der Kläger um Unternehmen und damit zumindest juristische Personen. Diese in Art. 173 Abs. 4 EG-Vertrag normierte Klagevoraussetzung ist daher in der Regel erfüllt.

Keine Probleme bereitet es, wenn ein Privater gegen eine Entscheidung vorgehen will, die der Rat oder die Kommission an ihn gerichtet hat, er also Adressat ist. Er ist laut Art. 173 Abs. 4 EG-Vertrag immer klagebefugt.

---

48   Der gemeinschaftsrechtliche Begriff des Ermessensmißbrauchs stellt allein darauf ab, ob ein Rechtsakt zu einem anderen als dem angegebenen Zweck erlassen wurde, vgl. hierzu EuGH (*Lux* - Rs 69/83) Slg. 1984, 2247 (2465 - Rn. 30). Hier wurde die französische Lehre vom détournement de pouvoir übernommen. Ein Ermessensfehlgebrauch i.S. der deutschen Verwaltungsrechtsdogmatik ist als materielle Rechtswidrigkeit aufzufassen.

49   Zum historischen Willen der Vertragsschließenden, die Klagemöglichkeit auf diese Weise einzuschränken vgl. Weinhardt, Klagebefugnis, S. 171 m.w.N.

Die Probleme beginnen jedoch schon mit der Frage, ob eine Klage nur gegen Entscheidungen gerichtet werden kann. Zwar besteht Einigkeit darüber, daß im Rahmen der Nichtigkeitsklage jeder Akt, der verbindliche Rechtswirkung erzeugt, Klagegegenstand sein kann und nicht etwa nur förmliche Entscheidungen i.S.v. Art. 189 Abs. 3 EG-Vertrag[50]. Außerordentlich umstritten ist aber, ob solche Rechtsakte auch Verordnungen oder sogar Richtlinien sein können. Insbesondere der Gerichtshof lehnt eine Klagebefugnis gegen echte Verordnungen ab. Die festgefügten Fronten diesbezüglich sind im Antidumpingrecht aufgelockert. Dort gewährt der Gerichtshof Klagebefugnis, obwohl die Verordnungen unbestreitbar normativen Charakter haben[51].

Der im Mittelpunkt dieser Arbeit stehende verfahrensbeteiligte Dritte hat nur dann mit Verordnungen zu tun, wenn er nach einem durchgeführten Antidumpingverfahren moniert, daß der erlassene Antidumping-Zollsatz zu niedrig sei[52]. In allen übrigen Fällen kommt erst gar nicht in Betracht, daß der angegriffene Rechtsakt wegen eines normativen Charakters nicht angreifbar sein kann. Weil die Klagebefugnis verfahrensbeteiligter Dritter einheitlich zu interpretieren ist[53], wird die Problematik der Rechtsnatur des Klagegegenstandes keiner gesonderten Erörterung unterzogen. Sie spielt jedoch insofern eine Rolle, als die Frage, ob der Entscheidungscharakter des Klagegegenstandes für die Klagebefugnis maßgeblich ist, sich auf die Auslegung der unmittelbaren und individuellen Betroffenheit auswirkt.

Betroffen ist der Kläger von einem Rechtsakt, wenn er durch ihn einen Nachteil erleidet. Nachteilig ist jede Beeinträchtigung von Rechten oder schutzwürdigen Interessen[54].

Ein Rechtsakt betrifft den Kläger dann unmittelbar, wenn er den Nachteil gegenwärtig, intensiv bzw. ohne weitere Vollziehungsakte beim Kläger

---

50   Ständige Rechtsprechung, vgl. stellvertretend für alle EuGH (*IBM* - Rs 60/81) Slg. 1981, 2639 (2651 - Rn. 9).

51   Mittlerweile ständige Rspr. gegenüber sog. „abhängigen Importeuren" EuGH (*Sermes* - Rs 279/86) Slg. 1987, 3109 (3113 - Rn. 14).

52   EuGH (*Timex* - Rs 264/82) Slg. 1985, 849.

53   Die Argumentation in Sachen *Timex* knüpft an eine Klage an, bei der das Problem Verordnung oder Entscheidung nicht von Bedeutung war, vgl. EuGH (*Timex* - Rs 264/82) Slg. 1985, 849 (866 - Rn. 16).

54   So schon Constantinesco, Europäischen Gemeinschaften I, Nr. 771.

eintreten läßt[55]. Im Zusammenhang mit Klagen gegen an Mitgliedstaaten gerichtete Entscheidungen hat die Rechtsprechung dieses Tatbestandsmerkmal lediglich dazu genutzt zu prüfen, ob der Nachteil nicht erst durch ein mitgliedstaatliches Handeln bewirkt wird. Für Klagen verfahrensbeteiligter Dritter gewinnt das Erfordernis des unmittelbaren Betroffenseins eine eigenständige Bedeutung, denn hier besteht gerade die Schwierigkeit darin zu bestimmen, welche Auswirkung einer Kommissionsmaßnahme zur Klage berechtigen soll und welche nicht mehr.

Die Rechtsprechung zur Klagebefugnis verfahrensbeteiligter Unternehmen knüpft indessen in erster Linie an das Merkmal des „individuellen Betroffenseins" an[56]. Die verfahrensrechtlich abgesicherte Verfahrensbeteiligung soll zu einem individuellen Betroffensein führen.

Die Bedeutung der individuellen Betroffenheit ist das Hauptproblem der Klagebefugnis Privater. Es gibt Auffassungen, die, wie oben bereits angedeutet, für das Klagerecht den Entscheidungscharakter der angegriffenen Maßnahme als allein maßgeblich ansehen[57]. Das Merkmal der individuellen Betroffenheit sei dabei nur als Abgrenzungskriterium zwischen Verordnung und Entscheidung nützlich. Darüber hinaus hätte es keinen eigenständigen Wert. Die Gegenposition unterscheidet zwischen der Rechtswirkung einer Maßnahme, die dem Erfordernis einer Entscheidung zuzuordnen sei und der Frage der Interessenlage des Klägers, die dem Kriterium des individuellen Betroffenseins entspreche[58]. Mit letzterem werde auf das Rechtsschutzbedürfnis des Klägers abgestellt[59].

Diese Untersuchung wird zeigen, daß im Rahmen von Klagen verfahrensbeteiligter Drittbetroffener das Erfordernis des individuellen Betroffenseins selbständig zu prüfen ist.

---

55 Für einen Überblick über diese verschiedenen Interpretationen der unmittelbaren Betroffenheit vgl. Wegmann, Nichtigkeitsklage, S. 131 ff.
56 Urteile verweisen auf die „*Plaumann*-Formel", die das individuelle Betroffensein formuliert, vgl. Anfang des 2. Kapitels.
57 Vgl. nur Dinnage, Locus Standi, S. 22: Nach Dinnage ist dieses Merkmal lediglich „co-extensive".
58 Vgl. Lauwaars, Admissibility, S. 38.
59 Fikentscher, Rechtsakt und Rechtsschutz, SEW 1964, 289 (292); Wegmann, Nichtigkeitsklage, S. 86; Koch, Klagebefugnis Privater, S. 149.

Ergebnis: Das wesentliche Problem der Klagebefugnis verfahrensbeteiligter Dritter ist die Frage, ob sie als von der Maßnahme unmittelbar und individuell betroffen angesehen werden können.

b)   Nicht geschriebene Tatbestandsvoraussetzungen

Die Klage ist nur dann zulässig, wenn der Kläger schlüssig behauptet, daß der angegriffene Rechtsakt aus zumindest einem der in Abs. 1 genannten Gründe (Unzuständigkeit, Verletzung von Formvorschriften, Verletzung von Gemeinschaftsrecht, Ermessensmißbrauch) gemeinschaftsrechtswidrig sei[60]. Fehlt es an einer Bezugnahme auf einen dieser vier Mängel, legt das Gericht den Vortrag des Klägers aus[61].

Darüber hinaus existieren Fälle, in denen der Gerichtshof, trotz Vorliegens aller Zulässigkeitsvoraussetzungen des Art. 173 Abs. 4 EG-Vertrag, die Klage zurückgewiesen hat. Begründet wurde dies mit fehlendem Rechtsschutzbedürfnis[62].

Ein Kläger hat nach neuerer Rechtsprechung kein Rechtsschutzbedürfnis, wenn die angeblich verletzte Formvorschrift nicht dazu bestimmt ist, den Schutz des einzelnen zu gewährleisten[63]. In den Rechtssachen *Demo-Studio Schmidt*[64] und *Fediol-III*[65] sollte die Klage nach Ansicht der Kommission deshalb unzulässig sein, weil der Kläger sich offensichtlich auf keinen Klagegrund stützen könne. Für den Gerichtshof bestand ein solcher.

c)   Prüfung der Klagebefugnis

Der Gerichtshof prüft die Klagebefugnis von Amts wegen[66]. Gem. Art. 91 § 1 EuGH-Verfahrensordnung bzw. Art. 114 § 1 EuG-Verfah-

---

60   Grabitz-Wenig Rn. 20 zu Art. 173; Geiger, EG-Vertrag, Rn. 4 zu Art. 173.
61   Grabitz-Wenig Rn. 20 zu Art. 173 mit Verweis auf EuGH (*Nold - Rs 4/73*) Slg. 1974, 491 (505).
62   Allgemein hierzu Grabitz-Wenig Rn. 16 ff. zu Art. 173 (Stand: Mai 1986); Lasok, European Court of Justice, S. 123 f.
63   EuGH (*Nakajima - Rs C-69/89*) Slg. 1991, I-2069 (I-2183 - Rn. 49 f.).
64   EuGH (*Demo-Studio Schmidt - Rs 210/81*) Slg. 1983, 3045 (3063 - Rn. 13).
65   EuGH (*Fediol-III - Rs 70/87*) Slg. 1989, 1781 (1829 - Rn. 13 ff.).
66   Art. 92 § 2 EuGH-Verfahrensordnung, Art. 113 EuG-Verfahrensordnung; Lasok, The European Court of Justice - Practice and Procedure -, London 1984, S. 122; EuGH (*Les Verts - Rs 294/83*) Slg. 1986, 1339 (1364 - Rn. 19).

rensordnung kann auf Antrag einer Partei über die Zulässigkeit der Klage gesondert verhandelt und mittels Beschluß entschieden werden. In einigen der hier zu besprechenden EuGH-Entscheidungen ist dies geschehen[67].

d) Zuständigkeit

Für die Nichtigkeitsklagen Privater war ursprünglich der Europäische Gerichtshof als das einzige[68] Gericht des Gemeinschaft zuständig. Seit der Errichtung des Gerichts erster Instanz (EuG) ist die Zuständigkeit diesbezüglich aufgeteilt. Dem EuG obliegen alle Klagen natürlicher und juristischer Personen mit Ausnahme der Klagen gegen handelspolitische Schutzmaßnahmen[69]. Jedoch ist der EuGH zuständig für Klagen gegen Entscheidungen der Kommission, ein Antidumping- bzw. Antisubventionsverfahren ohne eine Schutzmaßnahme einzustellen. Dies folgt aus dem Wortlaut des Art. 3 des Ratsbeschlusses 1993, der lediglich Klagen gegen handelspolitische Schutzmaßnahmen nennt und nicht Klagen wegen deren Nichtvorhandenseins[70]. Beabsichtigt ist, eine ausnahmslose Zuständigkeit des EuG's für alle Klagen natürlicher und juristischer Personen herbeizuführen[71]. Der EuGH wäre dann in bezug auf Privatkläger lediglich als zweite Instanz zuständig[72].

Damit ist in Zukunft für Klagen verfahrensbeteiligter Dritter das EuG zuständig. Eine Ausnahme gilt nur für die Verbände der Gemeinschaftsindustrie, die mit der Einleitung eines Schutzverfahrens gescheitert sind.

Im folgenden ist mit dem Begriff Gerichtshof das aus beiden Gerichten bestehende „Organ Gerichtshof" gemeint[73].

---

67 *Cofaz, Fediol.*
68 Der EuGH ist gem. Art. 3 u. Art. 4 des Abkommens über gemeinsame Organe für die europäischen Gemeinschaften Rechtsprechungsorgan aller drei europäischen Verträge.
69 Vgl. Art. 3 Ratsbeschluß 1988 ABl. 1988 Nr. L 319/1 f. v. 25.11.1988, in berichtigter Form veröffentlicht im ABl. 1989 Nr. C 215/1; dort sind zwar auch Klagen gegen handelspolitische Schutzmaßnahmen genannt, dieser Teil ist aber noch nicht in Kraft getreten.
70 So Niemeyer, Zuständigkeit EuG, in: EuZW 1993, 529 (531).
71 Vgl. vorige Fußnote.
72 Zur zweitinstanzlichen Zuständigkeit vgl. Art. 168 a Abs. 1 EG-Vertrag; Art. 51 Satzung, Art. 110-123 EuGH-Verfahrensordnung.
73 Nach allgemeiner Meinung ist das EuG kein neues Organ der EG. Zur Kontroverse, ob es als eigenständiges Gericht oder als selbständiger Teil des Gerichtshofes

e)   Klagefrist

Die Frist, innerhalb der die Nichtigkeitsklage erhoben werden muß, beträgt gem. Art. 173 Abs. 5 EG-Vertrag zwei Monate. Im Hinblick darauf, daß Drittbetroffene nicht immer eine Mitteilung über den sie drittbetreffenden Rechtsakt erhalten, ist von großer Bedeutung, wann diese Frist zu laufen beginnt. Gem. Art. 81 § 1 EuGH-Verfahrensordnung ist der Mitteilung an den Kläger die Veröffentlichung im Amtsblatt der EU gleichgestellt. Dieser Vorschrift zufolge beginnt die Frist am fünfzehnten Tag nach dem Erscheinen des Amtsblattes[74]. Erfolgt im Zusammenhang mit der angegriffenen Maßnahme keine Veröffentlichung, so beginnt die Klagefrist mit Kenntnis des Klägers vom Erlaß dieser Maßnahme zu laufen. Unter dem Blickwinkel der Rechtssicherheit kann eine Klagebefugnis Drittbetroffener in diesem Fall sehr problematisch sein[75].

IV. Andere Klagemöglichkeiten

Der EG-Vertrag nennt noch zwei andere Wege, auf denen der Private mit einer Klage direkt vor den Gerichtshof gelangen kann: die Untätigkeitsklage und die Schadensersatzklage.

Die Untätigkeitsklage gem. Art. 175 EG-Vertrag ist dann unzulässig, wenn eine angreifbare Handlung der Kommission existiert, so daß Nichtigkeitsklage erhoben werden kann.

Die Schadensersatzklage gem. Art. 215 i.V.m. 178 EG-Vertrag kann unabhängig von einer Nichtigkeitsklage erhoben werden. Sie ist ein selbständiger Rechtsbehelf[76].

Somit wirken sich beide Klagen nicht auf die Zulässigkeit der Nichtigkeitsklage aus. Die Frage, ob der Dritte sich auf diese Klagen stützen kann, wird nur bei der Frage eine Rolle spielen, ob der Kläger alternative Rechtsschutzmöglichkeiten hat und deshalb eines Rechtsschutzes nicht bedarf.

---

anzusehen ist, vgl. Rabe, NJW 1989, 3041 (3042); Middeke/Szcekalla, Änderungen im Europäischen Rechtsschutzsystem, in: JZ 1993, 284 (285).

74   Gem. Art. 81 § 2 EuGH-Verfahrensordnung verlängert sich die Frist mit zunehmender Entfernung von Luxemburg.

75   Vgl. 4. Kapitel/C/III/5.

76   Allg. Meinung, vgl. nur EuGH (*Schöppenstedt* - Rs 5/71) Slg. 1971, 975 (983 - Rn. 3); Grabitz-Grabitz Rn. 50 zu Art. 215 mit Hinweisen zur Rspr.

B. Problemabgrenzung

Die oben formulierte Problemdarstellung erfordert die Konzentration auf einen eingeschränkten Stoffbereich.

Daher wird in dieser Arbeit auf eine breite Darstellung des Inhaltes unternehmerischer Verfahrensrechte[77] verzichtet. Dies geschieht durchaus im Bewußtsein, daß Rechtsschutz nicht allein durch ein Klagerecht, sondern auch bereits durch Verfahrensgarantien gewährt werden kann[78].

Ebensowenig nehmen die folgenden Ausführungen zu den Regelungen der Klagebefugnis der anderen beiden europäischen Verträge, also des Montanvertrages und des Vertrages zur Europäischen Atomgemeinschaft, Stellung. Art. 146 Euratom-Vertrag ist wortgleich mit Art. 173 EG-Vertrag. Im Falle der Klage nach Art. 33 Abs. 2 Montanvertrag besteht hingegen eine eigenständige Regelung[79].

Der Prüfungsumfang von Klagen Dritter wird nur insoweit behandelt, als es für die Begründung der Klagebefugnis erforderlich erscheint[80].

Das besondere Problem der Klagebefugnis gegen Verordnungen und Richtlinien steht bei dieser Untersuchung nicht im Vordergrund[81].

Unberücksichtigt bleiben ferner „Konkurrenten-Klagen" von EU-Beamten[82].

---

77 Hierzu vgl. für das Kartellverfahren: Weidinger, Rechtsschutz, S. 4 ff. u. 109 ff.; hinsichtlich des dortigen Antragsrechtes Fischer, Dritte im Wettbewerbsverfahren, S. 23 ff.; für das Fusionskontrollrecht die im Entstehen begriffene Arbeit von Carsten Nowack (bei Prof. Behrend), Hamburg; für das Antisubventionsrecht Voss, Stuys, Questions choisies de procedure en matière d'aide d'Etat, RTDE 1993, 17 ff.; für einen Überblick über den Gang der verschiedenen Untersuchungsverfahren vgl. Dauses, Handbuch des EG-Rechts.

78 Vgl. hierzu den legendären Mülheim-Kärlich-Beschluß des BVerfG in BVerfGE 53, 30 (65): „..., daß Grundrechtsschutz auch durch die Gestaltung von Verfahren zu bewirken ist".

79 Siehe zum Vergleich von Art. 33 EGKS und EWGV bzw. EAG GTE-Krück Rn. 94 ff. zu Art. 173.

80 Zur Kontrolldichte richterlicher Entscheidungen vgl. Schmid-Lossberg, Kontrolldichte.

81 Vgl. hierzu Wegmann, Nichtigkeitsklage.

82 Vgl. hierzu Hatje, Der Rechtsschutz der Stellenbewerber im Europäischen Beamtenrecht, Baden-Baden 1988, S. 232 ff.; Rogalla, Dienstrecht der Europäischen Gemeinschaften, Köln 1992, S. 217 ff.

Es gibt neben den genannten noch weitere Untersuchungsverfahren. Solche mit Drittbeteiligung sind z.B. geregelt in den Wettbewerbsverordnungen für den Landverkehr[83], für den Seeverkehr[84] und für den Luftverkehr[85]. Diese enthalten wie die Kartellverordnung Beschwerde- und Anhörungsrecht und werden daher nicht separat behandelt. Zu Verfahrensordnungen, in denen Verfahrensgarantien für Dritte fehlen[86], werden am Ende dieser Arbeit Ausführungen folgen.

C. Methode

Wenn Methode hier in ihrer ursprünglichen Wortbedeutung verstanden wird, als „Weg" nämlich, dann liegt dieser Arbeit folgende Methode zugrunde:

Ziel dieser Arbeit ist es, die Rechtsprechung des Gerichtshofes zur Klagebefugnis verfahrensbeteiligter Dritter dogmatisch einzuordnen.

Hierzu ist es zunächst erforderlich, die bisherige Rechtsprechung zur Klagebefugnis Privater zu analysieren (2. Kapitel). In diesem Stadium der Arbeit soll geklärt werden, ob die hier im Mittelpunkt stehenden Urteile lediglich als Ausprägung einer bisher bestehenden Rechtsprechungspraxis zu verstehen sind.

Der nächste Schritt der Arbeit wird es sein zu überlegen, welches dogmatische Konzept der neuen Sichtweise des Tatbestandsmerkmales der „individuellen Betroffenheit" zugrundeliegt. Hierzu werden die bisherigen und die neueren Konzeptionen der Dogmatik auf ihre Vereinbarkeit mit der vorgenannten Rechtsprechung überprüft (3. Kapitel). Dabei soll versucht werden zu zeigen, daß u.a. weder ein rechtsnaturorientierter Ansatz (Drittbetroffener muß nachweisen, daß angegriffene Maßnahme eine an ihn gerichtete Entscheidung impliziert) noch ein subjektivrechtlicher Ansatz (Drittbetroffener muß nachweisen, daß die Maßnahme seine Rechtsposition beeinträchtigt) die Problematik angemessen lösen kann.

---

83 VO Nr. 1017/68 ABl. 1968 Nr. L 175/1 ff.
84 VO Nr. 4056/86 ABl. 1986 Nr. L 378/4 ff.
85 VO Nr. 3975/87 Abl. 1987 Nr. L 374/1 ff.
86 Z.B. VO Nr. 288/82 Einfuhrregime ABl. 1982 Nr. L 35/1 ff. geändert durch
    VO Nr. 1243/86 Nr. L 113/1 ff.

Nachdem die methodologischen Grundlagen geklärt sind, wird anhand des bestehenden Richterrechts zum Rechtsschutz versucht, eine neue dogmatische Konzeption zu entwickeln (Kapitel 4). Diese Konzeption wird vom Leitbild des „Marktbürgers als Anwalt des EG-Rechts" ausgehen. Zentrale Frage wird sein, in welchen Bereichen des Gemeinschaftsrechts eine solche Anwaltsfunktion notwendig und erforderlich ist.

Am Schluß (5. Kapitel) soll das gewonnene Ergebnis durch eine Übertragung auf die Tatbestandsmerkmale unmittelbares und individuelles Betroffensein konkretisiert werden.

Als Prämisse dieser Arbeit gilt folgende Annahme: Das Problem verfahrensbeteiligter Kläger muß und kann auf eine einheitliche Konzeption zurückgeführt werden.

Diese Annahme soll deshalb nicht überprüft, sondern vorausgeschickt werden, weil eine solche Überprüfung nicht durchzuführen ist, ohne eine derartige einheitliche Konzeption zu entwickeln. Damit müßte aber das Ergebnis der Arbeit vorweggenommen werden. Demzufolge kann das Urteil über das Ergebnis dieser Untersuchung zugleich entscheiden, ob die Prämisse berechtigt war oder nicht.

An dieser Stelle sei nur nur darauf verwiesen, daß die besprochene Judikatur augenscheinlich von einer einheitlichen Betrachtungsweise ausgeht, wenn sie sowohl im Ergebnis als auch in der Argumentation nicht nach der Art des jeweiligen Untersuchungsverfahrens differenziert.

Als „Prä-Prämisse" sozusagen gilt die Annahme, daß gewissen verfahrensbeteiligten Klägern eine Klagebefugnis zukommen soll. Insofern wird das Ergebnis der hier untersuchten Judikatur nicht von vornherein in Frage gestellt, sondern auf seine dogmatischen Wurzeln hin untersucht. Das Auffinden dieser Wurzeln dient zugleich der Rechtfertigung dieser Annahme.

Dieser Arbeit liegt damit folgende Fragestellung zugrunde:

– Führt die Rechtsprechung des EuGH zu einem neuen dogmatischen Verständnis der Klagevoraussetzungen nicht-privilegierter drittbetroffener Kläger im EG-Vertrag?

Dieser Leitfrage schließen sich verschiedene untergeordnete Fragen an:

– Ist die Rechtsprechung des EuGH zur Klagebefugnis verfahrensbeteiligter Unternehmen lediglich als besondere Ausprägung der bisherigen Rechtsprechung zur „unmittelbaren und individuellen Betroffenheit" zu verstehen?

– Wie muß ein dogmatisches Konzept aussehen, das eine angemessene Lösung für diese Rechtsprechung darstellt? Welche Rolle muß hierbei methodologisch und inhaltlich Richterrecht spielen?

– Kann der Ansatz Marktbürger als „Anwalt des EG-Rechts" die bestehenden Probleme lösen? Welche Institutionen bedürfen des Schutzes?

– Und schließlich: Wie sind die Tatbestandsmerkmale des individuellen und unmittelbaren Betroffenseins bezogen auf den formulierten Ansatz auszulegen?

D. Terminologie

Als „verfahrensbeteiligt" werden solche Unternehmen bezeichnet, die zu einem Untersuchungsverfahren hinzugezogen werden, ohne daß ihr eigenes Handeln Gegenstand dieser Untersuchung ist.

„Drittbetroffen" ist derjenige, der nicht Adressat einer Maßnahme ist, jedoch durch deren tatsächliche Auswirkungen in seinen Interessen beeinträchtigt wird.

Dagegen abzugrenzen ist der Begriff der „individuellen Betroffenheit", die Tatbestandsmerkmal für die Zulässigkeit einer Nichtigkeitsklage ist.

Als „Maßnahme" werden alle rechtlich erheblichen Handlungsformen der Kommission bezeichnet, vor allem also „Entscheidungen" und Verordnungen i.S.v. Art. 189 EG-Vertrag.

2. *Kapitel:*

Analyse der Rechtsprechung

Die Rechtsprechungsanalyse soll klären, ob die Judikatur zur Klagebefugnis verfahrensbeteiliger Dritter bloß eine Ausformung der bisherigen Rechtsprechung zum Tatbestandsmerkmal des unmittelbaren und individuellen Betroffenseins darstellt oder als neue Auslegung dieser Klagevoraussetzungen verstanden werden muß.

Der Gerichtshof scheint diese Urteile in seine bisherige Rechtsprechung zu dieser Problematik einreihen zu wollen. Er stützt sich nämlich in einigen dieser Urteile[1] auf eine Formel, die er in der Rechtssache *Plaumann* erstmalig formuliert hat. Dort heißt es:

> „Wer nicht Adressat einer Entscheidung ist, kann nur dann geltend machen, von ihr individuell betroffen zu sein, wenn die Entscheidung ihn wegen bestimmter persönlicher Eigenschaften oder besonderer, ihn aus dem Kreis aller übrigen Personen heraushebender Umstände berührt und ihn daher in ähnlicher Weise individualisiert wie den Adressaten."[2]

Diese Formel benutzt der EuGH seitdem in Fällen, in denen das individuelle Betroffensein des Klägers problematisch ist. Dabei wendet er sie gleichermaßen auf Klagen gegen Entscheidungen[3] und solche gegen Verordnungen an[4]. Ob die Einordnung der Urteile zur Klagebefugnis verfahrensbeteiligter Kläger in die bisherige Rechtsprechung zum individuellen Betroffensein zu Recht geschieht, ist die Frage dieses Kapitels.

Der *Plaumann*-Maßstab selbst ist zu abstrakt, um sagen zu können, eine auf Verfahrensrechten beruhende Verfahrensbeteiligung individualisiere einen klagenden Dritten so wie den Adressaten der angegriffenen Maßnahme[5].

---

1 So zuletzt EuGH (*Matra* - C-225/91) Urteil v. 15. Juni 1993, noch nicht veröffentlicht, Rn. 4.

2 EuGH (*Plaumann* - Rs 25/62) Slg. 1963, 211 (238).

3 Vgl. nur EuGH (*Piraiki-Patraiki* - Rs 11/82) Slg. 1985, 207 (242 - Rn. 11).

4 Vgl. nur EuGH (*Sofrimport* - Rs C-152/88) Slg. 1990, I-2477 (I-2507 - Rn. 10): Der Begriff „Entscheidung" wird durch „angefochtene Rechtshandlung" ersetzt.

5 Kritisch zur diesem Maßstab Geiger, EG-Vertrag, Rn. 26 zu Art. 173; v. Winterfeld, Individueller Rechtsschutz, in: NJW 1988, 1409 (1411).

Insofern genügt der Rekurs auf *Plaumann* nicht, um beurteilen zu können, ob die Urteile zu verfahrensbeteiligten Dritten einen neuen Ansatz darstellen. Es müssen vielmehr die von der Rechtsprechung vorgenommenen Konkretisierungen dahingehend untersucht werden, inwiefern sie eine Klagebefugnis wegen einer Verfahrensbeteiligung zugestehen würden.

Hierzu sollen die Urteile zur Klagebefugnis von Adressaten und nichtverfahrensbeteiligten Drittbetroffenen untersucht werden. Dieser Untersuchung wird die Analyse der Urteile zu verfahrensbeteiligten Drittbetroffenen gegenübergestellt.

A. Klagen von Adressaten

Zu prüfen ist hier, ob die im Rahmen von Adressaten-Klagen entwickelten Kriterien eine Klagebefugnis wegen Verfahrensbeteiligung begründen würden.

Adressaten sind solche Kläger, an die sich die angegriffene Maßnahme richtet. Drittbetroffen sind solche Kläger, die zwar nicht Regelungsadressaten des angefochtenen Rechtsaktes sind, jedoch durch dessen tatsächliche Auswirkungen beeinträchtigt werden[6].

In diesem Abschnitt geht es um das individuelle und unmittelbare Betroffensein der Adressaten einer Verordnung. Adressaten einer Entscheidung sind gem. Art. 173 Abs. 4 EG-Vertrag immer klagebefugt und bedürfen daher keiner besonderen Aufmerksamkeit.

Klagen von Drittbetroffenen werden gesondert untersucht. Eine Ausnahme gilt jedoch für Klagen gegen Entscheidungen der Kommission, die Mitgliedstaaten ermächtigen, verpflichten oder untersagen, gewisse Rechtsakte an Marktteilnehmer zu erlassen. Im Hinblick auf derartige Entscheidungen sind diese Marktteilnehmer als potentielle Adressaten einer mitgliedstaatlichen Maßnahme anzusehen. Aus diesem Grunde zieht der Gerichtshof bei der Prüfung der Klagebefugnis die gleichen Kriterien heran wie im Falle von Klagen gegen Verordnungen. Der besseren Über-

---

6   Der Begriff „Nicht-Adressat" verbietet sich insofern, als im Zusammenhang mit Klagen Dritter im Kartellrecht Rechtsprechung und Literatur den Dritten gleichfalls als Adressat einer Maßnahme betrachten.

sicht wegen sollen derartige Drittbetroffene in diesem Abschnitt als „potentielle Adressaten" mitbehandelt werden. Zunächst sind jedoch die Klagen gegen Verordnungen zu untersuchen.

I. Klagen gegen Verordnungen

Verordnungen sind neben der Entscheidung und der Richtlinie die klassische Form, um verbindliches Recht zu setzen. Während die Entscheidung lediglich einzelne verpflichtet und die Richtlinie nur für Mitgliedstaaten verbindlich ist[7], hat die Verordnung „allgemeine Geltung"[8]. Sie gilt unmittelbar in jedem Mitgliedstaat. Übertragen auf die nationale Rechtsordnung ist die Verordnung als „Gesetz" der EG anzusehen[9].

Der EG-Vertrag ermächtigt in erster Linie den Rat dazu, Verordnungen zu erlassen. Er ist sozusagen die Legislative der Gemeinschaft. Jedoch hat der Rat gem. Art. 155 Abs. 4 EG-Vertrag diese Befugnis in vielen Fällen an die Kommission delegiert, wenn es sich bei den zu verabschiedenden Verordnungen um bloße Durchführungsvorschriften handelt. In der hier besprochenen Judikatur ist dies geschehen. Es handelt sich um Fälle, die im EG-Marktordnungsrecht und im EG-Antidumpingrecht angesiedelt sind. Dieser Rechtskreis erfordert ein flexibles und schnelles Handeln und ist zudem der Anforderung ausgesetzt, umfangreiche Wirtschaftsdaten verarbeiten und bewerten zu müssen. Dies kann nur der Beamtenstab der Kommission leisten.

In seiner Rechtsprechung hat der Gerichtshof mehrfach deutlich hervorgehoben, daß Klagen Privater gegen „echte" Verordnungen unzulässig seien. Dagegen erklärt er Klagen für zulässig, die sich gegen Verordnungen richteten, welche in Wirklichkeit aus einem „Bündel von Einzelentscheidungen" bestünden. Darüber hinaus seien auch solche Klagen zulässig, in denen die Verordnung unzweifelhaft normativen Charakter habe, die angefochtene Vorschrift aber - im Gegensatz zur Gesamtregelung -

---

7   Allg. Meinung; vgl. jedoch zu Bestrebungen, eine horizontale Wirkung von nicht-umgesetzten Richtlinien zu erreichen: Emmert, Pereirade Azeudo, L'effet horizontal, RDTE 1993, 503 (522).

8   Art. 189 Abs. 2 EG-Vertrag.

9   Vgl. zu der Frage, warum nicht der Begriff des Gesetzes für diese Rechtsform gewählt wurde, Grabitz-Grabitz Rn. 43 zu Art. 189.

individuell wirke. Der erste Fall kann als „Scheinverordnung" bezeichnet werden, der zweite Fall als „Mischverordnung", d.h. hier ist eine Entscheidung i.S.v. Art. 189 Abs. 4 EG-Vertrag in eine Verordnung eingebettet worden[10]. Indessen hat der Gerichtshof die Klagebefugnis auch für solche Verordnungen nicht ausgeschlossen, deren angegriffene Bestimmung zwar normativer Natur sei, zumindest in bezug auf den Kläger aber individuell wirke. Derartigen Vorschriften einer Verordnung scheint in diesem dritten Fall eine Doppelnatur zuzukommen: die einen Adressaten betreffen sie lediglich generell, die anderen dagegen individuell.

Als Kurzformeln für die Rechtsprechung des EuGH's zum Klagerecht sind die Klassifikationen Scheinverordnung, Mischverordnung, Vorschrift mit Doppelnatur anschaulich. Für die Analyse der Rechtsprechung haben sie jedoch keinen heuristischen Wert, weil sie zum einen bereits die Interpretation der Rechtsprechung vorwegnehmen, zum anderen die Herangehensweise und die einzelnen Fragestellungen des Gerichtshofes beim Problem der Klagebefugnis nicht deutlich genug widerspiegeln. Insofern soll darauf verzichtet werden, die Rechtsprechungsanalyse an diesen Begriffen auszurichten. Stattdessen soll sich diese Darstellung an folgenden Aspekten orientieren:

- Konstruktion des Tatbestandes der jeweils angegriffenen Verordnungsvorschrift
- Anknüpfung der Rechtsfolge an zuvor stattgefundenes individuelles Verhalten
- Auswirkung der Verordnung auf den jeweiligen Adressaten

Der besseren Orientierung wegen folgt vor dieser Analyse eine kurze Skizzierung der Leitlinie des Gerichtshofes in der Frage der Klagebefugnis.

---

10   „Wenn daher eine von dem sie erlassenden Organ als Verordnung bezeichnete Maßnahme Vorschriften enthält, die bestimmte natürliche oder juristische Personen nicht nur unmittelbar, sondern auch individuell betreffen, so ist jedenfalls diesen Vorschriften - unabhängig von der Frage, ob die Maßnahme als Ganzes mit Recht als Verordnung bezeichnet ist - kein Verordnungscharakter zuzugestehen." So schon EuGH (*CNPFL* - verb. Rs 16,17/62) Slg. 1962, 961 (979).

1. Die Leitlinien der Rechtsprechung

Der Gerichtshof hat bei der Prüfung der Zulässigkeit von Klagen Privater die eingangs vorgestellten drei Tatbestandsmerkmale des Art. 173 Abs. 4 EG-Vertrag zu prüfen: Entscheidung, unmittelbare und individuelle Betroffenheit.

a) Unmittelbares Betroffensein

Die unmittelbare Betroffenheit macht im Falle der Klagen von Verordnungsadressaten selten Probleme. Im Regelfall gilt eine Verordnung für den Marktbürger nämlich unmittelbar, d.h. sie erfordert keine innerstaatliche Umsetzung. Aus diesem Grund prüft der Gerichtshof in vielen Fällen gleich das individuelle Betroffensein, ohne nähere Ausführungen zur Unmittelbarkeit zu machen[11].

Verneint hat der Gerichtshof die unmittelbare Betroffenheit im Zusammenhang mit einer Verordnung, die die Einfuhr bestimmter Waren von einer mitgliedstaatlichen Genehmigung abhängig machte[12]. Unmittelbar betroffen sollten die Kläger laut EuGH erst dann sein, wenn die nationalen Verwaltungen ihnen diese Einfuhrgenehmigungen verweigern. Hiergegen bliebe aber der nationale Rechtsweg in Verbindung mit dem Vorlageverfahren nach Art. 177 EG-Vertrag[13]. Vorauszusetzen hierfür ist jedoch, daß die Kommission dem Mitgliedstaat nicht jeweils vorschreibt, auf welche Weise die Verordnung umzusetzen ist[14]. Eine derartige Umsetzung wäre der EG zuzurechnen. Im Zusammenhang mit Klagen gegen an Mitgliedstaaten gerichtete Entscheidungen hat die Kommission den Kläger bereits dann als unmittelbar betroffen angesehen, wenn der Inhalt der Maßnahme bereits mit großer Wahrscheinlichkeit vorhersehbar war[15].

---

11 Vgl. z.B. für Klage gegen AntidumpingVO EuGH (*Extramet* - Rs C-358/89) Slg. 1991, I-2501 (2531 ff. - Rn. 31 ff.).

12 EuGH (*Unicme* - Rs 123/77) Slg. 1978, 845 (851 - Rn. 8/13).

13 Vgl. auch EuGH (*Société des Usines de Beauport* - verb. Rs 103-109/78) Slg. 1970, 17 (25 - Rn. 21): Die Verordnung räumte dem Mitgliedstaat ein Ermessen ein.

14 Vgl. EuGH (*International Fruit Company* - verb. Rs 41-44/70) Slg. 1971, 411 (422 - Rn. 23).

15 Vgl. Abschnitt 2. Kapitel/A/II/1/a.

b) *Verhältnis des Tatbestandsmerkmals „Entscheidung" zum „individuellen Betroffensein"*

Das Verhältnis zwischen den Tatbestandsmerkmalen „Entscheidung" und „individueller Betroffenheit" ist das Kernproblem der Klagebefugnis Privater.

Nimmt man den Art. 173 Abs. 4 EG-Vertrag wörtlich, so wäre zuerst zu prüfen, ob die angegriffene Maßnahme eine Entscheidung i.S.v. Art. 189 Abs. 4 EG-Vertrag ist, also ein an einen einzelnen gerichteter Rechtsakt. Erst nach Bejahung dieser Frage käme man zur Prüfung, ob diese Entscheidung den Kläger auch individuell betrifft.

Diesen Ansatz hat zunächst auch der Gerichtshof gewählt. Er wies darauf hin, daß Klagen gegen echte Verordnungen von vornherein unzulässig seien[16]. Es sei nämlich undenkbar, daß der Ausdruck „Entscheidung" in Art. 173 in einem anderen als dem sich aus Art. 189 ergebenden technischen Sinn gebraucht sei[17].

Um allerdings zu klären, ob eine Entscheidung oder eine Verordnung vorlag, prüfte der EuGH, ob die fragliche Maßnahme den Kläger individuell betraf[18]. Demzufolge impliziert ein individuelles Betroffensein das Vorliegen einer Entscheidung.

In einigen seiner neueren Urteile scheint es dem Gerichtshof auf diese Implikation gar nicht mehr anzukommen. Er stellt fest:

> „Nach der Rechtsprechung braucht nicht untersucht zu werden, ob die angefochtene Maßnahme als eine Verordnung angesehen werden kann; vielmehr genügt es festzustellen, ob die Kläger von dieser Handlung unmittelbar und individuell betroffen sind."[19]

Das Tatbestandsmerkmal „Entscheidung" wäre demnach überflüssig. Diese Feststellung läßt indessen der Gerichtshof selbst nicht unwidersprochen,

---

16 EuGH (*CNPFL*/verb. Rs 16, 17/62) Slg. 1962, 961 (978); so zuletzt EuGH (*Buckl* - C-15,108/91) Slg. 1992, I-6061 (I-6099 - Rn. 24).
17 EuGH (*CNPFL* - verb. Rs 16, 17/62) Slg. 1962, 961 (978).
18 EuGH (*CNPFL* - verb. Rs 16,17/62) Slg. 1962, 961 (979).
19 So zuletzt EuGH (*Petridi/Kapnemporon* - Rs 232,233/91) Slg. 1991, I-5351 (I-5355 - Rn. 9); EuGH (*Unicme* - Rs 123/77) Slg. 1978, 845 (851 - Rn. 7); vgl. auch EuGH (*Scarlata* - Rs 40/64) Slg. 1965, 295 (311), wonach die Frage nach der Rechtsnatur dahingestellt bleiben kann.

wenn er in einem seiner jüngsten Urteile die Prüfung der Rechtsnatur der streitgegenständlichen Maßnahme an den Anfang der Prüfung stellt[20]. Die oben formulierte Frage ist also nach wie vor offen. In einigen Fallkonstellationen ist es dem EuGH jedoch mittlerweile gleichgültig, welche Rechtsnatur der angegriffenen Maßnahme zukommt. Diese Fallkonstellationen werden unten näher zu untersuchen sein.

c) Die Kriterien

Der Gerichtshof tut sich bei Klagen gegen Verordnungen deshalb so leicht mit der vorrangigen Prüfung des individuellen Betroffenseins, weil er in einem Großteil seiner Urteile die Kriterien für ein individuelles Betroffensein denen für die Abgrenzung der Entscheidung zur Verordnung entsprechen läßt.

Im Falle von Klagen gegen Verordnungen ist der Kläger nach der Rechtsprechung dann individuell betroffen, wenn er zu einer abgeschlossenen Gruppe von Adressaten gehört, die auch theoretisch nicht mehr erweiterbar ist. Nicht mehr erweiterbar ist eine Adressatengruppe beispielsweise dann, wenn die angegriffene Maßnahme bei der Bestimmung der Adressaten an Sachverhalte anknüft, die in der Vergangenheit liegen und abgeschlossen sind.

Betrifft eine Bestimmung sowohl eine abgeschlossene als auch eine offene Gruppe von Adressaten[21] oder ergibt sich das abschließende Merkmal nicht aus dem Tatbestand der Maßnahme, so verneint der EuGH die Klagebefugnis, sofern der Maßnahme eine objektive Zielsetzung zugrundeliegt.

2. Konstruktion des Tatbestandes

Ein wesentliches Kriterium für die Klagebefugnis ist die Frage, auf welche Weise der Tatbestand der angegriffenen Maßnahme seine Adressaten

---

20 EuGH (*Buckl* - C-15,108/91) Slg. 1992, I-6061 (I-6099 - Rn. 24).
21 Stichwort: Doppelnatur einer Verordnungsbestimmung.

definiert. Hierin zeige sich, ob die Maßnahme nur „generell gilt" und daher nicht anfechtbar sei[22]. Der Gerichtshof führte hierzu aus:

> „Wesentliches Merkmal der Entscheidung ist, daß sie sich nur an diejenigen Personen wendet, „die sie bezeichnet", während die Verordnung wesentlich normativen Charakter hat und nicht auf eine begrenzte Zahl namentlich bezeichneter oder doch bestimmbarer Adressaten anwendbar ist, sondern auf in ihrer Gesamtheit und abstrakt umrissene Personenkreise."

Eine Entscheidung wendet sich demnach an ganz bestimmte Adressaten, die in der Regelung bereits identifiziert werden müssen. Eine Verordnung enthält dagegen nur objektive Anwendungskriterien.

Laut Gerichtshof zeichnet sich eine Verordnung neben der besonderen Art der Adressierung dadurch aus, daß sie auf objektiv bestimmte Situationen ziele. Der Gerichtshof führt in seiner Rechtsprechung aber keine Maßstäbe ein, mittels derer objektiv bestimmte Situationen von konkreten Situationen unterschieden werden könnten[23].

Bei der näheren Untersuchung des Tatbestandes traf der Gerichtshof auf drei verschiedene Fallkonstellationen: Adressaten lassen sich anhand des Tatbestandes identifizieren; Adressaten lassen sich nur zum Teil identifizieren; Adressaten lassen sich nicht identifizieren.

a) Adressaten nicht identifizierbar

Definiert der Tatbestand einer Verordnung die Adressaten als „allgemein und abstrakt bezeichnete Personengruppe", dann handelt es sich um eine echte Verordnung[24]. Die Klagebefugnis ist ausgeschlossen.

Von einer solchen abstrakten Definition des Adressatenkreises geht der Gerichtshof aus, wenn die Verordnung den Kläger in seiner objektiven

---

22 Ständige Rechtsprechung, vgl. nur EuGH (*Binderer* - Rs 147/83) Slg. 1985, 257 (271 - Rn. 12).

23 Vgl. nur EuGH (*Usines coopératives* - Rs C-244/88) Slg. 1989, 3811 (3830 - Rn. 13); die Frage, ob die Maßnahme abstrakt oder konkret wirkt, d.h. ob sie auf einen konkret vorliegenden Sachverhalt anwendbar ist oder eher losgelöst von einem solchen gilt, spielt demnach in der Rechtsprechung des Gerichtshofes keine Rolle. Auch konkret-generelle Maßnahmen sind Verordnungen. Im deutschen Recht wären das als Allgemeinverfügungen anzusehende Verwaltungsakte.

24 Ständige Rechtsprechung, vgl. nur EuGH (*Binderer* - Rs 147/83) Slg. 1985, 257 (271 - Rn. 12).

Eigenschaft als Wirtschaftsteilnehmer betrifft und damit in der gleichen Weise wie jeden Wirtschaftsteilnehmer, der sich in der gleichen Lage befände[25]. Gemeint ist hiermit beispielsweise die objektive Eigenschaft als Schaumweinhersteller, die nach traditioneller „méthode champenoise" produzieren[26], als Tabakhändler[27] als „Enten- oder Gänseschlachter"[28] oder als Bananenimporteure[29]. In diesen Fällen konnten zum Zeitpunkt des Erlasses der angegriffenen Maßnahme noch nicht alle Adressaten identifiziert werden, weil es zumindest theoretisch möglich blieb, daß nach Erlaß ein Wirtschaftsteilnehmer eine Tätigkeit aufnimmt, die den Kriterien der Verordnung entspricht.

b)   Adressaten identifizierbar

Nun könnte die Kommission die Adressaten ihrer Maßnahmen grunsätzlich abstrakt definieren[30], um damit eine Klage Privater von vornherein auszuschließen. Der Gerichtshof betont jedoch im Zusammenhang mit Art. 173 Abs. 4 EG-Vertrag immer wieder:

> „Der Zweck dieser Vorschrift besteht insbesondere darin zu verhindern, daß die Gemeinschaftsorgane durch die bloße Wahl der Form einer Verordnung die Klage eines einzelnen gegen eine Entscheidung, die ihn unmittelbar und individuell betrifft, ausschließen können und damit klarzustellen, daß die Wahl der Form die Rechtsnatur einer Maßnahme nicht ändern kann."[31]

---

25   Vgl. nur EuGH (*Petridi/Kapnemporon* - Rs C-232,233/91) Slg. 1991, I-5351 (I-5355 - Rn. 11).

26   Vgl. nur EuGH (*Deutz und Geldermann* - Rs 26/86) Slg. 1987, 941 (952 - Rn. 11).

27   EuGH (*Petridi/Kapnemporon* - Rs C-232,233/91) Slg. 1991, I-5351 (I-5355 - Rn. 11).

28   EuGH (*Buckl* - C-15,108/91) Slg. 1992, I-6061 (I-6099 - Rn. 26).

29   EuGH (*Atlanta* - Rs C-286/93) Beschluß v. 21. Juni 1993 Rn. 12, noch nicht veröffentlicht.

30   Beispiel:"Alle Getreideimporteure, die am 4. September 1993 einen Antrag auf Vorausfestsetzung der Ausfuhrerstattung eingereicht haben, müssen ....".

31   EuGH (*Binderer* - Rs 147/83) Slg. 1985, 257 (270 - Rn. 11); vgl. auch EuGH (*UFADE* - Rs 117/86) Beschluß Slg. 1986, 3255 (3259 - Rn. 8); EuGH (*Scholten Honig* - Rs 101/76) Slg. 1977, 797, (806 - Rn. 5/7); EuGH (*Calpak* - verb. Rs 789,790/79) Slg. 1990, 1949 (1961 - Rn. 6); EuGH (*Alusuisse* - Rs 307/81) Slg. 1982, 3463 (3471 f. - Rn. 7).

Dabei gilt:

> „Bei der Prüfung dieser Frage kann sich der Gerichtshof nicht mit der
> amtlichen Bezeichung der Maßnahme zufriedengeben; er muß vielmehr
> auf deren Gegenstand und Inhalt abstellen."[32]

Wie der Tatbestand konstruiert sein muß, damit die Maßnahme nicht als
Verordnung betrachtet werden kann, zeigt nachfolgender Fall.

In der *Fruit-Company*-Entscheidung wollte der Kläger gegen eine Verordnung vorgehen, die ihm die Lizenz für die Einfuhr von Tafeläpfeln in
der von ihm beantragten Menge verweigerte. Diese Verordnung erging
mit Rücksicht auf die Marktlage und orientierte sich hinsichtlich der ge-
nehmigten Menge von Tafeläpfeln an den bis zu einem bestimmten Stich-
tag gestellten Anträgen auf Einfuhrlizenzen. Der Kläger gehörte zu den
Antragstellern. Der EuGH sah in dieser Verordnung eine „Bündelung von
individuellen, von der Kommission in Form einer Verordnung gekleidete
Entscheidungen"[33]. Ausschlaggebend war für den Gerichtshof, daß die
Kommission, auch wenn sie nur die beantragte Gesamtmenge zur Kenntnis genommen hatte, über das weitere Schicksal der einzelnen, bereits gestellten Anträge entschied[34]. Die Maßnahme war daher nur dem Scheine
nach als Verordnung erlassen worden[35].

Der Gerichtshof ist mit dieser Auffassung dem Generalanwalt Karl Roemer gefolgt. Roemer betont, daß die Kommission jeden Lizenzantrag
hätte selbst bescheiden können, wären ihr alle für die Beurteilung der einzelnen Anträge erforderlichen Informationen zugeleitet worden[36].

Hier war der Kläger nicht in seiner objektiven Eigenschaft als Importeur
von Tafeläpfeln betroffen, sondern in der subjektiven Eigenschaft, einen
bestimmten Antrag gestellt zu haben. Die Kommission hätte die beabsich-
tigte Wirkung auch mittels mehrerer Entscheidungen erzielen können.

---

32 So schon EuGH (*CNPFL* - verb. Rs 16, 17/62) Slg. 1962, 961 (978).

33 EuGH (*International Fruit Company* - Rs 41-44/70) Slg. 1971, 411 (422).

34 EuGH (*International Fruit Company* - verb. Rs 41-44/70) Slg. 1971, 411 (422 -
Rn. 21).

35 Zum „Bündel von Einzelentscheidungen" vgl. des weiteren EuGH (*Weddel* - Rs
354/87) Slg. 1990, I-3847 (I-3886 - Rn. 23).

36 GA Roemer (*International Fruit Company* - verb. Rs 41-44/70) Slg. 1971, 411
(433).

In folgenden Fällen erachtete der EuGH die angegriffene Verordnung gleichfalls als Sammelentscheidung: Die Verordnung entscheidet über eingereichte Einfuhrlizenzen für Rindfleisch[37], die Verordnung hebt bereits mit einer Interventionsstelle geschlossene Kaufverträge über Olivenöl wieder auf[38], die Verordnung nimmt dem Inhaber von bis zu einem bestimmten Termin erteilten Ausfuhrlizenzen ein Annulierungsrecht[39].

Festzuhalten ist zunächst, daß, sobald der Adressatenkreis deshalb abschließend ist, weil der Tatbestand der Verordnung bei der Definition des Adressatenkreises an bereits abgeschlossene, in der Vergangenheit liegende Tatbestandsmerkmale anknüpft, die Verordnung als „Bündel von Einzelentscheidungen" aufzufassen ist.

Es fragt sich, ob Rückwirkung bereits hinreichend ist, um einer Verordnung individuellen Charakter zuzusprechen. In diesem Zusammenhang ist darauf hinzuweisen, daß der Gerichtshof bei einer Verordnung, die ausschließlich in der Vergangenheit beantragte Ausfuhrerstattungen betraf, jedoch zu einer Gesamtheit von Vorschriften mit Rechtssetzungscharakter gehörte, zusätzlich auf den Regelungszweck der Maßnahme abstellte[40]. Dieser bestand gerade darin, die Adressaten wegen eines individuellen Verhaltens (Einkauf von Getreide vor Erhöhung des Schwellenpreises) von den anderen Marktteilnehmern ihres Tätigkeitsbereiches abzugrenzen[41].

Augenscheinlich ist die Zugehörigkeit zu einem abgeschlossenen Adressatenkreis zwar eine notwendige, aber keine hinreichende Bedingung. Dies wird deutlicher werden, wenn es um Verordnungen bzw. Bestimmungen geht, die innerhalb ihres offenen Adressatenkreises einen abgeschlossenen Kreis von Adressaten definieren.

---

37 EuGH (*Weddel* - Rs C-354/87) Slg. 1990, I-3847 (I-3885 - Rn. 16 ff.).
38 EuGH (*Olio* - Rs 232/81 R) Slg. 1981, 2193 (2198 ff.).
39 EuGH (*SES* - Rs 88/76) Slg. 1977, 709 (726 ff.); vgl. außerdem EuGH (*Ilford* - Rs 1/84) Slg. 1984, 423 (427 f. - Rn. 5, 6); EuGH (*Weddel* - Rs 354/87) Slg. 1990, I-3847.
40 EuGH (*CAM* - Rs 100/74) Slg. 1975, 1393 (1403 - Rn. 14 f.).
41 Ihnen sollte aus diesem Grund eine günstigere Bemessungsgrundlage für die bei der Ausfuhr zu gewährende Erstattung vorenthalten werden, denn wegen des noch niedrigeren Einkaufspreises bedurften sie einer erhöhten Erstattung nicht.

c)   Adressaten zum Teil identifizierbar

Der Gerichtshof wurde mit Verordnungen konfrontiert, die den Adressatenkreis sowohl mittels vergangenheitsbezogener als auch über gegenwartsbezogene Sachverhalte bestimmte. Es ließ sich demzufolge, innerhalb des grundsätzlich offenen Adressatenkreises eine Gruppe ausmachen, die nicht mehr erweiterbar war. Beispielsweise galt eine Verordnung sowohl für bereits gestellte als auch für künftige Anträge.

Ständige Rechtsprechung ist in diesem Zusammenhang:

> „Der Verordnungscharakter einer Maßnahme wird nicht dadurch in Frage gestellt, daß es möglich ist, die Anzahl oder sogar Identität der Rechtssubjekte, auf welche die Maßnahme zu einem gegebenen Zeitpunkt anwendbar ist, mehr oder weniger genau zu bestimmen; es muß nur feststehen, daß diese Anwendung aufgrund einer in der Maßnahme im Zusammenhang mit deren Zielsetzung umschriebenen objektiven Rechts- oder Sachlage erfolgt."[42]

Anders formuliert heißt das: Wenn die Zielsetzung der Maßnahme ausschließlich an das individuelle Verhalten der Adressaten anknüpft, dann sind diese individuell betroffen. Eine solche Zielsetzung setzt voraus, daß die Kommission das jeweilige individuelle Verhalten kennt und damit auch die Adressaten. Jetzt wird klar, weshalb der Gerichtshof in vielen Fällen auf die Kenntnis der Kommission abhob. GA Mancini fordert in der Rechtssache *Les Verts* einen ursächlichen Zusammenhang zwischen Kenntnis über die Identität des Klägers und der Maßnahme[43]. Weil die Kommission den Kläger kennt und damit sein individuelles Verhalten, hat sie die Maßnahme so und nicht anders ausgestaltet. Noch genauer hat GA Tesauro formuliert:

> „Es ist in der Tat unerläßlich, daß der Umstand, der es erlaubt, die Empfänger der Maßnahme zu bestimmen, in irgendeiner Weise das Tätigwerden des Organs veranlaßt hat und somit zur Berechtigung dieser Maßnahme gehört."[44]

---

42   EuGH (*Compagnie francaise* - Rs 64/69) Slg. 1970, 221 (226 - Rn. 11/12); ständige Rechtsprechung: zuletzt EuGH (*Atlanta* - Rs C-286/93) Beschluß v. 21. Juni 1993, noch nicht veröffentlicht, Rn. 8; vgl. des weiteren EuGH (*Scholten Honig* - Rs 101/76) Slg. 1977, 797 (808 - Z. 23/25) u.a. EuGH (*Alusuisse* - Rs 307/81) Slg. 1982, 3463 (Rn. 11); EuGH (*Zuckerfabrik Watenstedt*- Rs 6/68) Slg. 1968, 611, 620; EuGH (*Petridi/Kapnemporon* - Rs C-232,233/91) Slg. 1991, I-5351 (I-5355 - Rn. 10).

43   GA Mancini (*Les Verts* - Rs 294/83) Slg. 1986, 1339 (1353).

44   GA Tesauro (*Usines coopératives* - Rs C-244/88) Slg. 1989, 3811 (3821).

Das Urteil in Sachen *Compagnie francaise* zeigt, daß das Wissen um die Identität der Adressaten dann nicht ausreicht, wenn trotz dieser individuellen Anknüpfung die streitgegenständliche Regelung einem objektiven Regelungszweck zugeordnet werden kann.

In diesem Rechtsstreit ging es um die Verpflichtung zur Zahlung von Ausgleichsbeträgen für Ausfuhren landwirtschaftlicher Produkte, um den wegen der Abwertung des französischen Francs gesenkten französischen Interventionspreisen gegenüber den gleichbleibenden Interventionspreisen in den anderen Mitgliedstaaten Rechnung zu tragen. Von der Zahlung der vollen Höhe dieser Beträge sollten diejenigen Exporteure verschont bleiben, die in einem zurückliegenden Zeitraum bereits Kaufverträge abgeschlossen hatten. Diese Sonderregelung sollte aber nur dann gelten, wenn die Exporteure die Möglichkeit genutzt hatten, eine Vorausfestsetzung des Erstattungsbetrages für die Ausfuhr in Drittländer zu beantragen. Hiergegen wandte sich die Klägerin. Sie hatte nämlich eine solche nicht beantragt. Der Gerichtshof rekurrierte darauf, daß die Sonderregelung Bestandteil der generellen Regelung sei, die die Zahlung von Ausgleichsbeträgen vorsah[45].

Betrachtet man diesen Fall genauer, muß man folgendermaßen differenzieren: Die Verpflichtung zur Zahlung von Ausgleichsbeträgen galt für alle Exporteure von landwirtschaftlichen Produkten und ist damit eine Regelung, die ihre Adressaten generell betrifft.

Die Ausnahmeregelung für Exporteure, die bereits zu einem bestimmten Zeitpunkt Kaufverträge abgeschlossen hatten, ist eine individuelle Regelung, da sie nur einen in sich geschlossenen Adressatenkreis betrifft. Regelungszweck der Bestimmung war es, die Importeure, die bereits vor der Abwertung des französischen Francs ihre Geschäfte abgeschlossen hatten, nicht nachträglich zu schädigen. Die Ausnahme der Ausnahme, d.h. die Regelung in bezug auf Exporteure, die einen Kaufvertrag bereits abgeschlossen, aber keine Vorausfestsetzung beantragt hatten, führt wieder zur generellen Regel. Nach dem Regelungszweck der Sonderregelung sollte das Vertrauen derjenigen geschützt werden, die bereits Verträge abgeschlossen hatten. Schutzwürdig ist dieses Vertrauen aber nur, sofern die Möglichkeit wahrgenommen wurde, eine Vorausfestsetzung zu beantragen.

---

45 EuGH (*Compagnie francaise* - Rs 64/69) Slg. 1970, 221 (226 f. - Rn. 12).

Demzufolge fallen diejenigen, die zwar einen Vertrag abgeschlossen, aber keine Vorausfestsetzung beantragt hatten, nicht unter diesen Sonderregelungszweck. Ihre Verpflichtung zur Zahlung eines Ausgleichsbetrages gründet sich dem Regelungszweck zufolge auf ihre Eigenschaft als Exporteure von landwirtschaftlichen Produkten. Damit waren diese Exporteure, obwohl grundsätzlich wegen der abgeschlossenen Verträge identifizierbar, von der angegriffenen Bestimmung nicht individuell betroffen und damit nicht klagebefugt[46].

Hauptproblem ist demzufolge, den einschlägigen Regelungszweck einer Maßnahme herauszuarbeiten.

d) Zwischenergebnis

Verfahrensbeteiligte Drittbetroffene greifen definitionsgemäß Rechtsakte an, die sich nicht an sie, sondern an andere Personen richten. Infolgedessen kommen sie als Angehörige eines geschlossenen Kreises von Adressaten nicht in Betracht.

Das vom Gerichtshof angeführte Kriterium des Wissens um die Betroffenen könnte für die Dritten bedeutsamer sein. Sie sind der Kommission aufgrund ihrer Verfahrensbeteiligung bekannt.

Im folgenden ist zu untersuchen, inwieweit ein solches Wissen bereits genügt, die Klagebefugnis zu begründen. Hierbei ist zu beachten, daß laut Gerichtshof dieses Wissen in einem Zusammenhang mit dem Regelungszweck der Maßnahme stehen muß.

3. Rechtsfolge knüpft an individuelles Verhalten an

Oben waren die Adressaten bereits deshalb beim Erlaß der Verordnung zumindest zum Teil identifizierbar, weil Tatbestandsmerkmale der angegriffenen Regelung an abgeschlossene, in der Vergangenheit liegende Sachverhalte anknüpften.

---

46 Das aktuelle Beispiel für eine derartige Rechtsprechung ist die Klage von Bananenimporteuren: Vgl. EuGH (*Atlanta* - Rs C-286/93), Beschluß v. 21. Juni 1993 Rn. 12, noch nicht veröffentlicht: Es war unerheblich, daß gem. Art. 19 der VO Nr. 404/93 (gemeinsame Marktorganisation für Bananen) der jeweilige Anteil am neu festgesetzten Zollkontingent sich danach bemaß, ob der Importeur in der Vergangenheit „Drittlandsbananen" vermarktet hatte.

Es fragt sich nun, inwieweit eine Maßnahme individuell betrifft, bei der nicht die Konstruktion des Tatbestandes, sondern die Ausgestaltung der Rechtsfolge an ein zurückliegendes individuelles Verhalten anknüpft. Hier gewährt der Gerichtshof die Klagebefugnis abhängig von der streit-gegenständlichen Regelungsmaterie. Im Marktordnungsrecht bleibt die Anknüpfung an individuelles Verhalten unerheblich, im Antidumpingrecht begründet es die Klagebefugnis.

a) Marktordnungsrecht

Mittels Marktordnungsrecht steuert die EG den Markt landwirtschaftlicher Produkte. Durch Interventionssystem und Abschottung vom Weltmarkt soll der Markt stabil gehalten werden. Dies wird dadurch erreicht, daß die Bezugsgrößen für die Steuerung, der Interventionspreis (für die Binnen-steuerung) und der Schwellenpreis bzw. die Kontingentierung der Einfuhr (für die Außensteuerung), ständig den jeweiligen Markterfordernissen an-gepaßt werden.

Zunächst ist auf Verordnungen einzugehen, in denen die Kommission das wirtschaftliche Verhalten zurückliegender Zeiträume über gewisse Refe-renzmengen berücksichtigt.

In der Sache[47] hatte die Kommission eine Produktionsbeihilfe begrenzt, wobei die Produktionsmenge eines bestimmten Wirtschaftsjahres als Maßstab diente. Die Kommission räumte ein, hierfür eine Referenzperi-ode gewählt zu haben, in der die Produktion besonders niedrig gewesen war. Obwohl somit die wirtschaftliche Tätigkeit der wenigen auf diesem Markt tätigen Unternehmen zum Maßstab für die Regelung genommen wurde, lehnte der Gerichtshof die Klagebefugnis ab. Er verwies auf den Tatbestand der Verordnung, in dem ein allgemein und abstrakt umrissener Personenkreis als Adressaten definiert wurde.

In der Bananenverordnung wurde das für die sogenannten Drittlandsba-nanen[48] eingeführte Zollkontigent unter den Importeuren von Drittlands-bananen, den Importeuren von EG- oder AKP-Bananen und den soge-nannten Newcomern aufgeteilt. Welcher Importeur zu welcher Gruppe

---

47 EuGH (*Calpak* - verb. Rs 789,790/79) Slg. 1980, 1949 (1961 - Rn. 9).
48 Bananen, die weder aus der EG noch aus AKP-Staaten kamen.

gehört, wurde abschließend zum 1. Juli 1993 festgestellt. Der Umfang der erlaubten Einfuhr wird auf Grundlage des vom jeweiligen Importeur erzielten Drittlandsbananen-Absatzes dreier vorangegangener Wirtschaftsjahre errechnet. Somit war die Gruppe von Adressaten, zumindest was die Gruppe der Drittlandsbananen-Importeure betraf, schon in sich geschlossen. Der Gerichtshof rekurrierte hingegen darauf, daß die Aufteilung des Zollkontigentes unter objektiv umschriebenen Gruppen von Wirtschaftsteilnehmern vorgenommen wurde[49]. Insofern sei es unerheblich, ob die Adressaten sich möglicherweise namentlich bestimmen ließen[50]. Die angefochtene Bestimmung betreffe die Klägerinnen somit nur in ihrer objektiven Eigenschaft als Wirtschaftsteilnehmer im Sektor der Vermarktung von Bananen aus Drittländern und damit nicht anders als alle anderen Wirtschaftsteilnehmer, die sich in derselben Lage befänden[51].

Sogar wenn eine Maßnahme die Merkmale der speziellen wirtschaftlichen Tätigkeit des Klägers in die Rechtsfolge aufnimmt, führte das nach Ansicht des Gerichtshofes nicht zu der erforderlichen Individualisierung, solange die theoretische Möglichkeit besteht, daß auch noch andere Wirtschaftsteilnehmer betroffen werden. In der Rechtssache *Binderer* verbot eine Verordnung die Verwendung der Begriffe „spätgelesen" und „ausgelesen" für die Etikettierung ungarischer und jugoslawischer Weine. Diese Vorschrift hatte die Kommission erlassen, nachdem sich die Klägerin an die Kommission gewandt hatte, um von ihr die Zustimmung zu genau dieser Übersetzung der Etiketten aus den genannten Drittstaaten zu erhalten. Neben der Klägerin gab es in der Bundesrepublik Deutschland nur noch zwei weitere Unternehmen, die solche Weine einführten. Dieser Kreis war auf absehbare Zeit auch nicht erweiterbar, weil die Importeure mit diesen Staatshandelländern langfristige Alleinimportvereinbarungen getroffen hatten. Auch hier stellte der Gerichtshof auf die theoretische Geltung der Maßnahme für eine im Tatbestand abstrakt bezeichnete Perso-

---

49 EuGH (*Atlanta* - Rs C-286/93) Beschluß v. 21. Juni 1993, noch nicht veröffentlicht, Rn. 10.

50 EuGH (*Atlanta* - Rs C-286/93) Beschluß v. 21. Juni 1993, noch nicht veröffentlicht, Rn. 8.

51 EuGH (*Atlanta* - Rs C-286/93) Beschluß v. 21. Juni 1993, noch nicht veröffentlicht, Rn. 12.

nengruppe ab[52]. Entscheidend seien diese tatbestandlichen Rechtswirkungen, nicht dagegen die Umstände des Erlasses[53].

Gegenüber Adressaten ist der Gerichtshof demnach sehr zurückhaltend, das Wissen um die Identität der Adressaten zur Klageberechtigung ausreichen zu lassen. Auch eine Ausrichtung der Rechtsfolge an der individuellen Situation des Klägers führt nicht zur erforderlichen Individualisierung. Die Umstände des Erlasses werden ausdrücklich als nicht erheblich für die erforderliche Individualisierung bezeichnet.

Die Kenntnis der Identität der Dritten aufgrund deren Beteiligung am Untersuchungsverfahren dürfte aufgrund dieser Rechtsprechung gleichfalls nicht zur Klageerhebung legitimieren. Was für die Adressaten gilt, wird aus Sicht dieser Urteile erst recht für Drittbetroffene gelten.

Festzuhalten bleibt: Sofern sich die Adressaten nicht bereits über den Tatbestand bestimmen lassen, ist unerheblich, daß die Kommission mit der jeweiligen Rechtsfolge an bestimmtes, vor Erlaß stattgefundenes, individuelles Verhalten anknüpft, solange dies aufgrund einer objektiven Zielsetzung geschieht.

b) Antidumpingrecht

Von der obigen für das Marktordnungsrecht skizzierten Rechtsprechung weicht der Gerichtshof in Fällen des Antidumpingrechts ab. Dort spielt es sehr wohl eine Rolle, ob sich die Verordnung an dem jeweiligen Verhalten (genauer: an der Preispolitik) gewisser Produzenten oder Importeure orientiert.

Antidumping-Zollverordnungen belegen alle aus einem bestimmten Drittstaat stammenden Importe einer bestimmten Ware mit einen erhöhten Zoll. Voraus geht ein Untersuchungsverfahren, in dem die Preispolitik des produzierenden Unternehmens (Hersteller) oder des mit der Ware handelnden Unternehmens (Exporteur[54]) zur Feststellung eines Preisdumpings oder einer von einem Drittstaat gewährten Subvention dient.

---

52   EuGH (*Binderer* - Rs 147/83) Slg. 1985, 257 (271 - Rn. 13).

53   EuGH (*Binderer* - Rs 147/83) Slg. 1985, 257 (271 - Rn. 14).

54   Beachte: Exporteur ist das Unternehmen, welches in einem Drittstaat ansässig ist und die Ware an die in der Gemeinschaft ansässigen Importeure verkauft.

In der Sache *Allied-Corporation-I*[55] charakterisiert der Gerichtshof die Antidumping-Zollverordnung aufgrund ihrer Rechtsnatur als normativ. Dennoch könne sie Hersteller und Exporteure individuell betreffen[56]. Der Gerichtshof stützt sich hierbei auf Art. 2 AntidumpingVO, demzufolge Antidumpingzölle nur aufgrund von Feststellungen eingeführt werden dürfen, die sich aus Untersuchungen der Herstellungskosten und der Ausfuhrpreise bestimmter Unternehmen ergeben.

Der Gerichtshof folgte in diesem Zusammenhang der Auffassung des Generalanwaltes Pieter Verloren van Themaat, der betonte, daß die Antidumping-Zölle nicht auf vergleichbare Produkte, sondern allein auf die Produkte bestimmter Unternehmen erhoben würden[57].

Das den Produzenten und Exporteuren aus dem Drittstaat gewährte Klagerecht hat der EuGH den in der Gemeinschaft ansässigen Importeuren zunächst verwehrt.

Zunächst hatte der EuGH in der bereits oben zitierten *Allied-Corporation-I*-Entscheidung postuliert, daß „die Rechtsakte, durch die Antidumpingzölle eingeführt werden, diejenigen produzierenden und exportierenden Unternehmen unmittelbar und individuell betreffen, die nachweisen können, daß sie in den Rechtsakten der Kommission oder des Rates namentlich genannt oder von den vorhergehenden Untersuchungen betroffen waren"[58].

Diesen Nachweis konnten Importeure, die nicht mit dem Hersteller wirtschaftlich verbunden waren, nicht führen. So wurde auch *Alusuisse* nicht als „individuell betroffen" angesehen. Laut EuGH stellen nämlich die Antidumping-Zollverordnungen für unabhängige Importeure „Maßnahmen von allgemeiner Geltung" dar, denn sie gelten für objektiv bestimmte Situationen und entfalten Rechtswirkungen gegenüber allgemein und abstrakt bezeichneten Personengruppen[59]. Die Möglichkeit der Bestimmbarkeit des Adressaten mache diese nicht zu individuell Betroffenen, so-

---

55 EuGH (*Allied Corporation* - Rs 239,275/82) Slg. 1984, 1005 (1030 - Rn. 11).
56 Im Gegensatz dazu die eigene Rechtsprechung, vgl. EuGH (*Moksel* - Rs 45/81) Slg. 1982, 1129 (1144 - Rn. 18): „Ein und dieselbe Bestimmung kann nämlich nicht zugleich ein Rechtsakt von allgemeiner Geltung und eine Einzelmaßnahme sein.".
57 GA Verloren van Themaat (*Allied-Corporation* - Rs 239,175/82 Slg. 1984, 1005 (1042 f.).
58 EuGH (*Allied Corporation* - Rs 239,275/82) Slg. 1984, 1005 (1030 - Rn. 12).
59 EuGH (*Alusuisse* - Rs 307/81) Slg. 1982, 3463 (3472 - Rn. 9).

lange die Maßnahme von einem allgemeinen Regelungszweck getragen wird. Hier wird die mittlerweile bekannte Position wiederholt.

Auch die Einbindung in das Untersuchungsverfahren hat der Gerichtshof als Argument für die individuelle Betroffenheit nicht gelten lassen. Denn die Unterscheidung zwischen Verordnung und Entscheidung könne nur auf den Charakter der Maßnahme selbst und die von ihr ausgehenden Wirkungen, nicht aber auf die Art und Weise ihres Erlasses gestützt werden[60]. Diese Position hat der EuGH in der *Allied-Corporation*-Entscheidung bekräftigt, in der er die Klage des unabhängigen Importeurs im Gegensatz zu der des Herstellers für unzulässig erklärte.

Von dieser restriktiven Haltung ist der Gerichtshof in bezug auf mit dem Exporteur bzw. Hersteller wirtschaftlich verbundene Importeure abgerückt. Die Verordnung betreffe dann den Importeur individuell, wenn die Dumpingspanne statt an den Ausfuhrpreisen an den Wiederverkaufspreisen des Importeurs ermittelt wurde[61]. Eine solche Berechnung erfolgt gem. Art. 2 Abs. 8 lit. b Antidumpingverordnung, sofern Hersteller bzw. Exporteur und Importeur geschäftlich miteinander verbunden sind.

In weiteren Urteilen wurde eine Klagebefugnis auch dann angenommen, wenn zwar der Wiederverkaufspreis nicht bei der Frage, ob ein Dumping vorliege, berücksichtigt wurde, aber zur Berechnung der Höhe des Antidumping-Zolles diente[62].

Ein Bruch in dieser Rechtsprechung fand im *Extramet*-Urteil[63] statt[64]. Dort hatte ein unabhängiger Importeur gegen eine Antidumping-Zollverordnung für die Einfuhr von Calcium-Metall mit Ursprung in der VR China und der Sowjetunion Nichtigkeitsklage erhoben. Mit Hinweis auf

60 EuGH (*Alusuisse*) Slg. 1982, 3463 (3473 - Rn. 13).
61 Vgl. EuGH (*Sermes* - Rs 279/86) Slg. 1987, 3109 (3114 - Rn. 16; EuGH (*Frimodt Pedersen* - Rs 301/86) Slg. 1987, 3123 (3128 - Rn. 16); EuGH (*Nuova Ceam* - Rs 205/87) Slg. 1987, 4427 (4431 - Rn. 13).
62 Vgl. EuGH (*Neotype Techmashexport* - verb. Rs C-305/86 u. C-160/87) Slg. 1990, I-2945 (2999 - Rn. 20): Dumpingzoll richtet sich nach Nettostückpreis; Nettostückpreis im Falle von verbundenen Einführern nach Zollwert; Zollwert ist der Preis, zu dem Ware an nicht mit dem Hersteller verbundenen Importeur verkauft wird.
63 EuGH (*Extramet* - Rs C-358/89) v. 16. Mai 1991 Slg. 1991, I-2501.
64 Vgl. Arnull, Antidumping Regulation, ECLR 1992, 73 (79).

seine *Allied-Corporation-I* und *Allied-Corporation-II*[65]-Urteile stellte der EuGH fest, daß Antidumping-Zollverordnungen aufgrund ihrer Rechtsnatur und ihrer Tragweite tatsächlich normativen Charakter haben. Dies schließe jedoch nicht aus, daß ihre Bestimmungen gewisse Wirtschaftsteilnehmer unmittelbar und individuell betreffen könnten[66].

Für das individuelle Betroffensein des Klägers bezog sich der EuGH auf seine *Plaumann*-Formel[67] und forderte eine bestimmte persönliche Eigenschaft, die den Kläger aus dem Kreis aller übrigen Personen heraushebe. Eine solche Eigenschaft sah der EuGH in der Tatsache, daß die Klägerin der größte Importeur und zugleich Endverbraucher des mit dem Antidumping-Zoll belegten Calcium-Metalls war. Außerdem betrachtete der EuGH die Klägerin als von der streitigen Verordnung „schwer getroffen"[68]. Sie sei in ihrer wirtschaftlichen Tätigkeit von diesen Einfuhren abhängig, da das benötigte Produkt nur von sehr wenigen Produzenten hergestellt werde und zudem der einzige Hersteller in der Gemeinschaft sich weigere, die Klägerin mit diesem Produkt zu beliefern. Hintergrund hierfür war, daß dieser Hersteller, zu dessen Schutz die Antidumping-Zollverordnungen erlassen waren, das Calcium-Metall weiterverarbeitete und demzufolge - bezogen auf das Endprodukt - in Wettbewerb mit *Extramet* stand.

Die Antidumping-Zollverordnung wurde übrigens in dem Urteil zur Begründetheit für nichtig erklärt, weil die Kommission es versäumt hatte zu prüfen, ob der von dem EU-Hersteller reklamierte Schaden tatsächlich auf ein Dumping zurückzuführen sei oder auf dem eigenen Verhalten[69] des EU-Herstellers basiere[70].

Würdigung: Im Antidumping-Recht untersucht der Gerichtshof nicht mehr die Konstruktion des Tatbestandes und dementsprechend die Frage, welche Rechtsnatur die Verordnung hat. Entscheidungserheblich wird vielmehr, inwieweit diese Verordnung an das individuelle Verhalten der Klä-

---

65   EuGH (*Allied-Corporation-I* - Rs 239,275/82) Slg. 1984, 1005 (1029 - Rn. 10 ff.); EuGH (*Allied-Corporation-II* - Rs 53/83) Slg. 1985, 1621 (1656 - Rn. 4).

66   EuGH (*Extramet*- Rs C-358/89) v. 16. Mai 1991 Slg. 1991, I-2501 (I-2531 - Rn. 13).

67   EuGH (*Extramet*- Rs C-358/89) v. 16. Mai 1991 Slg. 1991, I-2501 (I-2532 - Rn. 17).

68   EuGH (*Extramet*) Slg. 1991, 2501 (I-2532 - Rn. 17).

69   Nämlich seine Weigerung, Calcium Metall an einen Mitbewerber *Extramet* zu verkaufen.

70   Vgl. EuGH (*Extramet-II* - Rs C-358/89) Urteil v. 11. Juni 1992, noch nicht veröffentlicht.

ger anknüpft. Sofern die Preise des Klägers für die Berechnung der Dumpingspanne bzw. des Zollsatzes herangezogen werden, gilt er als individuell betroffen und damit klagebefugt. Ausnahmsweise kann ein Importeur schon aufgrund bestimmter Umstände klagebefugt sein.

Da die Verfahrensbeteiligung nach dieser Rechtsprechung ausdrücklich als unzureichend für eine Klagebefugnis angesehen wird, ist bezüglich der Klagen verfahrensbeteiligter Dritter lediglich zu überlegen, ob die jeweils angegriffene Maßnahme mit dem indidivuellen Verhalten des Dritten zusammenhängt.

Verfahrensbeteiligte Dritte beteiligen sich an den Untersuchungsverfahren, um Wettbewerbsverstöße zu rügen. In diesem Zusammenhang geben sie Informationen, inwieweit ihre eigene Wettbewerbssituation durch das beanstandete Verhalten verschlechtert wird. Der Grund der Klage ist nun aber, daß die erlassene Maßnahme gerade nicht hinreichend an diese individuelle Verschlechterung einer Wettbewerbsposition anknüpft. Demzufolge läßt sich die Rechtsprechung zu verfahrensbeteiligten Dritten nicht auf die Antidumping-Maßstäbe übertragen.

Etwas anderes gilt in bezug auf das *Extramet*-Urteil. Hier hat die erhebliche Beeinträchtigung durch die Maßnahme und ein offensichtlicher Wettbewerbsverstoß durch die Gemeinschaftsindustrie ausgereicht, um ein Klagerecht zu begründen. Es wird zu prüfen sein, inwieweit es einer derart erheblichen Beeinträchtigung bzw. offensichtlichen Begründetheit im Falle der Klage eines verfahrensbeteiligten Dritten bedarf.

4. Auswirkungen der Verordnung

Bislang wurde dargestellt, inwieweit die Konstruktion des Tatbestandes und die Berücksichtigung individuellen Verhaltens in der Rechtsfolge der Maßnahme individuelle Wirkung verleihen.

Diese beiden Gesichtspunkte lassen sich nicht auf die Problematik der Klagebefugnis verfahrensbeteiligter Dritter übertragen. Folglich ist jetzt zu untersuchen, ob es nicht bereits zur Klageerhebung berechtigt, wenn der Kläger deshalb schon bei Erlaß der Maßnahme bestimmbar und insofern einem abgeschlossenen Kreis von Adressaten zurechenbar ist, weil sich die angegriffene Maßnahme wegen gewisser außerhalb der Verordnungsregelung liegenden Umstände für den Kläger im Vergleich zu anderen Betroffenen besonders auswirkt.

a) Schwere der Beeinträchtigung unterschiedlich

Nach ständiger Rechtsprechung ist es für die Frage der individuellen Betroffenheit unerheblich, ob eine Maßnahme im konkreten Fall die Adressaten unterschiedlich stark belastet[71]. Es gehöre nämlich zum Wesen einer Verordnung, daß ihre Anwendung die Betroffenen je nach Besonderheit ihrer Lage und Tätigkeit verschieden berühren könne[72].

Grundsätzlich ist demzufolge der Art der Auswirkung einer Maßnahme keine Bedeutung für die Individualisierung des Klägers beizumessen. Die einzige Ausnahme stellt in diesem Zusammenhang die *Extramet*-Entscheidung dar.

b) Auswirkung auf Adressat ist zu berücksichtigen

Ist die Kommission jedoch verpflichtet, den Umstand zu berücksichtigen, der den Kläger einem geschlossenen Kreis von Adressaten zuordnet, so gewährt der Gerichtshof Klagebefugnis.

Sofrimport SARL[73] klagte gegen eine durch Verordnung vorgenommene Aussetzung der Erteilung von Einfuhrlizenzen für Tafeläpfel. Zum Zeitpunkt des Erlasses der Verordnung war die Handelsware der Klägerin bereits per Schiff unterwegs nach Europa. Nach der gängigen Rechtsprechung hätte das nicht ausgereicht, die Klägerin zu individualisieren. Die Maßnahme diente als Schutzmaßnahme auf dem Sektor Obst und Gemüse einem allgemeinen Zweck. Hier jedoch verpflichtete die dieser Maßnahme zugrundeliegende Verordnung die Kommission, bei Erlaß von Schutzmaßnahmen „der besonderen Lage der Erzeugnisse Rechnung zu tragen, die sich auf dem Weg nach der Gemeinschaft befinden". Der Ge-

---

71 So schon EuGH (*Watenstedt* - Rs 6/68) Slg. 1968, 611 (621); außerdem EuGH (*Compagnie francaise* - Rs 63/69) Slg. 1970, 205 (210 - Rn. 6).

72 EuGH (*Compagnie francaise* - Rs 63/69) Slg. 1970, 205 (210 f.).

73 EuGH (*Sofrimport* - Rs C-152/88) Slg. 1990, I-2477 (2505 ff.).

richtshof stellte fest, daß damit die Klägerin zu einem geschlossenen Kreis von Adressaten gehöre[74]. Er fährt fort:

> „Sodann ist festzustellen, daß der vorgenannte Artikel 3 diesen Importeuren einen spezifischen Schutz zukommen läßt; sie müssen somit in der Lage sein, die Beachtung dieses Schutzes durchzusetzen und zu diesem Zweck Klage zu erheben."[75]

Verpflichtet demnach eine EG-Norm die Kommission, den Belangen des Klägers Rechnung zu tragen, so ist dieser klagebefugt. Im Falle verfahrensbeteiligter Dritte könnte daher eine solche Schutznorm der Legitimierung der Klage dienen. Es wird im weiteren Verlauf der Arbeit zu prüfen sein, ob den streitgegenständlichen Regelungsmaterien eine solche Schutzfunktion zukommt.

5. Ergebnis

In der bislang analysierten Judikatur hat eine vorangegangene Verfahrensbeteiligung keine klagebegründende Bedeutung.

Für weitere Überlegungen ist indessen zu berücksichtigen, daß eine Identifizierbarkeit des Adressaten dann zur Klageerhebung befugt, wenn sie auf den Regelungszweck der angegriffenen Maßnahme zurückgeführt werden kann. Das gilt insbesondere dann, wenn sich der Kläger auf eine ihn schützende Norm berufen kann.

II. Potentielle Adressaten: Klagen gegen an Mitgliedstaaten gerichtete Entscheidungen

Im nächsten Schritt ist zu überlegen, ob sich eine Klagebefugnis Verfahrensbeteiligter aus der Judikatur zur Zulässigkeit von Klagen gegen an andere gerichtete Entscheidungen ableiten läßt.

In diesem Abschnitt werden solche Entscheidungen behandelt, die die Kommission an Mitgliedstaaten richtet, um sie zu ermächtigen, zu verpflichten oder ihnen zu untersagen, einen innerstaatlichen Rechtsakt zu

---

74 A.A. GA Tesauro (*Sofrimport* - Rs C-152/88) Slg. 1990, I-2477 (I-2494 - Nr. 5), der darauf hinweist, daß die Rechtswirkung aufgrund der Zugehörigkeit zum Kreis der Importeure eintrete.

75 EuGH (*Sofrimport* - Rs C-152/88) Slg. 1990, I-2477 (I-2507 - Rn. 12).

erlassen. Die Kläger sind zwar bezüglich dieser Kommissionsentscheidung als Drittbetroffene anzusehen. Hinsichtlich der beabsichtigten innerstaatlichen Maßnahme sind sie aber als deren potentielle Adressaten zu berücksichtigen. Aus diesem Grund überträgt der Gerichtshof hier seine Rechtsprechung zu Klagen gegen Verordnungen und prüft, in welcher Eigenschaft der Kläger von der Maßnahme betroffen ist. Auch hier kommt es demnach darauf an, ob der Kläger als Angehöriger einer abstrakt definierten Personengruppe von der Maßnahme betroffen ist oder nicht. Die Analyse kann daher an die oben untersuchten Urteile anknüpfen und sich auf Ergänzungen konzentrieren.

1. Die Leitlinien der Rechtsprechung

Überlegungen zur Rechtsnatur der angriffenen Entscheidung finden nicht statt, da diese an Mitgliedstaaten gerichteten Rechtsakte zweifelsfrei Entscheidungen darstellen[76]. Dennoch werden die im Rahmen der Rechtsnaturprüfung entwickelten Kriterien auf die Prüfung des individuellen Betroffenseins übertragen.

Verständlich wird diese Vorgehensweise, wenn man sich vergegenwärtigt, daß die beabsichtigten mitgliedstaatlichen Maßnahmen ihrerseits Verordnungs- oder Entscheidungcharakter haben können. Nicht ausgesprochene Prämisse dieser EuGH-Urteile ist also, daß der Marktbürger nur dann zur Klage befugt sein soll, wenn er auch gegen die mitgliedstaatliche Maßnahme nach den vom EuGH aufgestellten Maßstäben Klage erheben könnte.

a) Unmittelbare Betroffenheit

Im Gegensatz zu Verordnungen ist bei Entscheidungen, die die Kommission an Mitgliedstaaten richtet, das unmittelbare Betroffensein des privaten Dritten nicht offensichtlich.

Dennoch wurde die Klagevoraussetzung der Unmittelbarkeit nur in wenigen Urteilen problematisiert. Der Gerichtshof läßt es genügen, wenn eine weitere nationale Ausführungsmaßnahme zwar erforderlich ist, die Ent-

---

76 Nach der Diktion der *Piraiki-Patraiki*-Entscheidung ist eine solche Prüfung überflüssig, vgl. EuGH (*Piraiki-Patraiki - Rs 11/82*) Slg. 1985, 207 (241-Rn. 5).

scheidung der Kommission jedoch mit Sicherheit oder großer Wahrscheinlichkeit voraussehen läßt, daß und wie die Ausführungsmaßnahme den Kläger berühren wird[77]. Die rein theoretische Möglichkeit, daß der Mitgliedstaat keine Durchführungsmaßnahmen erlassen wird, genügt nicht[78]. Die Möglichkeit, selbständig über die Durchführung der EG-Maßnahme zu entscheiden, schließt somit die unmittelbare Betroffenheit noch nicht aus[79].

b) *„Anderer" i.S.v. Art. 173 Abs. 4 EG-Vertrag*

Die Frage, ob Mitgliedstaaten „andere" i.S.v. Art. 173 Abs. 4 EG-Vertrag („sowie gegen diejenigen Entscheidungen Klage erheben, die obwohl sie als [...] eine an eine *andere* Person gerichtete Entscheidung ergangen ...") sind, hat der EuGH bereits im *Plaumann*-Urteil zustimmend beantwortet. Danach rechtfertigen Wortlaut und grammatikalischer Sinn „die weiteste Auslegung"[80]. Grundsätzlich dürften die Bestimmungen des Vertrages über das Klagerecht nicht restriktiv interpretiert werden[81].

c) *Individuelle Betroffenheit*

Der Gerichtshof fragt regelmäßig, auf welche Weise der Kläger von der Entscheidung betroffen sei. Gehört der Kläger zu einem in sich geschlos-

---

77   Vgl. GA Verloren van Themaat (*Piraiki-Patraiki* - Rs 11/82) Slg. 1985, 207 (216) mit weiteren Lit. und Judikatur-Nachweisen; vgl. auch Nicolaysen, Europarecht I, S. 184, der darauf abstellt, daß die angegriffene Regelung wg. fehlenden Ermessens und unnötiger Durchführungsbestimmungen „automatisch" für den Kläger wirken muß.

78   EuGH (*Piraiki-Patraiki* - Rs 11/82) Slg. 1985, 207 (242 - Rn. 9); a.A. noch EuGH (*Alcan* - Rs 69/69) Slg. 1970, 385 (394 - Rn. 16): Versagte Ermächtigung zur Senkung eines Zolltarifs könne nicht bereits den Vorteil für die Marktteilnehmer bewirken; dies geschehe allein durch mitgliedstaatliche Maßnahme. Unberücksichtigt ließ Gerichtshof, daß MS selbst ein starkes Interesse an der Senkung des Zolltarifs hatte.

79   Diese Auffassung geht weiter als die unter A I 1 zitierte Entscheidung des Gerichtshofs; vgl. für eine solche selbständige Entscheidungsmöglichkeit EuGH (*Differdange* - Rs 222/83) Slg. 1984, 2889 (2896 - Rn. 12): Gemeinde war deshalb nicht betroffen, weil es Luxemburg überlassen blieb, in welchen Gemeinden Betriebe stillgelegt werden sollen.

80   EuGH (*Plaumann* - Rs 26/62) Slg. 1963, 211, (237).

81   A.A.: Ehle, Legal Protection, in: CMLRev. 1969, 193 (196).

senen Kreis (von potentiellen Adressaten), dann hätte die Kommission zum Zeitpunkt des Erlasses ihrer Entscheidung wissen können, wessen Interessen und Rechtsstellung sie tangiere. Hieraus folgert der Gerichtshof die individuelle Betroffenheit der jeweiligen Kläger.

2. Entscheidung betrifft offenen Kreis von Marktteilnehmern

Erscheint der Kläger in der Entscheidung nur als Angehöriger einer abstrakt definierten Gruppe von Wirtschaftsteilnehmern, dann ist die Klage unzulässig.

Im legendären *Plaumann*-Urteil griff der Kläger eine Entscheidung der Kommission an, in der Deutschland untersagt wurde, den Zollsatz für Clementinen zu senken. Dem Clementinen-Importeur *Plaumann* wurde deshalb die individuelle Betroffenheit abgesprochen, weil

> „sie [die Handelsgesellschaft] in ihrer Eigenschaft als Importeur von Cle-
> mentinen betroffen [ist], also im Hinblick auf eine kaufmännische Tätig-
> keit, die jederzeit durch jedermann ausgeübt werden kann und daher nicht
> geeignet ist, die Klägerin gegenüber der angefochtenen Entscheidung in
> gleicher Weise zu individualisieren wie den Adressaten."[82]

Jetzt wird verständlich, weshalb die *Plaumann*-Formel auf die Adressatenperspektive abstellt. *Plaumann* wäre ja immerhin im Falle der Genehmigung der Zollsenkung Adressat einer innerstaatlichen Regelung geworden.

Auch wenn die Maßnahme wegen des Verhaltens eines einzigen Wirtschaftsteilnehmers erlassen wurde und nicht zu erwarten war, daß weitere hinzukommen, wurde der Kläger dadurch nicht individualisiert[83]. Maßgeblich bleibt, ob zumindest theoretisch die Möglichkeit besteht, daß noch weitere Marktteilnehmer unter die mitgliedstaatliche Regelung fallen[84].

Würdigung: Verfahrensbeteiligte Dritte gehören insofern lediglich einer abstrakt definierten Gruppe von Wirtschaftsteilnehmern an, als sie als Konkurrenten oder Handelspartner in einem bestimmten wirtschaftlichen Sektor von einem Wettbewerbsverstoß betroffen werden. Jeder andere,

---

82   EuGH (*Plaumann* - Rs 25/62) Slg. 1963, 211 (230).
83   EuGH (*Spijker* - Rs 231/82) Slg. 1983, 2559 (2566 - Rn. 10); vgl. auch EuGH
     (*Piraiki-Patraiki* - Rs 11/82) Slg. 1985, 207 (242 - Rn. 12).
84   Vgl. hierzu auch EuGH (*Getreide-Import* - Rs 38/64) Slg. 1965, 277 (285), in
     der allein der Kläger eine Einfuhrlizenz beantragt hatte.

der in diesem Sektor wirtschaftlich tätig werden würde, wäre gleichermaßen betroffen[85]. Sollten Dritte die einzigen Marktteilnehmer in ihrem Tätigkeitsgebiet sein, so kann es theoretisch nicht ausgeschlossen werden, daß sie dies auch bleiben. Die vom Gerichtshof entwickelte Argumentation würde demzufolge zu einer Klageabweisung führen.

3. Entscheidung betrifft geschlossenen Kreis von Marktteilnehmern

Zulässig dagegen waren Klagen, in denen die Adressaten abschließend feststanden, weil die von den Mitgliedstaaten vorgesehenen Rechtsakte sich auf vergangene Sachverhalte bezogen.

In der *Töpfer*-Entscheidung beispielsweise erachtete der EuGH die Klage eines Getreideimporteurs gegen die Genehmigung von deutschen Schutzmaßnahmen auf dem Getreidesektor für zulässig. Diese Genehmigung der Kommission betraf einen bereits abgelaufenen Zeitraum. Zum Zeitpunkt des Erlasses der angegriffenen Entscheidung standen Zahl und Identität der Betroffenen bereits fest. Damit war für den EuGH der Importeur im Verhältnis zu allen anderen Personen in ähnlicher Weise individualisiert wie die Adressaten einer Entscheidung[86].

Ohne Vergangenheitsbezug kommt der EuGH in den Fällen aus, in denen der Mitgliedstaat den Rechtsakt ohnehin nur einem Unternehmen gegenüber erlassen will.

Beispielhaft hierfür sind die Rechtssachen *Philip Morris*[87] und *Intermills*[88]. In beiden Fällen wollte ein Mitgliedstaat einem Unternehmen eine Beihilfe gewähren. Die Kommission erklärte diese jeweiligen Beihilfen im Rahmen eines Beihilfenaufsichtsverfahrens nach Art. 93 Abs. 2 EG-Vertrag für unvereinbar mit dem Gemeinsamen Markt. Der EuGH hielt die Klage für zulässig. In den Entscheidungsgründen nahm der Gerichts-

---

85 Vgl. GA Reischl (*Metro* - Rs 26/76) Slg. 1977, 1875 (1922), der am Beginn seiner Zulässigkeitsprüfung diesen Maßstab anwendet, um ihn später aus Rechtsschutzgesichtspunkten zu verwerfen.

86 EuGH (*Töpfer* - Rs 106,107/65) Slg. 1965, 547 (556); vgl. des weiteren EuGH (*Ilford* - Rs 1/84) Slg. 1984, 423 (428 - Rn. 6): Vor Erlaß der Entscheidung waren Anträge gestellt; EuGH (*Simmenthal* - Rs 92/78) Slg. 1979, 777 (798 - Rn. 25 f.): Betroffene hatten Angebot zu einem Ausschreibungsverfahren abgegeben.

87 EuGH (*Philip Morris* - Rs 730/79) Slg. 1980, 2671 (2686 ff.).

88 EuGH (*Intermills* - Rs 323/82) Slg. 1984, 3809 (3822 ff.).

hof hierzu nicht dezidiert Stellung, sondern verwies auf die gleichlautende Stellungnahme der Kommission.

In der Rechtssache *van der Kooy*[89] hingegen waren die Kläger laut EuGH nicht individuell betroffen. Die von der Kommission für gemeinschaftsrechtswidrig erklärte Subvention sollte nämlich nicht nur den Klägern, sondern allen niederländischen Gartenbaubetrieben zugutekommen. Insofern betraf die Entscheidung die Kläger allein aufgrund ihrer objektiven Eigenschaft als in den Niederlanden niedergelassene Gartenbaubetriebe[90].

4. Entscheidung betrifft sowohl geschlossenen als auch offenen Kreis von Marktteilnehmern

Etwas weniger eindeutig sind auch hier die Fälle, in denen nur ein Teil der Betroffenen bestimmbar ist. Die Judikatur erscheint hier rechtsschutzfreundlicher als im Fall von Klagen gegen Verordnungen. Zu prüfen ist, inwieweit Entscheidungen individuell betreffen, falls die Kläger zwar identifizierbar sind, die Maßnahme aber auch für einen offenen Kreis von Marktteilnehmern gilt. Zwei Fallkonstellationen kommen in Betracht: Die Kläger werden durch den Tatbestand der Maßnahme identifiziert; die Kläger werden durch die besondere Auswirkung der Maßnahme identifiziert.

a) Identifizierung durch Tatbestand

In der Rechtssache *Bock* ging es um eine Entscheidung der Kommission, durch die Deutschland ermächtigt wurde, bestimmte im freien Verkehr befindliche Waren von der Gemeinschaftsbehandlung auszuschließen. Der EuGH erachtete die Klage für zulässig. Zwar beziehe sich die streitige Entscheidung in abstrakter Weise auf alle diejenigen Marktteilnehmer, welche die in Rede stehenden Waren während der Geltungsdauer der Entscheidung in die Bundesrepublik einführen wollten. Aber:

> „Die Klägerin hat die Entscheidung jedoch nur insoweit angefochten, als sich diese auch auf Einfuhren bezieht, für welche im Zeitpunkt des In-

---

89 EuGH (*van der Kooy*/verb. Rs 67, 68, 70/85) Slg. 1988, 219 (265 ff.): Neben den Gartenbaubetrieben klagte noch eine öffentlich-rechtliche Interessenvertretung, deren Klage für zulässig erklärt wurde.

90 EuGH (*van der Kooy*/verb. Rs 67, 68, 70/85) Slg. 1988, 219 (268 - Rn. 15).

krafttretens der Entscheidung bereits Anträge auf Einfuhrgenehmigungen anhängig waren. Die insoweit betroffenen Importeure waren aber schon vor diesem Tage der Zahl und der Person nach feststellbar. Die Beklagte konnte wissen, daß die streitige Bestimmung der Entscheidung nur die Interessen und die Rechtsstellung dieser Importeure berühren würde."[91]

Hier ist eine Abweichung von der oben besprochenen Rechtsprechung zu verzeichnen. Die streitgegenständliche Bestimmung lautete nämlich:

„Diese Entscheidung bezieht sich ebenfalls auf die Einfuhr dieser Waren, für welche Anträge auf Einfuhrgenehmigung zur Zeit und ordnungsgemäß bei der deutschen Verwaltung anhängig sind."[92]

Die Maßnahme bezog sich also nicht ausschließlich auf vergangene Sachverhalte. In einem solchen Falle hätte der oben besprochenen Judikatur zufolge geprüft werden müssen, ob die Entscheidung eine allgemeine Zielrichtung habe und es deshalb auf die Identifizierbarkeit des Klägers nicht ankomme[93]. Eine solche Prüfung hätte ergeben, daß der Importeur als Importeur einer bestimmten Ware betroffen sei, und jeder, der die gleiche Ware einführen wolle, gleichermaßen betroffen wäre[94]. Demzufolge hätte die Entscheidung keine individuelle Wirkung für den Kläger gehabt. Eine derartige Prüfung unterließ der Gerichtshof jedoch. Im Hintergrund stand sicherlich, daß Deutschland die Ermächtigung deshalb von der Kommission begehrte, weil der Kläger bei der deutschen Verwaltung eine Einfuhrgenehmigung beantragt hatte. Hier zeigt sich eine Parallele zum Antidumpingrecht. Auch dort soll die Verordnung generell gelten, weil andernfalls der Import der gedumpten Waren zu normalen Zollsätzen nicht verhindert werden kann. Der Zweck der Maßnahme ist aber, ein individuelles Verhalten zu sanktionieren. So ist es auch hier. Ausnahmsweise läßt der Gerichtshof demnach Klagen gegen Maßnahmen zu, die von einer individuellen Zwecksetzung getragen werden, auch wenn sie zur Umsetzung eines normativen Charakters bedürfen.

Für die Klagebefugnis verfahrensbeteiligter Dritter könnte die Rücksichtnahme auf den wirklichen Zweck nur dann eine Rolle spielen, wenn die Kommission beim Erlaß ihrer drittbetreffenden Maßnahmen auf die Situa-

---

91 EuGH (*Bock* - Rs 62/70) Slg. 1971, 897 (908 - Rn. 10).

92 EuGH (*Bock* - Rs 62/70) Slg. 1971, 897 (899).

93 Vgl. die Analyse von EuGH (*Compagnie francaise* - Rs 63/69) Slg. 1970, 205 oben A/I/2/c.

94 Vgl. hierzu EuGH (*Binderer* - Rs 147/83) Slg. 1985, 257.

tion des verfahrensbeteiligten Dritten abstellen will. Aber genau das ist nicht der Fall. Der Dritte moniert gerade, daß seine eigene Situation nicht gebührende Berücksichtigung gefunden hätte. Also führt auch diese Judikatur nicht zu einer Klagebefugnis.

b) Identifizierung durch Verpflichtung zur Berücksichtigung

Wie oben schon dargestellt, ändert es an dem Urteil des Gerichtshofes nichts, wenn der Kläger in besonderem Maße durch die Entscheidung beeinträchtigt wird und dadurch zu bestimmen ist.

Das gilt auch für den Fall, daß die Entscheidung ein einziges Unternehmen betrifft[95].

Ausnahmsweise hat der Gerichtshof eine besondere Beeinträchtigung in dem Fall für ausreichend erachtet, in dem die Kommission verpflichtet gewesen war, diese Beeinträchtigung zu berücksichtigen[96]. Klagegegenstand war eine Entscheidung, die Frankreich ermächtigte, die Einfuhr von Baumwollgarnen aus Griechenland einer Quotenregelung zu unterwerfen[97]. *Piraiki-Patraiki* u.a., griechische Baumwollgarnhersteller, hatten zum Zeitpunkt des Erlasses der Kommissionsentscheidung bereits Kaufverträge mit französischen Kunden abgeschlossen, die sie aufgrund der Quotenregelung nicht mehr hätten erfüllen können. Laut EuGH ist entscheidend, ob die Kommission die Identität derjenigen hätte kennen müssen, die solche Verträge abgeschlossen hatten. Eine solche Pflicht leitet der Gerichtshof aus Art. 130 der Beitrittsakte Griechenlands zur EG ab. Diese Norm lautet:

> „Die nach Abs. 2 genehmigten Maßnahmen [= mitgliedstaatliche Schutzmaßnahmen] können von den Vorschriften des EWG-Vertrags und dieser Akte abweichen, soweit und solange dies unbedingt erforderlich ist, um die in Abs. 1 genannten Ziele zu erreichen. Es sind mit Vorrang solche Maßnahmen zu wählen, die das Funktionieren des Gemeinsamen Marktes am wenigsten stören."[98]

---

95 EuGH (*Spijker* - Rs 231/82) Slg. 1983, 2559 (2566 - Rn. 10).
96 GA Verloren van Themaat hat diesen normativen Bezug nicht vorgeschlagen, vgl. Schlußanträge (*Piraiki-Patraiki* - Rs 11/82) Slg. 1985, 207 (218).
97 Vgl. EuGH (*Piraiki-Patraiki* - Rs 11/82) Slg. 1985, 207 (240 ff.).
98 EuGH (*Piraiki-Patraiki* - Rs 11/82) Slg. 1985, 207 (245 - Rn. 25).

Diese Bestimmung rechtfertige sich damit, daß den freien Warenverkehr beeinträchtigende Bestimmungen eng auszulegen seien[99]. Daraus folgert der Gerichtshof:

> „Nach dem Vorbringen der Klägerinnen trifft die streitige Entscheidung die betroffenen griechischen Marktteilnehmer in erheblichem Maße, ohne daß ihre Begründungserwägungen auch nur den geringsten Hinweis darauf enthielten, daß die Kommission die sehr schwerwiegenden Auswirkungen ihrer Entscheidung auf diese Gruppe von Marktteilnehmern einbezogen habe."[100]

Beachtenswert ist hier, daß aus einer objektivrechtlich formulierten Norm eine Pflicht gegenüber einzelnen Marktbürgern abgeleitet wird. In der Rechtssache *Sofrimport* war ausdrücklich genannt, auf welche Marktteilnehmer Rücksicht zu nehmen sei. Hier jedoch ist der einzige Maßstab das Funktionieren des Marktes.

Diese Rechtsprechung ist im Zusammenhang mit der Klagebefugnis wegen Verfahrensbeteiligung dann von Bedeutung, wenn die Kommission die Pflicht hat, im Rahmen drittbetreffender wettbewerbsrechtlicher Entscheidungen die Interessen des verfahrensbeteiligten Dritten zu berücksichtigen.

5. Zwischenergebnis

Nach den von der Rechtsprechung in bezug auf klagende (tatsächliche und potentielle) Adressaten entwickelten Kriterien führt eine Verfahrensbeteiligung nicht dazu, den Kläger als individuell betroffen anzusehen.

Würden diese Kriterien auf den verfahrensbeteiligten Dritten angewandt, so müßte er vielmehr als Angehöriger einer abstrakt definierten Gruppe von Wirtschaftsteilnehmern betrachtet werden.

Sollte aufgrund der hier beschriebenen Rechtsprechung eine Klagebefugnis gewährt werden, so bieten sich hierzu allein die beiden bereits analysierten Urteile an, nach denen die Verpflichtung der Kommission, gewisse Belange eines Marktteilnehmers zu berücksichtigen, den Kläger im ausreichenden Maße individualisiere[101]. Von einer derartigen Pflicht ist in

---

99   Vgl. Art. 36 S. 2 EG-Vertrag; entspricht dem Verhältnismäßigkeits-Grundsatz.

100   EuGH (*Piraiki-Patraiki* - Rs 11/82) Slg. 1985, 207 (245 - Rn. 27).

101   Gemeint sind EuGH (*Sofrimport* - Rs C-152/88) Slg. 1990, I-2477 und EuGH (*Piraiki-Patraiki* - Rs 11/82) Slg. 1985, 207.

den Urteilen des Gerichtshofes nicht die Rede. Im 3. Kapitel wird indessen erörtert, ob die Kommission verpflichtet ist, auch im Hinblick auf Dritte einen Wettbewerbsverstoß zu verfolgen.

B. Klagen nichtverfahrensbeteiligter Drittbetroffener

Im folgenden werden zwei Urteile analysiert, in denen es um Entscheidungen ging, die die Kommission in einem Fall an einen Mitgliedstaat und im anderen Fall an einen anderen Marktteilnehmer richtete. Der jeweilige Kläger war allein durch die tatsächlichen Folgen dieser Entscheidung betroffen. Er mußte nämlich nicht - wie oben im Fall der potentiellen Adressaten - erwarten, Adressat einer mitgliedstaatlichen Maßnahme zu werden.

Diese Urteile sind für das Problem dieser Arbeit insbesondere deshalb interessant, weil auch die hier interessierenden verfahrensbeteiligten Dritten lediglich von den Auswirkungen der Kommissionsmaßnahme betroffen sind.

I. Entscheidung richtet sich an Mitgliedstaat

In der Rechtssache *Deutsche Lebensmittelwerke*[102] wehrte sich der Kläger gegen die an Deutschland gerichtete Entscheidung, im Rahmen einer Untersuchung zur Ermittlung eines optimalen Butterpreises für jedes gekaufte Paket Butter ein Paket EG-Butter kostenlos an den Verbraucher abzugeben. Der Kläger, ein Margarinehersteller, fürchtete Umsatzverluste.

Der Gerichtshof wies die Klage ab. Er knüpfte an seine oben referierte Rechtsprechung an, indem er feststellte, daß die angefochtene Entscheidung keinen geschlossenen Kreis von bei ihrem Erlaß feststehenden Personen betreffe[103]. Hinsichtlich der tatsächlichen Folgen sei der Kläger in derselben Weise betroffen, wie es jede andere Person gewesen wäre, die während dieser Maßnahme Margarine abgesetzt hätte.

---

102 EuGH (*Deutsche Lebensmittelwerke* - Rs 97/85) Slg. 1987, 2265 (2286 f. - Rn. 10 ff.).
103 EuGH (*Deutsche Lebensmittelwerke* - Rs 97/85) Slg. 1987, 2265 (2287 - Rn. 11).

Hier zeigt sich zum ersten Mal deutlich, daß der Gerichtshof seine gegenüber klagenden Adressaten entwickelten Maßstäbe auch auf die Klage von (echten) Drittbetroffenen überträgt.

II. Entscheidung richtet sich an Privaten

Eine besondere Nähe zum Problem dieser Arbeit hat das folgende Urteil, in dem es um eine Konkurrentenklage geht.

In der *Eridania*-Entscheidung wandte sich die Klägerin, eine italienische Zuckerfabrik, gegen die Subventionierung von Konkurrenzunternehmen durch Zuschüsse aus dem Europäischen Ausrichtungs- und Garantiefonds für die Landwirtschaft (EAGFL). Die strittige Entscheidung war von der Kommission getroffen worden und richtete sich an Italien sowie die drei begünstigten Unternehmen. Der EuGH stellte hierzu fest:

> „Die Tatsache allein, daß eine Maßnahme geeignet ist, die auf dem betroffenen Markt bestehenden Wettbewerbsverhältnisse zu beeinflussen, rechtfertigt es noch nicht, jeden Marktbeteiligten, der in irgendeiner Wettbewerbsbeziehung zum Adressaten der Maßnahme steht, als durch diese unmittelbar und individuell betroffen anzusehen. Nur bei Vorliegen besonderer Umstände kann der einzelne, der geltend macht, die Maßnahme wirke sich auf seine Marktstellung aus, nach Artikel 173 EG-Vertrag Klage erheben."[104]

Von einem solchen besonderen Umstand wäre der EuGH dann ausgegangen, wenn durch die Zuschüsse aus dem EAGFL unmittelbar die Quote an der Produktionsmenge verändert worden wäre, für welche die Gemeinschaft eine Preis- und Absatzgarantie übernimmt und von der auch die Klägerin profitierte[105]. Ein solcher Zusammenhang zwischen Quote und Subventionierung von Konkurrenzunternehmen hätte aber nur dann bestehen können, wenn sich die Quote an der Produktionskapazität jedes einzelnen Unternehmens orientierte. Dann wäre es nämlich möglich, daß sich durch die Subventionierung die Produktionskapazität des begünstigten Unternehmens erhöht, was wiederum zu einer Erhöhung der diesem Unternehmen zukommenden Quote führen würde. Die Quote des nicht-subventionierten Unternehmens würde dann dementsprechend niedriger ausfallen. Diese Überlegungen trafen auf den vorliegenden Fall nicht zu, weil

---

104   EuGH (*Eridania*/verb. Rs 10, 18/68) Slg. 1969, 459 (482 - Rn. 7/8).

105   Arg. e contrario aus EuGH (*Eridania* - Rs 10,18/68) Slg. 1969, 459 (483 - Rn. 11).

72

die Grundquote in diesem System von vornherein nicht veränderbar war. Variabel war nur der Teil der Quote, über den die Mitgliedstaaten verfügten. Hätten die Mitgliedstaaten an die Produktionskapazität angeknüpft, so wäre durch diese Anknüpfung, nicht durch die Subventionierung, eine Schlechterstellung des Klägers erfolgt. Damit wäre dem Mitgliedstaat, nicht der EG, die Benachteiligung des Unternehmens zurechenbar gewesen.

Eridania war demnach durch die Entscheidung über die Subventionierung ihrer Mitbewerber nicht unmittelbar betroffen[106]. Die Frage der individuellen Betroffenheit hat der Gerichtshof offengelassen[107].

Bemerkenswert ist hier, daß der Gerichtshof nicht mehr mit den oben dargestellten Kriterien arbeitet. Es geht nicht mehr darum, in welcher Eigenschaft die Maßnahme auf den Kläger wirkt, sondern um die Frage, wie sie ihn betrifft, d.h. auf welche seiner Interessen sie einwirkt. Damit hat der Gerichtshof von einer normorientierten zu einer betroffenheitsorientierten Perspektive gewechselt[108].

Die tatsächliche Auswirkung einer angegriffenen Maßnahme muß sich jedoch in quantifizierbarer Weise manifestieren[109]. Die Verschlechterung der Wettbewerbssituation allein reicht nicht aus. Eine solche Manifestierung des Nachteils ergäbe sich auch nicht durch die bloße Verfahrensbeteiligung an einem Untersuchungsverfahren. Demzufolge kann die Rechtsprechung zur Klagebefugnis verfahrensbeteiligter Dritter auch nicht aus dem *Eridania*-Urteil entwickelt werden.

Die bisher entwickelten Kriterien, um eine Klagebefugnis des Privaten festzustellen, würden keine Klagebefugnis des verfahrensbeteiligten Dritten begründen. Allein eine Verpflichtung der Kommission, die Interessen des Klägers zu berücksichtigen, könnte nach der skizzierten Rechtspre-

---

106 EuGH (*Eridania* - verb. Rs 10,18/68) Slg. 1969, 459 (483 - Zeile 11); vgl. hierzu Kovar/Barav, Recours individuel, CDE 1976, 73 (106).
107 Van Empel, Note to *Eridania*, CMLRev 1970, 345 (349): Empel nimmt an, daß sie im vorliegenden Fall aus einer unmittelbaren Betroffenheit gefolgt wäre.
108 Vgl. hierzu van Empel, Note to *Eridania*, CMLRev 1970, 345 (349).
109 Zu diesem vom EuGH aufgestellten Erfordernis kritisch Nicolaysen, Anmerkung zu *Eridania*, EuR 1970, 165 (167 ff.): Er will allein auf schlichte Betroffenheit abstellen; Unmittelbarkeit und Individualität seien nur zu prüfen, wenn föderale Struktur der Gemeinschaft betroffen, d.h., wenn Klagegegenstand eine an einen Mitgliedstaat gerichtete Entscheidung ist.

chung zu einem Klagerecht führen. Es ist zu fragen, inwiefern die Rechtsprechung zu verfahrensbeteiligten Dritten an diesen Gesichtspunkt anknüpft. Hierzu ist nun diese Rechtsprechung im einzelnen zu analysieren.

C. Klagen verfahrensbeteiligter Drittbetroffener

Die Rechtsprechung zur Klagebefugnis verfahrensbeteiligter Kläger betrifft Kläger, die in Untersuchungsverfahren involviert waren, ohne Adressaten der aus diesen Verfahren typischerweise entspringenden Maßnahmen der Kommission zu sein.

Die Verfahren werden durchgeführt zur Untersuchung von Kartellen, Dumping, Subventionen und unerlaubten Handelspraktiken. Sie richten sich gegen Unternehmen innerhalb (Kartelle) und außerhalb (Dumping) der Gemeinschaft, gegen Mitgliedstaaten (Beihilfe) und Drittländer (Subvention/unerlaubte Handelspraktiken).

Die am Ende dieser Untersuchungsverfahren stehenden Maßnahmen wenden sich an einzelne Unternehmen (Kartelle), an Importeure (Antidumping/Antisubvention/unerlaubte Handelspraktiken) und an Mitgliedstaaten (Beihilfe). An wen sich die Einstellung eines derartigen Verfahrens richtet, ist zweifelhaft[110].

Metro[111] und *Demo-Studio Schmidt*[112] waren Kläger, die Kartellrechtsverstöße ihrer Zulieferer rügten; *Timex*[113] und *Fediol*[114] wollten gegen angebliches Dumping bzw. Subvention ihrer außergemeinschaftlichen Konkurrenz vorgehen; *Cofaz*[115], *William Cook*[116], *Matra*[117] und *Cirfs*[118] griffen die Beihilfe-Praxis eines Mitgliedstaates an. *Air-France*[119] wollte gegen

---

110 Vgl. dazu 3. Kapitel/A.
111 EuGH (*Metro* - Rs 26/76) Slg. 1977, 1875.
112 EuGH (*Demo-Studio Schmidt* - Rs 210/81) Slg. 1983, 3045.
113 EuGH (*Timex* - Rs 264/82) Slg. 1985, 849.
114 EuGH (*Fediol-I* - Rs 191/82) Slg. 1983, 2913.
115 EuGH (*Cofaz* - Rs 169/84) Slg. 1986, 391).
116 EuGH (*William Cook* - Rs 198/91) Urteil vom 19. Mai 1993, noch nicht veröffentlicht.
117 EuGH (*Matra* - C-225/91) Urteil v. 15. Juni 1993, noch nicht veröffentlicht.
118 EuGH (*Cirfs* - *313*/90) Urteil v. 24. März 1993, noch nicht veröffentlicht.
119 vgl. EuG (*Air-France*- Rs 2/93) Urteil v. 19. Mai 1994, EuZW 1994, 534.

einen Beteiligungs-Erwerb durch British-Air vorgehen. Schließlich begehrte *Fediol* in *Fediol-III* Schutz vor einer unerlaubten Handelpraktik Argentiniens[120]. Bei *Fediol* und *Cirfs* handelte es sich jeweils um eine Vereinigung von EG-Unternehmen eines bestimmten Wirtschaftszweiges, bei den übrigen Klägern um Unternehmen.

I. Klageziel und Klagegegenstand

In der bisher analysierten Judikatur waren Klageziel und Klagegegenstand eindeutig. Es handelte sich um die Nichtigerklärung der jeweils von der Kommission erlassenen Verordnung bzw. Entscheidung.

Im Falle von verfahrensbeteiligten Dritten hängt der Klagegegenstand dagegen von der Art des Verfahrens und dem jeweils erreichten Verfahrensstadium ab. Das Klageziel wiederum ist abhängig vom Gegenstand der Anfechtungsklage.

1. Metro u. Demo-Studio Schmidt

Metro ist eine Großmarktkette, die an Einzelhändler und Gewerbebetriebe verkauft. *Metro* hatte erfolglos versucht, mit SABA eine Vertriebsvereinbarung zu schließen. SABA war jedoch nicht einverstanden damit, daß *Metro* auch an solche Personen verkauft, die die Ware nicht weiterverkaufen, sondern selbst verbrauchen. Daraufhin hatte *Metro* eine Beschwerde nach Art. 3 Abs. 2 lit. b der VO Nr. 17/62 veranlaßt. Die Kommission schloß dieses Verfahren nach einigen Auflagen mit einer Freistellungserklärung i.S.v. Art. 85 Abs. 3 EG-Vertrag und der Festellung, daß darüber hinaus kein Wettbewerbsverstoß vorliege (Negativattest i.S.v. Art. 2 VO Nr. 17/62) ab. Hiergegen klagte *Metro*.

Klagegegenstand war daher die Entscheidung der Kommission, die aus einem Negativattest und einer Freistellung gegenüber SABA bestand. Klageziel war, wie sich aus den Klägegründen entnehmen läßt[121], eine Aufhebung der Freistellungsentscheidung.

---

120 EuGH (*Fediol-III* - Rs 70/87) Slg. 1989, 1781.
121 EuGH (*Metro* - Rs 26/76) Slg. 1977, 1875 (1899 - Rn. 2).

Im Fall von *Demo-Studio Schmidt* ging es auch um ein selektives Vertriebssystem. Die Firma *Demo-Studio Schmidt* hatte Beschwerde bei der Kommission eingelegt, um feststellen zu lassen, daß die Weigerung von Revox, ihn als Facheinzelhändler anzuerkennen, gegen gemeinschaftliches Kartellrecht verstieße. In einem „abschließenden Bescheid" wies die Kommission diese Beschwerde zurück. Hiergegen erhob Demo-Studio Schmidt Nichtigkeitsklage.

Anfechtungsgegenstand war demzufolge anders als bei *Metro* ein an den Kläger selbst gerichteter Einstellungsbescheid[122]. Klageziel war, die Einstellung aufzuheben, damit die Kommission von neuem darüber hätte befinden müssen, ob durch die Behandlung des Klägers seitens Revox eine Zuwiderhandlung gegen Gemeinschaftsrecht vorgelegen habe.

2. Fediol-I, Timex, Fediol-III

Fediol ist die Vereinigung der Ölmühlenindustrie der EU. Im Verfahren *Fediol-I* klagte sie gegen eine Mitteilung der Kommission, laut der ein von ihr beantragtes Antisubventions-Verfahren wegen Sojaschrot-Importen aus Brasilien nicht eingeleitet werde. Der EuGH erörtert nicht, ob diese Mitteilung eine Entscheidung impliziere, die Anfechtungsgegenstand sein könne. Vielmehr prüft er, inwiefern die Ausgestaltung des Antidumpingverfahrens ein Klagerecht eines Antragstellers rechtfertige. Dagegen prüft Generalanwältin Rozès, ob es sich nur um eine bloße, mit der Nichtigkeitsklage nicht angreifbare Unterrichtung i.S.d. Art. 5 Abs. 5 AntidumpingVO handele oder um eine mit der Nichtigkeitsklage angreifbare eigenständige Entscheidung[123]. Diese Erörterung betrifft jedoch bereits die Frage, ob der Klagegegenstand die Voraussetzungen der Nichtigkeitsklage erfüllt. Ohne diesen Streit damit schon entscheiden zu wollen, ist als Gegenstand der Klage die (möglicherweise eine Entscheidung beinhaltende) Mitteilung anzusehen, ein

---

122 Vgl. EuGH (*Demo-Studio Schmidt* - Rs 210/81) Slg. 1983, 3045 (3063 - Rn. 12): Kommission bestreitet Anfechtbarkeit der Abweisung der Beschwerde nach Art. 3 VO Nr. 17/62 nicht; EuGH nimmt Prüfung unter Begriff Rechtsschutzbedürfnis vor; zur Frage, ob in der Einstellung des Verfahrens bzw. der Ablehnung eine an den Kläger gerichtete Entscheidung zu sehen ist, vgl. EuGH (*IBM* - Rs 60/81) Slg. 1981, 2639 (2651 ff.) zum Entscheidungsbegriff; EuGH (*BAT/Reynolds* - Rs 142, 156/84) Slg. 1987, 4487 (4570 - Rn. 11).

123 GA'in Rozès (*Fediol-I* - Rs 191/82) Slg. 1983, 2913 (2940 ff.).

Antidumpingverfahren nicht zu eröffnen. Klageziel ist es, eine erneute Entscheidung über eine Verfahrenseröffnung herbeizuführen[124].

Der Uhrenhersteller *Timex* klagte gegen Regelungen einer Antidumping-Zollverordnung. Er war an der Einleitung eines Verfahrens wegen Dumpingpraktiken im Bereich mechanischer Uhren aus der Sowjetunion beteiligt. *Timex* rügt, daß der festgesetzte endgültige Antidumping-Zoll zu niedrig sei und nicht alle gedumpten Einfuhrgüter umfasse. Klagegegenstand ist eine Antidumping-Zollverordnung. Klageziel ist die Überprüfung der dort festgelegten Zollsätze.

In *Fediol-III*[125] wehrte der oben bereits erwähnte Verband sich gegen eine Handelspraktik Argentiniens, die seiner Ansicht nach eine unerlaubte Handelspraktik i.S.d. VO zum Schutz gegen unerlaubte Handelspraktiken[126] darstelle. Die Kommission hatte den Antrag von *Fediol* auf Einleitung eines Verfahrens zur Untersuchung dieser Handelspraktiken zurückgewiesen. Gegenstand der Klage war diese Zurückweisungsentscheidung. Durch die Nichtigerklärung dieser Entscheidung sollte die Kommission gezwungen werden, ein Untersuchungsverfahren einzuleiten.

3. Cofaz, Matra, William Cook, Cirfs

Cofaz wandte sich mit anderen Herstellern von Stickstoffdünger gegen die Entscheidung der Kommission, ein Beihilfenaufsichtsverfahren wegen niederländischer Erdgastarife einzustellen. Zuvor hatte der Verband der Stickstoffdüngerindustrie auch im Namen der Klägerin eine Beschwerde an die Kommission darüber gerichtet, daß den niederländischen Stickstoffproduzenten durch die Niederlande ein Vorzugstarif für Erdgas eingeräumt worden sei. Nach Verhandlungen mit den Niederlanden und gewissen Neuregelungen beschloß die Kommission, daß die neue Tarifregelung mit dem Gemeinsamen Markt vereinbar und das Verfahren einzustellen sei. Hierüber machte sie *Fediol* Mitteilung. Dem Gerichtshof zufolge richtet sich die Klage von *Cofaz* gegen die an die Niederlande gerichtete

---

124 Vgl. des weiteren EuGH (*Gimelec* - Rs C-315/90) Slg. 1991 I-5612: Weder Kommission noch Gerichtshof problematisierten die Zulässigkeit der gegen eine Verfahrenseinstellung gerichteten Klage.
125 EuGH (*Fediol-III* - Rs 70/87) Slg. 1989, 1781.
126 VO Nr. 2641/84.

Entscheidung der Kommission, das nach Art. 93 Abs. 2 EG-Vertrag betriebene Beihilfenaufsichtsverfahren einzustellen[127].

William Cook, ein englisches Unternehmen, erhob Klage gegen die an sie gerichtete Mitteilung der Kommission, keine Einwände gegen die spanische Subventionierung eines Unternehmens zu erheben. *Cook* hatte gegen diese Subventionierung eine „formelle Beschwerde" gerichtet. Im Gegensatz zum *Cofaz*-Fall kam es hier jedoch nicht zu einer Einleitung eines Untersuchungsverfahrens. Ebenso hatte *Matra* gegen die Mitteilung der Kommission Nichtigkeitsklage erhoben, in bezug auf die Subventionierung eines Gemeinschaftsprojektes von Ford und VW durch Portugal keine Einwände geltend zu machen. Der Gerichtshof sieht den Gegenstand der Klage nicht in einer Entscheidung, das Vorverfahren nicht zu eröffnen, sondern in der an den jeweiligen Mitgliedstaat gerichteten Entscheidung, daß die Beihilfe gemeinschaftskonform sei[128]. Klageziel ist jeweils die Einleitung bzw. Neueröffnung eines Beihilfenaufsichtsverfahrens gem. Art. 93 Abs. 1 EG-Vertrag, um doch noch eine Untersagung der Beihilfe durch die Kommission herbeizuführen.

In der Rechtssache *Cirfs* richtete sich die Klage des Verbandes der Hersteller synthetischer Stoffe gegen die Feststellung der Kommission, die streitige Beihilfe sei nicht der Notifizierungspflicht gem. Art. 93 Abs. 3 EG-Vertrag unterworfen. Der Gerichtshof interpretierte diese Mitteilung als Ablehnung, ein Untersuchungsverfahren gegen den beihilfegewährenden Mitgliedstaat einzuleiten[129].

4. Air France

Air France erhob Nichtigkeitsklage gegen die Entscheidung der Kommission, den teilweisen Erwerb der Fluggesellschaft TAT European Airlines durch British Airways zu genehmigen. Ordnungsgemäß hatte British Airways diesen Zusammenschluß angemeldet. An dem hierdurch in Gang ge-

---

127 EuGH (*Cofaz* - Rs 169/84) Slg. 1986, 391 (412 - Rn. 12).
128 EuGH (*Matra* - C-225/91) Urteil v. 15. Juni 1993, noch nicht veröffentlicht, Rn. 14; EuGH (*William Cook* - Rs 198/91) Urteil vom 19. Mai 1993, noch nicht veröffentlicht, Rn. 15 ff.; GA Tesauro (*William Cook* - Rs 198/91), Schlußanträge v. 30. März 1993, noch nicht veröffentlicht, Nr. 31 ff.
129 EuGH (*Cirfs* - 313/90) Urteil v. 24. März 1993 Rn. 17, 28, noch nicht veröffentlicht.

setzten Fusionskontrollverfahren hatte sich *Air France* durch Abgabe schriftlicher Stellungnahmen beteiligt.

Das EuG gewährte das Klagerecht, ohne auf die bisher zur Klagebefugnis verfahrensbeteiligter Dritter ergangene Judikatur Bezug zu nehmen. Die Entscheidungsgründe des Urteils rekurrieren allein auf die vielzitierte *Plaumann*-Formel. Dieser methodische Rückschritt wird durch die vorgetragene Argumentation noch verstärkt. Zur Rechtfertigung des Klagerechts stützt sich das Gericht auf die Tatsache, daß Air France am Untersuchungsverfahren beteiligt war und hierdurch auf die Begründung der Kommissionsentscheidung Einfluß genommen habe. Das Klagerecht hieran zu knüpfen heißt indessen, es der Kommission anheimzustellen, ob durch die enge Einbindung des Dritten dieser später zur Klageerhebung berechtigt sein soll. Die diesem Urteil vorangegangene Judikatur hatte ihre Argumentation schon auf eine bessere Grundlage gestellt, wie der folgende Abschnitt belegen wird. Das *Air-France*-Urteil fällt insofern aus dem Rahmen und wird daher in die weitere Untersuchung nicht mehr einbezogen.

II. EuGH-Argumentation

Worauf gründet der Gerichtshof die Befugnis, gegen derart verschiedene Klagegegenstände Klage zu erheben?

1. Argumentation aus Antidumpingrecht übernommen?

In seinem richtungsweisenden *Metro*-Urteil argumentierte der Gerichtshof wie folgt:

> „Es liegt im Interesse eines sachgerechten Rechtsschutzes und einer ordnungsgemäßen Anwendung der Artikel 85 und 86, daß natürliche oder juristische Personen, die nach Artikel 3 Abs. 2 Buchstabe b der Verordnung Nr. 17 einen Antrag auf Feststellung einer Zuwiderhandlung gegen die Artikel 85 oder 86 bei der Kommission zu stellen berechtigt sind, bei völliger oder teilweiser Ablehnung ihres Antrags über eine Klagemöglichkeit zum Schutz ihrer berechtigten Interessen verfügen. Die Klägerin ist deshalb als im Sinne von Artikel 173 Abs. 2 durch die streitige Entscheidung unmittelbar und individuell betroffen anzusehen."[130]

---

130 EuGH (*Metro* - Rs 26/76) Slg. 1977, 1875 (1902 - Rn. 13).

Ausgangspunkt der Argumentation ist daher das durch die Kartellverordnung gewährte Recht, die Einleitung eines Untersuchungsverfahrens beantragen zu können.

In der Rechtssache *Timex* zieht der Gerichtshof jedoch folgende Schlußfolgerung:

> „Die streitige Verordnung beruht damit auf der individuellen Situation der Klägerin. Daraus folgt, daß der angegriffene Rechtsakt eine Entscheidung darstellt, die die Firma Timex unmittelbar und individuell im Sinne von Artikel 173 Abs. 2 EG-Vertrag betrifft."[131]

Der Gerichtshof hatte vorangehend die wichtige Rolle hervorgehoben, die *Timex* im Untersuchungsverfahren gespielt hatte. Diese Argumentation erinnert an die Urteile zu Klagen von abhängigen Importeuren und den Herstellern bzw. Exporteuren der gedumpten Waren. Im Gegensatz zur *Metro*-Entscheidung wird hier nicht auf eine Rechtsposition des Klägers abgestellt. Es wird vielmehr betont, daß die individuelle Situation sich auf den Inhalt des Rechtsaktes ausgewirkt hat. Die durch Verfahrensgarantien bewirkte Verfahrensbeteiligung scheint demzufolge nur dazu zu dienen, der Kommission die eigene Situation möglichst in ausreichender Weise nahe zu bringen.

Einer solchen Betrachtungsweise steht jedoch das ebenfalls im Antidumpingrecht angesiedelte *Fediol*-Urteil entgegen. Im Gegensatz zu *Timex* klagte *Fediol* nicht gegen eine bereits erlassene Antidumpingverordnung, sondern gegen die Einstellung eines Untersuchungsverfahrens. Diese Einstellung nahm nach Auffassung des Klägers aber gerade nicht besondere Rücksicht auf seine individuelle Situation. Der Gerichtshof erklärte die Klage dennoch für zulässig. Dabei stützte er sich auf die in der AntidumpingVO eingeräumten Verfahrensgarantien[132].

In einem neueren Urteil interpretiert der Gerichtshof seine eigene Judikatur folgendermaßen:

> „Zwar hat der Gerichtshof im Rahmen von Antidumpingverfahren anerkannt, daß Antragsteller in bestimmten Fällen eine Nichtigkeitsklage gegen die Ablehnung der Eröffnung eines Antidumpingverfahrens durch die Kommission erheben können, doch hat er ihnen ein solches Recht nur an-

---

131 EuGH (*Timex* - Rs 264/82) Slg. 1985, 849 (866 - Rn. 15 f.).
132 EuGH (*Fediol-I* - Rs 191/82) Slg. 1983, 2913 (2935 - Rn. 27).

gesichts der ihnen in den einschlägigen Grundverordnungen verliehenen Rechtsstellung eingeräumt."[133]

Maßgeblich ist also, ob dem Kläger Verfahrensrechte eingeräumt sind.

Demzufolge steht fest, daß die Klagebefugnis von Herstellern, Produzenten oder abhängigen Importeuren gedumpter Waren einer Klagebefugnis verfahrensbeteiligter Dritter nicht Pate gestanden hat, sondern dieser Rechtsprechung gegenüber einen anderen Ansatz beinhaltet.

2. Zusammenhang zwischen Verfahrensrecht und Klagebefugnis

Inwiefern können die den Dritten eingeräumten Verfahrensrechte zu einem Klagerecht führen?

Hierzu ist auch wieder das *Fediol*-Urteil außerordentlich instruktiv. Nach seiner Analyse der den Dritten eingeräumten Verfahrensrechte stellt der Gerichtshof fest, daß unstrittig ein solcher Antragsteller klagen könne, der geltend macht, die Organe der Gemeinschaft hätten die den Antragstellern durch die Verordnung spezifisch eingeräumten Rechte verkannt. Hierunter falle das Recht, einen Antrag zu stellen, der damit verbundene Anspruch darauf, daß dieser Antrag von der Kommission mit der gebotenen Sorgfalt und nach dem vorgesehenen Verfahren geprüft werde sowie das Recht auf Auskunftserteilung in den durch die Verordnung festgelegten Grenzen und schließlich - falls die Kommission beschlösse, dem Antrag nicht stattzugeben - das Recht auf Unterrichtung, die sich mindestens auf die in Art. 9 Abs. 2 AntidumpingVO garantierte Erläuterung erstrecken müsse.

Im Falle von Klagen Dritter spielt die konkrete Verletzung von Verfahrensrechten nur eine untergeordnete Rolle. In erster Linie wird gerügt, daß die Kommission sachlich falsch entschieden habe. Ein Verfahrensrecht, welches dem Verfahrensbeteiligten ein Recht auf eine sachlich-richtige Entscheidung garantiert, ist jedoch nicht kodifiziert. In diese Richtung gehen jedoch die weiteren Ausführungen des Gerichtshofes:

> „Darüber hinaus ist den Antragstellern nach dem Sinngehalt der Grundsätze, auf denen die Artikel 164 und 173 EG-Vertrag beruhen, das Recht zuzuerkennen, sowohl hinsichtlich der Berurteilung des Sachverhalts als

---

133 EuGH (*Buckl* - C-15,108/91) Slg. 1992, I-6061 (I-6100 - Rn. 29) = EuzW 1993, 415 (417).

auch hinsichtlich der Einführung der in der Verordnung vorgesehenen Schutzmaßnahmen eine gerichtliche Kontrolle in Anspruch zu nehmen, die der Natur der auf diesem Gebiet den Organen der Gemeinschaft vorbehaltenen Befugnis Rechnung trägt."[134]

Konkretisiert heißt das:

„Man kann daher den Antragstellern nicht das Recht verweigern, gerichtlich alles geltend zu machen, was die Prüfung ermöglicht, ob die Kommission die den Antragstellern durch die Verordnung Nr. 3017/79 eingeräumten Verfahrensgarantien beachtet hat, ob sie offensichtliche Fehler bei der Würdigung des Sachverhalts begangen oder es unterlassen hat, wesentliche Gesichtspunkte zu berücksichtigen, aufgrund derer vom Vorliegen einer Subventionswirkung auszugehen wäre, oder ob sie in ihre Begründung ermessensmißbräuchliche Überlegungen hat einfließen lassen."[135].

Das Klagerecht verfahrensbeteiligter Dritter dient daher nicht nur der Durchsetzung dieser Verfahrensrechte, sondern auch der Kontrolle der sachlichen Richtigkeit der angegriffenen Maßnahme. Besonders deutlich wird dies daran, daß nach jüngster Rechtsprechung auch dann Klage erhoben werden kann, wenn die Kommission gar keine Verfahrensrechte verletzt haben kann[136]. In diesen Verfahren hatte die Kommission das Verfahren in einem Stadium eingestellt, in dem sich der Kläger auf keine Beteiligungsrechte berufen konnte.

Worauf könnte diese Möglichkeit des Dritten, die sachliche Richtigkeit der drittbetreffenden Entscheidung überprüfen zu lassen, beruhen?

Im *Fediol*-Urteil stützt der Gerichtshof seine Argumentation in diesem Zusammenhang auf die Grundsätze des Art. 164 und Art. 173 EG-Vertrag. Im *Metro*-Urteil stellt er darauf ab, daß die Klagemöglichkeit zum Schutz der berechtigten Interessen des Antragstellers im Interesse eines sachgerechten Rechtsschutzes und einer ordnungsgemäßen Anwendung der Kartellrechtsnormen liege.

Diese Argumentation hat folglich eine objektiv- und eine subjektivrechtliche Seite. Auf der einen Seite stehen die berechtigten Interessen und der Rechtsschutzgedanke mit der Möglichkeit des Privaten, Nichtigkeitsgsklage

---

134 EuGH (*Fediol-I* - Rs 191/82) Slg. 1983, 2913 (2935 - Rn. 29).

135 EuGH (*Fediol-I* - Rs 191/82) Slg. 1983, 2913 (2935 - Rn. 30).

136 Vgl. EuGH (*Matra* - C-225/91) Urteil v. 15. Juni 1993, noch nicht veröffentlicht, Rn. 17; EuGH (*William Cook* - Rs 198/91) Urteil vom 19. Mai 1993, noch nicht veröffentlicht, Rn. 23.

zu erheben. Auf der anderen Seite wird eine Klagemöglichkeit der Verpflichtung des Gerichtshofes gerecht, gem. Art. 164 EG-Vertrag das Recht zu wahren, was zu einer ordnungsgemäßen Anwendung dieses Rechts führt.

In welchem Zusammenhang diese Argumente stehen und wie sie der Gerichtshof in anderen Zusammenhängen konkretisiert hat, muß im weiteren Verlauf der Arbeit geklärt werden. Jetzt gilt es nur festzuhalten, daß das Argument für die Gewährung der Klagebefugnis in den genannten Prinzipien zu finden ist. Auf die Verfahrensrechte allein kann deshalb nicht abgestellt werden, weil sie dem Dritten nicht die sachliche Richtigkeit der ihn belastenden Maßnahme garantieren[137].

Aus diesem Grund kann diese Rechtsprechung auch nicht auf die Urteile zu *Sofrimport*[138] und *Piraiki-Patraiki*[139] gestützt werden. Dort bedurfte es nämlich einer Verpflichtung der Kommission, die Belange des Klägers bei der Entscheidung zu berücksichtigen. Die Verfahrensrechte berechtigen den Kläger laut EuGH nur, eine sachlich richtige Entscheidung zu verlangen. Der Gerichtshof stellt nicht darauf ab, ob die Kommission die wirtschaftlichen Interessen der Dritten zu berücksichtigen habe. Insofern knüpft der Gerichtshof nicht an diese Urteile an. Im weiteren Verlauf der Arbeit wird noch näher zu untersuchen sein, inwiefern es zur sachlichen Richtigkeit der Entscheidung gehört, die Belange des Dritten zu berücksichtigen. Hier spielt dies jedoch keine Rolle, weil dieses Kapitel lediglich der Frage gewidmet ist, inwiefern die im Zusammenhang mit verfahrensbeteiligten Dritten entwickelten Kriterien unter die übrige Rechtsprechung zur Klagebefugnis Privater subsumiert werden können.

---

137 Auf die Argumentationen der übrigen Urteile brauchte nicht eingegangen zu werden, da sie sich an *Metro* und *Fediol* orientieren, vgl. EuGH (*Demo-Studio Schmidt* - Rs 210/81) Slg. 1983, 3045 (3063 - Rn.14); EuGH (*Cofaz* - Rs 169/84) Slg. 1986, 391 (414 - Rn. 23); EuGH (*William Cook* - Rs 198/91) Urteil vom 19. Mai 1993, noch nicht veröffentlicht, Rn. 23: Gerichtshof bezieht sich auf in Art. 93 EG-Vertrag kodifizierte Verfahrensgarantien.

138 EuGH (*Sofrimport* - Rs C-152/88) Slg. 1990, I-2477.

139 EuGH (*Piraiki-Patraiki* - Rs 11/82) Slg. 1985, 207.

III. Prüfungskriterien

Oben ist die Argumentation des EuGH nachgezeichnet worden. Weiter ist zu fragen, welche Kriterien der EuGH aus dieser Argumentation entwikkelt, um zu entscheiden, welche drittbetroffenen Kläger klagebefugt sind und welche nicht.

1. Einräumung von Verfahrensgarantien

In der Judikatur zur Klagebefugnis verfahrensbeteiligter Kläger rekurriert der Gerichtshof auf Verfahrensgarantien. Das sind Rechte, die Dritten eine Beteiligung an Untersuchungsverfahren garantieren.

In der Rechtssache *Cofaz* hat der Gerichtshof deutlich gemacht, daß es genügt, wenn dem Dritten die Befugnis zur Äußerung eingeräumt wird[140]. Diese Befugnis hatte der Gerichtshof aus Art. 93 Abs. 2 EG-Vertrag abgeleitet, der bestimmt, daß die Kommission „Beteiligten" eine Frist zur Äußerung setzen muß.

Die genaue Kodifizierung einzelner Verfahrensrechte ist demnach nicht erforderlich.

Ebensowenig muß dem Dritten ausdrücklich das Recht eingeräumt werden, die Einleitung eines Verfahrens beantragen zu können. Es geht aus der Judikatur zum Beihilfekontrollrecht nicht deutlich hervor, ob der Gerichtshof von der ungeschriebenen Existenz eines solchen Beschwerderechts ausgeht oder ein solches für die Klagebefugnis nicht für erforderlich hält[141]. Die Kommission weist im Beihilfenaufsichtsrecht eine solche Beschwerde jedenfalls nicht schon als prinzipiell unzulässig zurück[142].

Ergebnis: Der klagende Dritte muß sich auf ein Beteiligungsrecht stützen können.

---

140 EuGH (*Cofaz* - Rs 169/84) Slg. 1986, 391 (415 - Rn. 25).

141 Vgl. nur die jüngste Entscheidung in Sachen *Matra*, in der der Gerichtshof die Erhebung einer „formellen Beschwerde" lediglich referiert, EuGH (*Matra* - C-225/91) Urteil v. 15. Juni 1993, noch nicht veröffentlicht, Rn. 6.

142 Vgl. die Sachverhalte, die den Urteilen zum Beihilfenaufsichtsrecht zugrundeliegen, so schon in EuGH (*Cofaz* - Rs 169/84) Slg. 1986, 391 (410 - Rn. 3).

Demzufolge genügt es aus Sicht dieser Judikatur nicht, daß ein Dritter wie im *Extramet*-Urteil[143] wegen gewisser wirtschaftlicher Umstände durch die Maßnahme besonders schwer getroffen ist. Auch dieses Urteil läßt sich daher mit der hier analysierten Judikatur nicht in Verbindung bringen.

2. Beeinträchtigung berechtigter Interessen

Die Klagemöglichkeit soll die „berechtigten Interessen" des Klägers schützen. Hierfür müssen diese berechtigten Interessen durch die angegriffene Entscheidung tangiert sein.

In der Rechtssache *Cofaz* hat der EuGH darauf hingewiesen, daß der Kläger in stichhaltiger Weise dargelegt habe, durch welche Auswirkungen der angegriffenen Maßnahme seine berechtigten Interessen beeinträchtigt werden[144]. Gefordert hatte der Gerichtshof eine spürbare Beeinträchtigung[145].

In anderen Urteilen beschränkt sich der EuGH darauf festzustellen, daß der Kläger Konkurrent sei[146], daß die Kommission das berechtigte Interesse für gegeben halte[147] oder daß die Nichtzulassung als Fachhändler geeignet sei, um solche Interessen zu beeinträchtigen[148].

Ergebnis: Die berechtigten Interessen des Klägers müssen durch die drittbetreffende Maßnahme tangiert sein. Es genügt der Nachweis, daß dies grundsätzlich möglich ist. Hierbei haben gewisse Fallkonstellationen Indizwirkung.

3. Tatsächliche Beteiligung am Verfahren

Der Gerichtshof hat einer intensiven Beteiligung des klagenden Dritten am Untersuchungsverfahren großes Gewicht beigemessen[149].

---

143 EuGH (*Extramet* - C-358/89) Slg. 1991, 2501 (I-2532 - 17).
144 EuGH (*Cofaz* - Rs 169/84) Slg. 1986, 391 (416 - Rn. 28).
145 EuGH (*Cofaz* - Rs 169/84) Slg. 1986, 391 (415 - Rn. 25).
146 Auch eine zukünftige genügt, vgl. EuGH (*Matra* - C-225/91) Urteil v. 15. Juni 1993, noch nicht veröffentlicht, Rn. 19.
147 EuGH (*Metro* - Rs 26/76) Slg. 1977, 1875 (1902 - Rn. 11 ff.).
148 EuGH (*Demo-Studio Schmidt* - Rs 210/81) Slg. 1983, 3045 (3064 - Rn. 15).
149 Vgl. nur EuGH (*Cofaz* - Rs 169/84) Slg. 1986, 391 (415 - Rn. 24); EuGH (*Timex* - Rs 264/82) Slg. 1985, 849 (866 - Rn. 15).

Nicht eindeutig zu beantworten ist die Frage, ob ein Kläger sich auch in einem Stadium des Verfahrens beteiligen muß, für das ihm noch kein Beteiligungsrecht eingeräumt ist. In den Rechtssachen *Matra* und *William Cook* hatte der Gerichtshof die Klagebefugnis bejaht, obwohl die Kommission das Verfahren bereits in einem Stadium abgeschlossen hatte, in welchem die Kläger keine Verfahrensrechte geltend machen konnten. In beiden Rechtssachen hatte sich der Kläger dennoch formell über die Beihilfe beschwert und war auch angehört worden[150]. Zum gegenwärtigen Stand der Rechtsprechung kann immerhin angenommen werden, daß ein Dritter, sobald er von der ihn beschwerenden Praktik Kenntnis erlangt, Verbindung mit der Kommission aufnehmen muß.

Eine Beteiligung des Dritten ist also erforderlich, soweit er die Möglichkeit hierzu hatte.

Ein Unternehmen ist nach dieser Rechtsprechung dann „unmittelbar und individuell" betroffen, wenn es

1. aufgrund von Verfahrensgarantien
2. an einem Untersuchungsverfahren teilgenommen hat oder unverschuldet nicht teilgenommen hat
3. und dessen abschließende Entscheidung geeignet ist, dieses Unternehmen in seinen „berechtigten Interessen" zu tangieren.

D. Ergebnis der Analyse

Diese Analyse der EuGH-Judikatur sollte die Frage beantworten, ob die Rechtsprechung zu verfahrensbeteiligten Unternehmen lediglich als Ausprägung der bisherigen Rechtsprechung zur „individuellen Betroffenheit" zu verstehen ist.

Der Gerichtshof orientiert sich im Falle verfahrensbeteiligter Drittbetroffener an deren verfahrensrechtlicher und tatsächlicher Position im Untersuchungsverfahren.

---

150 EuGH (*Matra* - C-225/91) Urteil v. 15. Juni 1993, noch nicht veröffentlicht, Rn. 4; EuGH (*William Cook* - Rs 198/91) Urteil vom 19. Mai 1993, noch nicht veröffentlicht, Rn. 6.

Dieser Blickwinkel paßt nicht zu den vom EuGH für das Problem der individuellen Betroffenheit entwickelten rechtsnaturorientierten Kriterien.

Auch die Urteile zu Klagen von Importeuren, die bereits eine Abkehr von dieser rechtsnaturorientierten Perspektive darstellten, lassen sich nicht auf Judikatur zu verfahrensbeteiligten Drittbetroffenen übertragen.

Ebensowenig macht der Gerichtshof die Klagebefugnis davon abhängig, daß der Kläger besonders schwerwiegend und offenkundig zu Unrecht in seinen wirtschaftlichen Interessen beeinträchtigt wurde[151].

Auch knüpfen die Entscheidungen zur Klagebefugnis verfahrensbeteiligter Dritter nicht an die Urteile an, die eine Klagebefugnis dann gewähren, wenn die Kommission durch eine EG-Norm aufgefordert ist, die Interessen des Klägers zu berücksichtigen.

Festzuhalten ist: Die Judikatur zur Klagebefugnis verfahrensbeteiligter Dritter verkörpert einen neuen Ansatz, das Problem der Drittbetroffenen zu lösen. Das nächste Kapitel widmet sich der Frage, wie dieser Ansatz dogmatisch einzuordnen ist.

---

151 Das *Extramet*-Urteil läßt sich nicht auf die Urteile zur Klagebefugnis verfahrensbeteiligter Kläger übertragen.

3. Kapitel:

Dogmatische Einordnung
der Klagebefugnis verfahrensbeteiligter Dritter

Der Gerichtshof hat die Klagebefugnis verfahrensbeteiligter Dritter an die tatsächliche Inanspruchnahme einer verfahrensrechtlichen Position im Rahmen bestimmter Untersuchungsverfahren geknüpft. In diesem Kapitel stellt sich die Frage, wodurch eine derartige Anknüpfung legitimiert wird.

Wie oben festgestellt wurde, scheidet eine Legitimation durch die bisherige Rechtsprechung zur Klagebefugnis Privater aus. Gesucht ist demzufolge eine Konzeption, die das von dem Gerichtshof neu eingeführte Kriterium rechtfertigt. Eine solche Konzeption soll dogmatisch genannt werden, weil sie helfen soll, diese Rechtsprechung in das gemeinschaftsrechtliche Rechtsschutzsystem einzuordnen.

Bevor diese Suche aufgenommen wird, ist jedoch zu prüfen, ob es überhaupt für alle Fallkonstellationen, in denen ein verfahrensbeteiligter Dritter Klage erheben will, eines derart neuen Ansatzes in der Frage der Klagebefugnis bedarf. Dem wäre nicht so, falls der verfahrensbeteiligte Dritte als Adressat einer Entscheidung aufgefaßt werden kann. In diesem Fall wäre er gem. Art. 173 Abs. 4 EG-Vertrag immer zur Klageerhebung befugt. Die Suche nach einer dogmatischen Konstruktion würde sich erübrigen.

A.   Drittbetroffene als Adressaten einer Entscheidung

Inwieweit sind verfahrensbeteiligte Dritte als Adressaten einer an sie selbst gerichteten Kommissionsentscheidung vorstellbar?

Die Kommission kann ein Untersuchungsverfahren abschließen, indem sie an das Unternehmen, gegen das ermittelt wurde, eine Entscheidung richtet. Denkbar ist, daß damit implizit auch endgültig über die Beschwerdepunkte entschieden wird, die der Dritte vorgebracht hat. Eine solche Entscheidung, die sich an den Dritten unmittelbar richten würde, soll „Parallelentscheidung" genannt werden.

Das Verfahren kann allerdings auch damit enden, daß die Kommission eine Maßnahme gegen das beanstandete Verhalten eines Unternehmens, eines Mitgliedstaates bzw. eines Drittstaates nicht für erforderlich hält. Dann könnte in der erfolgten Einstellung des Verfahrens eine an den das Verfahren initiierenden Dritten gerichtete Entscheidung gesehen werden. Entsprechendes gilt, wenn es zu einer Einleitung erst gar nicht kommt, sondern die Kommission das Einleitungsbegehren gleich abweist. Eine solche Entscheidung soll als „Ablehnungsentscheidung" bezeichnet werden.

Ob das Verhalten der Kommission solche Entscheidungen beinhaltet, kann nur separat für jedes Untersuchungsverfahren entschieden werden. Eine ablehnende Entscheidung der Kommission ist nämlich nach der Art des Antrages zu beurteilen, der durch sie beschieden wird[1].

I. Entscheidungsbegriff

Der Art. 173 Abs. 4 EG-Vertrag bestimmt nicht den Entscheidungsbegriff, sondern setzt ihn voraus. Für die Klärung der Frage, was zu verlangen ist, damit ein bestimmtes Handeln der Kommission als eine an einen Drittbetroffenen gerichtete Entscheidung gewertet werden kann, ist auf den Art. 189 Abs. 4 EG-Vertrag zurückzugreifen.

Danach ist die Entscheidung in allen ihren Teilen für diejenigen verbindlich, die sie bezeichnet. Genannt sind damit die beiden wichtigsten Merkmale der Entscheidung: Die Verbindlichkeit und die Ausrichtung auf einzelne, ausdrücklich bezeichnete Adressaten, was mit dem Begriff Individualität[2] umschrieben werden kann.

Die Tatsache, daß die Entscheidung ihre Adressaten bezeichnet, grenzt die Entscheidung von der normativ geltenden Verordnung ab, wie schon in der obigen Rechtsprechungsanalyse zum Ausdruck kam.

Mit dem Merkmal der Verbindlichkeit wird die Entscheidung von allen nicht verbindlichen Maßnahmen unterschieden, wie z. B. Empfehlungen

---

1 So schon EuGH (*Nordgetreide* - Rs 42/71) Slg. 1972, 105 (110 - Rn. 5); bestätigt durch EuGH (*Buckl* - C-15,108/91) Slg. 1992, I-6061 (I-6098 - Rn. 22): In der französischen Fassung ist von „la nature de la demande", die zu beurteilen sei, die Rede.

2 Hierzu Grabitz-Grabitz Rn. 71 zu Art. 189.

und Stellungnahmen, die bereits nach dem Wortlaut von Art. 173 Abs.1 EG-Vertrag nie Gegenstand einer Nichtigkeitsklage sein können.

II. Parallelentscheidung

Der Rückgriff auf eine Parallelentscheidung böte dann einen Ausweg aus der Problematik der Klagebefugnis Drittbetroffener, wenn sie neben der von der Kommission erlassenen abschließenden Maßnahme selbständig angreifbar wäre.

Im *Metro*-Urteil hat der Gerichtshof die Klage gegen ein den Fremdbescheid bestätigendes Schreiben für „gegenstandslos" erklärt[3].

In den Rechtssachen *William Cook* und *Matra* weisen die Generalanwälte unisono darauf hin, daß neben der an die Mitgliedstaaten gerichteten Entscheidung, die Beihilfe für gemeinschaftsrechtskonform zu erklären, keine andere „autonome" Entscheidung vorstellbar sei[4]. Die Generalanwälte begründen diese Unmöglichkeit mit den Gegebenheiten des Beihilfenaufsichtsrechts. Die Kommission habe nämlich die Pflicht, sich darüber zu äußern, ob die geplante Beihilfe gemeinschaftsrechtskonform sei[5]. Bis zu einer abschließenden Genehmigung der Beihilfe dürfe der Mitgliedstaat die Beihilfe nämlich wegen der Sperre des Art. 93 Abs. 3 S. 3 EG-Vertrag nicht gewähren[6]. Die Kommission müsse diese Sperrwirkung beseitigen, sofern die Beihilfe mit dem Gemeinschaftsrecht zu vereinbaren sei.

Die Entscheidungsgründe der Urteile in Sachen *Matra* und *William Cook* erörtern die Frage der Existenz einer solchen Parallelentscheidung noch nicht einmal.

Im Außenhandelsrecht hat der Gerichtshof gleichfalls immer die erlassene Verordnung als Klagegegenstand angesehen, nicht etwa eine damit verbundene Parallelentscheidung.

---

3   EuGH (*Metro* - Rs 26/76) Slg. 1977, 1875 (1900 - Rn. 4).

4   Vgl. GA van Gerven (*Matra* - C-225/91) Schlußanträge vom 28. April 1993, noch nicht veröffentlicht, Anm. 7; GA Tesauro (*William Cook* - Rs 198/91) Schlußanträge v. 31. März 1993, noch nicht veröffentlicht, Anm. 28 ff.

5   GA Tesauro (*William Cook* - Rs 198/91) Schlußanträge v. 31. März 1993, noch nicht veröffentlicht, Anm. 32.

6   Vgl. hierzu Geiger, EG-Vertrag, Rn. 14 zu Art. 93.

Es läßt sich festhalten:

Zwar hat die Kommission in ihrer Fremdentscheidung immer auch endgültig über die vom Kläger vorgebrachten Beschwerdepunkte entschieden. Diese implizite Entscheidung ist aber nicht selbständig angreifbar. Jede Aufhebung einer solchen Parallelentscheidung müßte nämlich automatisch das Bestehen der Fremdentscheidung in Frage stellen. Andernfalls hätte die Klage ihr Ziel verfehlt.

Ein Drittbetroffener kann demzufolge nicht für sich reklamieren, Adressat einer Parallelentscheidung geworden zu sein.

III. Ablehnungsentscheidung

Was nicht funktionieren kann, wenn das Untersuchungsverfahren mit einer Maßnahme für oder gegen das untersuchte Unternehmen abgeschlossen wurde, ist möglicherweise gangbar, wenn das Untersuchungsverfahren damit endet, keine solche Maßnahme zu erlassen.

Das einzige in dieser Hinsicht einschlägige Urteil in der Rechtssache *Demo-Studio Schmidt* hilft nicht weiter, weil die Kommission ihre Zurückweisung des Antrags bereits als „abschließende Entscheidung" tituliert hat. Die Frage, ob die Einstellung eines Verfahrens in Form einer an den Dritten gerichteten Ablehnungentscheidung ergeht bzw. ergehen muß, darf nicht davon abhängig sein, welche Rechtsqualität die Kommission einer solchen Einstellung verleihen will. Im übrigen beließ es der Gerichtshof nicht dabei, von der Existenz einer formellen an den Kläger gerichteten Entscheidung auszugehen. Vielmehr prüfte er zusätzlich das Rechtsschutzbedürfnis des Klägers[7]. Der Gerichtshof hielt demnach den Kläger selbst als Adressat einer Ablehnungsentscheidung noch nicht für zwingend klagebefugt.

Bevor die einzelnen Untersuchungsverfahren dahingehend untersucht werden, ob die Kommission in ihnen solche Ablehnungsentscheidungen fällt, ist der oben entwickelte Entscheidungsbegriff unter Zugrundelegung der besonderen Fallkonstellation einer Nichteinleitung bzw. Wiedereinstellung eines Verfahrens zu präzisieren.

---

7   EuGH (*Demo-Studio Schmidt* - Rs 210/81) Slg. 1983, 3045 (3063 - Rn. 12 ff.).

1. Kriterien für eine Ablehnungsentscheidung

Auf das Merkmal der Individualität braucht nicht näher eingegangen werden. Es dient, wie oben ausgeführt, lediglich der Abgrenzung der Entscheidung von der Verordnung. Daß die Nichteröffnung bzw. Einstellung eines Verfahrens keine Verordnung darstellt, steht außer Frage.

Maßgeblich ist hier das Merkmal der Verbindlichkeit. Denn die Nichteröffnung bzw. Einstellung könnte eine nichtangreifbare, unverbindliche Maßnahme der Kommission darstellen.

Anknüpfend an die Rechtsprechung des Gerichtshofes seit der Rechtssache *IBM*[8] und an die gleichlautenden Stimmen der Literatur[9] kommt es für das Vorliegen einer Entscheidung nicht darauf an, daß die Kommission eine Maßnahme in der Form des Art. 189 Abs. 4 EG-Vertrag erlassen hat (kein formeller Entscheidungsbegriff). Vielmehr sind an Maßnahmen, die als Entscheidung i.S.v. Art. 173 Abs. 4 EG-Vertrag anfechtbar sein sollen, folgende Anforderungen zu stellen (materieller Entscheidungsbegriff):

- Die Maßnahmen müssen verbindliche Rechtswirkungen erzeugen;
- diese Rechtswirkungen müssen gleichzeitig die Rechtsstellung des Klägers beeinträchtigen und ihn somit in seinen Interessen tangieren;
- die Beeinträchtigung einer bloßen verfahrensrechtlichen Position ist unzureichend[10], solange nachträglicher Rechtsschutz gegen die am Ende des Verfahrens stehende Maßnahme möglich ist[11].

---

8 EuGH (*IBM* - Rs 60/81) Slg. 1981, 2639 (2651 - Rn. 9): In dieser Rechtssache wollte *IBM* gegen eine Mitteilung vorgehen, mit der die Kommission dem Unternehmen mitteilte, daß gegen sie ein Untersuchungsverfahren nach Art. 3 VO Nr. 17/62 eingeleitet worden sei und der Erlaß einer Entscheidung betreffend Zuwiderhandlungen gegen Art. 86 beabsichtigt werde. Darüber hinaus enthielt die Mitteilung die einzelnen Beschwerdepunkte i.S.v. Art. 2 der VO Nr. 99/63; zuletzt EuGH (*Bosman* - Rs C-117/91) Slg. 1991, I-4837(I-4842 - Rn. 13): „Maßnahmen, die verbindliche Rechtswirkungen erzeugen, welche Interessen des Klägers durch Eingriff in Rechtstellung beeinträchtigen"; so auch EuGH (*Sunzest* - Rs C-50/90) Slg. 1991, I-2917 (2922 - Rn. 12; (TAO/AFI - C-322/91) Slg. 1992, I-6373 (I-6376 - Rn.8).

9 GTE-Krück Rn. 44 zu Art. 173; Grabitz-Wenig Rn. 55 zu Art. 173.

10 EuGH (*IBM* - Rs 60/81) Slg. 1981, 2639 (2653 - Rn. 17).

11 EuGH (*IBM* - Rs 60/81) Slg. 1981, 2639 (2654 - Rn. 22).

Das erste Erfordernis wird heute von der Rechtsprechung des öfteren nicht mehr erwähnt[12]. Eine Maßnahme, die die Rechtsstellung einer Person verändern kann, hat zwangsläufig verbindliche Rechtswirkung.

Die Einschränkung hinsichtlich einer den endgültigen Abschluß des Verfahrens bloß vorbereitenden Maßnahme ist mit dem fehlenden Rechtsschutzbedürfnis des Kläger zu erklären. Kann er gegen die abschließende Maßnahme Klage erheben, dann braucht er keine Rechtsschutzmöglichkeiten gegen vorangehende Maßnahmen, selbst dann nicht, wenn sie ihm Nachteile zufügen.

Rechtswirkungen entfaltet eine Maßnahme, wenn sie eine bestimmte Rechtslage abschließend feststellt[13], Rechte begründet, aufhebt oder modifiziert[14]. In den beiden letzten Fällen liegt zugleich eine Rechtsbeeinträchtigung, wenn es sich um Rechte des Klägers handelt.

Die Nichteröffnung bzw. Einstellung eines Verfahrens könnte demnach unter zwei verschiedenen Blickwinkeln eine Entscheidung darstellen. Zum einen könnte darin eine konkludente abschließende Beurteilung[15] des untersuchten wirtschaftlichen Sachverhaltes zu sehen sein. Zum anderen könnte die Einstellung als Beschneidung eines dem jeweiligen betroffenen Dritten zustehenden Anspruches auf Verfahrenseröffnung resp. Weiterführung betrachtet werden.

Eine feststellende Wirkung käme einer Verfahrens-Nichteröffnung bzw. -Einstellung aber nur dann zu, wenn diese abschließend ist, d.h. die Kommission auch für die Zukunft bände.

Gebunden ist die Kommission, wenn sie aufgrund eines Antrages bzw. einer Anmeldung gegenüber dem Antragsteller bzw. dem Anmeldenden feststellt, daß sein Verhalten, so wie es der Kommission zur Kenntnis gekommen ist, nicht unter die einschlägige Verbotsnorm fällt[16]. Diese dem gemeinschaftsrechtlichen Gebot des Vertrauensschutzes entspringende

---

12   EuGH (*Emerald Meats* - Rs C-66/91) Slg. 1991, I-1143 (I-1150 - Rn. 26).
13   Koch, Klagebefugnis Privater, S. 106.
14   Nofal, Rechtsschutz, S. 9 ff.; Koch, Klagebefugnis Privater, S. 106 ff.
15   Vgl. unten die Regelung im Fusionskontrollrecht.
16   Vgl. z.B. für das Kartellrecht die Möglichkeit, gem. Art. 2 VO Nr. 17/62 ein Negativattest zu beantragen. An dieses ist die Kommission unter Zugrundelegung des ihr vorliegenden Sachstandes gebunden, h.M., vgl. nur GTE-Schröter/Jakob-Siebert Rn. 13 zu Art. 87 - Zweiter Teil m.w.N.

Bindung besteht jedoch nicht, wenn lediglich der Dritte die Einleitung eines Untersuchungsverfahrens verlangt. Im Falle der sofortigen Zurückweisung dieses Antrages oder der späteren Einstellung ist kein schutzwürdiges Vertrauen vorhanden. Der Dritte hat schließlich kein Interesse, daß sich die Kommission an die Nichteröffnung bzw. Einstellung gebunden fühlt. Es wäre durchaus im Sinne des Dritten, wenn die Kommission das Verfahren wieder eröffnet. Der Dritte hat also keinen Grund, eine feststellende Ablehnung seines Antrages zu verlangen. Folglich ist in der Nichteinleitung oder Einstellung unter der Voraussetzung, daß nur der Dritte das Verfahren beantragt hat, keine bindende Feststellung zu sehen[17].

Die Ablehnung, ein Verfahren einzuleiten bzw. fortzuführen, könnte jedoch dann rechtlich wirken, wenn durch sie Rechte aufgehoben bzw. beeinträchtigt werden. Von einer Beeinträchtigung ist auszugehen, wenn der Antragsteller der Kommission gegenüber einen Anspruch[18] geltend machen kann[19].

Denkbar sind vier verschiedene Ansprüche:

- Anspruch auf Feststellung der Gemeinschaftsrechtswidrigkeit eines bestimmten Verhaltens;
- Anspruch auf Feststellung der Gemeinschaftsrechtswidrigkeit eines bestimmten Verhaltens mit gleichzeitigem Einschreiten gegen diese Zuwiderhandlung (incl. Bußgeldandrohung);
- Anspruch auf fehlerfreie Ermessensausübung;
- Anspruch auf förmlichen Abschluß des Verfahrens, d.h. Anspruch auf Bescheidung.

Der letzte Anspruch postuliert bereits, daß dem Dritten eine Ablehnung in Form einer Entscheidung zusteht. Hierdurch unterscheidet er sich von den oberen, die begründen sollen, weshalb die Ablehnung einer Verfahrensfortführung eine an den Kläger gerichtete Entscheidung darstellen soll.

---

17 A.A. Steindorff, Antragsrecht, AWD 1963, 353 (354), der ohne nähere Begründung von einer feststellenden Funktion ausgeht.

18 Nicht nur der Entzug eines Anspruches, sondern auch der Entzug einer geschützten Rechtsposition (Stichwort: Immunität) kann zu einer Rechtsbeeinträchtigung führen, Vgl. Hartley, Foundations, S. 338 mit Verweis auf EuGH (*Noordwijks* - Rs 8-11/66) Slg. 1967, 75.

19 Due, Verfahrensrechte, S. 40 mit Verweis auf *Demo-Studio Schmidt*: Er wertet Ablehnung als Entscheidung gegen den Beschwerdeführer.

Ob der Dritte sich auf solche Ansprüche berufen kann, soll anhand der verschiedenen Verfahren untersucht werden.

Ergebnis: Die Nichteröffnung eines Verfahrens bzw. die Einstellung eines Verfahrens hat dann Entscheidungsqualität, wenn die Kommission in eine bestehende Rechtsposition des Dritten eingreift, was voraussetzt, daß ihm ein Anspruch gegen die Kommission hinsichtlich des Untersuchungsverfahrens zusteht.

2. Fallkonstellation

Es ist nun zu fragen, ob die Verfahrenseinstellung als eine an den Dritten ergangene Entscheidung aufgefaßt werden kann.

Hierfür ist, wie oben ausgeführt wurde, vorauszusetzen, daß

– die Verfahrenseinstellung nicht auch gleichzeitig eine Entscheidung gegenüber dem unmittelbar Betroffenen verkörpert und

– der Dritte sich auf ein subjektives Recht berufen kann, das durch die Einstellung des Verfahrens tangiert wäre.

a) Fusionskontrollrecht

Die Fusionskontrollverordnung ist noch recht jung[20]. Dort hat der „europäische Gesetzgeber"[21] klar geregelt, welchen Maßnahmen der Kommission Entscheidungsqualität zukommt.

Im Fusionskontrollrecht wird das Vorprüfungs- und das Hauptverfahren nur noch dadurch abgeschlossen, daß die Kommission[22] eine materielle Entscheidung fällt, sei es, daß sie den Zusammenschluß für mit dem Gemeinschaftsrecht vereinbar erklärt, sei es, daß sie ihn für unvereinbar erklärt[23]. Auch die Nichtanwendbarkeit der Verordnung hat die Kommission

---

20 ABl. 1989 L 395/1 ff.
21 In diesem Fall der Rat gestützt auf Art. 87 u. 235 EG-Vertrag.
22 Im Vorverfahren (Art. 6) ist die Entscheidungsbefugnis dem Kommissar für Wettbewerb übertragen, vgl. Jones, Gonzàlez-Díaz, The EEC Merger Regulation, London 1992, S. 222 mit Verweis auf die Verfahrensordnung, ABl. 1967 L 145/1 i.V.m. der Kommissionsentscheidung vom 23. Juli 1975, ergänzt am 20. April 1988.
23 Vgl. Art. 6 Abs. 1 lit. b, Art. 8 Abs. 2 u. Abs. 3 Fusionskontrollverordnung.

durch Entscheidung festzustellen[24]. Genauso stellt auch die Eröffnung eines Untersuchungsverfahrens eine Entscheidung dar[25]. Unternimmt die Kommission nach Eingang der Anmeldung bzw. nach Eröffnung des Verfahrens nichts, so gilt dies gleichfalls als Entscheidung der Kommission und zwar als eine, die den Zusammenschluß als mit dem Gemeinsamen Markt für vereinbar erklärt[26]. Für das Hauptverfahren konstituiert Art. 8 Abs. 1 FusionskontrollVO die Pflicht, das Verfahren mit einer konkreten Entscheidung abzuschließen.

Nicht ausdrücklich geregelt wurde, wer Adressat dieser Entscheidungen sein soll. Aus dem systematischen Zusammenhang der Norm ergibt sich jedoch, daß als Adressat nur die Unternehmen in Betracht kommen, die den Zusammenschluß angemeldet haben. Es handelt sich nämlich immer um Entscheidungen, die die Vereinbarkeit bzw. Nichtvereinbarkeit des untersuchten Zusammenschlusses mit dem Gemeinschaftsrecht zum Gegenstand haben. Dementsprechend ist die Kommission gem. Art. 6 Abs. 2 FusionskontrollVO verpflichtet, die Entscheidung den beteiligten Unternehmen unverzüglich mitzuteilen (jedoch auch den zuständigen Behörden der Mitgliedstaaten). Eine zusätzliche Entscheidung, das Verfahren nicht zu eröffnen, sondern wieder einzustellen, ist lediglich Reflex der Vereinbarkeits-Entscheidung und ist als Ablehnungsentscheidung nicht eigenständig anfechtbar.

Ergebnis: Nach dem Willen des Gesetzgebers ist jede Nichteröffnung bzw. Einstellung mit einer Entscheidung verbunden, die sich an das fusionierende Unternehmen wendet. Daneben ist kein Platz für eine Ablehnungsentscheidung. Es erübrigt sich die Frage nach dem möglicherweise verletzten subjektiven Recht des Dritten.

---

24 Art. 6 Abs. 1 lit. a FusionskontrollVO.
25 Art. 5 Abs. 1 lit. c FusionskontrollVO; diese ist jedoch nicht anfechtbar, weil sie lediglich eine verfahrenseinleitende Verfügung darstellt. Vgl. GTE-Schröter Anm. zu Art. 87 Rn. 282 mit Verweis auf EuGH (*IBM* - Rs 60/81) Slg. 1981, 2639 (2651 ff.).
26 Art. 10 Abs. 6 FusionskontrollVO; diese fingierte Entscheidung ist angreifbar, vgl. GTE-Schröter Anm. zu Art. 87 Rn. 282; Kommission hat jedoch erklärt, in jedem Fall einer pflichtgemäßen Anmeldung ausdrücklich zu entscheiden, vgl. Jones/Gonzàlez-Díaz, The EEC Merger Regulation, London 1992, S. 208; zur Gesetzeskonstruktion vgl. auch Art. 35 Abs. 3 MontanV, wonach Untätigkeit als ablehnende Entscheidung qualifiziert wird.

b) Beihilfenaufsichtsrecht

Die Einstellung eines Beihilfenaufsichtsverfahrens kann zu zwei verschiedenen Zeitpunkten erfolgen. In der Rechtssache *Cofaz* wurde eingestellt, nachdem die Sache bereits in das streitige Verfahren (Hauptverfahren) i.S.v. Art. 93 Abs. 2 EG-Vertrag gelangt war. Möglich ist eine Einstellung aber bereits im Vorprüfungsverfahren gem. Art. 93 Abs. 3 EG-Vertrag, d.h. in dem Verfahrenabschnitt, der durch die von einem Mitgliedstaat vorgenommene Mitteilung über ein Beihilfevorhaben in Gang gesetzt wird[27]. In diesem Verfahrensstadium wird entschieden, ob das Hauptverfahren einzuleiten ist (= Nichteröffnung des Untersuchungsverfahrens). Nichteröffnet hat die Kommission in den Rechtssachen *Cirfs*, *William Cook*, *Matra*.

Oben[28] wurde schon darauf hingewiesen, daß aufgrund der Pflicht der Kommission, das Beihilfevorhaben entweder für rechtmäßig oder gemeinschaftsrechtswidrig zu erklären, für eine an den Dritten gerichtete Entscheidung kein Platz ist. Das gilt natürlich sowohl für die Parallel- als auch für die Ablehnungsentscheidung[29].

Nicht erörtert zu werden braucht daher, inwiefern das Fehlen eines kodifizierten Antrags- bzw. Beschwerderechtes im Rahmen der Beihilfenaufsicht einem subjektiven Recht des Dritten entgegensteht.

Ergebnis: Auch im Beihilfenaufsichtsrecht scheitert der Ansatz, den Dritten zum Adressaten einer Ablehnungsentscheidung zu machen, da einer solchen Entscheidung neben der Vereinbarkeitserklärung keine eigenständige Bedeutung zukommen kann.

c) Kartellrecht

Nach dem oben entwickelten Entscheidungsbegriff kommt es darauf an, ob die Zurückweisung des Antrages eines Dritten als eine rechtswirkungerzeugende Maßnahme gedeutet werden kann, die die Rechtsposition des Klägers beeinträchtigt.

---

27 Notifizierungspflicht ergibt sich aus Art. 93 Abs. 3 S. 1 EG-Vertrag.
28 Vgl. Abschnitt zur „Parallelentscheidung".
29 A.A. Geiger, EG-Vertrag, Rn. 19 zu Art. 173 EG-Vertrag, der die Besonderheiten, die sich aus der Sperrwirkung des Art. 93 Abs. 3 S. 3 EG-Vertrag ergeben, nicht berücksichtigt. Vgl. in diesem Zusammenhang obige Ausführungen zur Parallelentscheidung.

Diese Prüfung braucht dann nicht durchgeführt zu werden, wenn die Kommission die Maßnahme selbst als „abschließende Entscheidung" tituliert und an den Kläger richtet[30]. Eine Klage gegen formelle Entscheidungen ist nämlich immer zulässig. Auch im Falle einer solchen Kommissions-Praxis sind die folgenden Erörterungen nicht überflüssig, weil sie unabhängig von der „Kulanz" der Kommission eine Klagebefugnis begründen sollen.

Wie oben ist auch hier darauf hinzuweisen, daß eine Ablehnungsentscheidung nicht in Betracht kommt, wenn ein Unternehmen eine Vereinbarung gem. Art. 4 Abs. 1 VO Nr. 17/62 angemeldet hat[31], denn dann richtet sich die verfahrensabschließende Entscheidung an dieses Unternehmen[32]. Dies ist auch dann so, wenn ein Konkurrenzunternehmen (der Dritte) gleichzeitig dazu einen Antrag i.S.v. Art. 3 VO Nr. 17/62 gestellt hat und die Kommission das Verfahren einstellen will[33]. Folglich scheidet hier eine Ablehnungsentscheidung von vornherein aus. Es kommt nur eine Parallelentscheidung in Betracht, die aber wegen obengenannter Gründe zu unlösbaren Problemen führen würde.

aa) *Einstellung ist abschließend*

Vor einer Prüfung der Rechtsstellung des Dritten ist zu untersuchen, wann eine Einstellung eines kartellrechtlichen Untersuchungsverfahrens abschließend[34] ist. Für eine Klage gegen eine lediglich vorläufige Äußerung

---

30 So wie in EuGH (*Demo-Studio Schmidt* - Rs 210/81) Slg. 1983, 3045.

31 Zur Anmeldung sind Unternehmen nicht verpflichtet, sie ist jedoch unverzichtbare Voraussetzung für eine Freistellung, vgl. Grabitz-Pernice Rn. 3 zu Art. 4 VO Nr. 17/62; geht das Unternehmen davon aus, daß Art. 85 Abs. 1 EG-Vertrag von ihrer Geschäftspraxis nicht betroffen ist, bietet sich statt der Anmeldung Antrag auf Negativattest an. Im Zweifel kann beides miteinander verbunden werden. Die Anmeldung ist auch dann noch möglich, wenn bereits das Abstellverfahren nach Art. 3 betrieben wird vgl. Grabitz-Pernice Rn. 3 zu Art. 4 VO Nr. 17/62.

32 Unternehmen haben Anspruch auf Bescheidung, d.h. Freistellung oder Ablehnung der Freistellung, vgl. Grabitz-Koch Rn. 157 zu Art. 85; Grabitz-Pernice Rn. 13 zu Art. 4.

33 Auch in diesem Fall kann nämlich eine Anmeldung noch vorgenommen werden, vgl. Grabitz-Pernice Rn. 3 a.E. zu Art 4 VO Nr. 17/62.

34 Weigerung der Kommission, aus Sozialfonds Zuschüsse zu zahlen, ist angreifbar, wenn sie abschließend ist, vgl. EuGH (*Deutschland/Kommission* - Rs 44/81) Slg. 1982, 1855 (1875- Rn. 7).

über die Einstellung würde - wie oben schon angemerkt - das Rechtsschutzinteresse fehlen, so daß es bedeutungslos ist, ob ein Anspruch des Dritten verletzt sein könnte.

Um zu klären, zu welchem Zeitpunkt die Kommission abschließend über das Verfahren entscheidet, ist es erforderlich, sich einen Überblick über den Verfahrensablauf zu verschaffen. Das Verfahren teilt der Gerichtshof in Sachen *Automec-I*[35] in drei Abschnitte:

Nach Einreichung einer Beschwerde nach Art. 3 Abs. 2 der VO Nr. 17/62 ermittelt die Kommission die Umstände, die für die Frage entscheidend sind, wie sie die Beschwerde weiter behandeln soll.

In der zweiten Phase erläßt die Kommission für den Fall, daß sie der Beschwerde nicht nachgehen will, die in Art. 6[36] VO Nr. 99/63 vorgesehene Mitteilung über die Gründe, weshalb die Kommission den Antrag auf Verfahrenseinleitung für nicht gerechtfertigt hält. Gleichzeitig wird der Beschwerdeführer aufgefordert, innerhalb einer von der Kommission festgesetzten Frist hierzu Stellung zu beziehen.

In der letzten Phase schließlich nimmt die Kommission die Äußerungen des Beschwerdeführers zur Kenntnis. Darüber hinaus kann sie abschließend entscheiden, die Beschwerde zurückzuweisen und das Verfahren zu beenden.

Gegenstand einer Nichtigkeitsklage können folgende Verfahrenshandlungen sein[37]:

1. Äußerungen der Kommission aufgrund der Antragstellung/Mitteilung vorbereitender Bemerkungen,

---

35 Vgl. die Darstellung in EuG (*Automec-I* - T 64/89) Slg. 1990 II-367 (II-382 ff. - Rn. 45 ff.).

36 Art 6 der VO Nr. 99/63 ABl. 1963 Nr. P 127/2268 lautet: „Ist die Kommission der Auffassung, daß die von ihr ermittelten Umstände es nicht rechtfertigen, einem nach Artikel 3 Absatz (2) der Verordnung Nr. 17 gestellten Antrag stattzugeben, so teilt sie den Antragstellern die Gründe hierfür mit und setzt ihnen eine Frist zur Mitteilung etwaiger schriftlicher Bemerkungen.".

37 In der Praxis werden diese einzelnen Verfahrensabschnitte oft nicht deutlich zu erkennen sein; vgl. EuG (*Automec-I* - T 64/89) Slg. 1990 II-367 (II-383 ff. - Rn. 48 ff.): Maßgeblich dafür, welchem Verfahrensabschnitt ein Schreiben der Kommission zuzuordnen ist, soll der Wortlaut dieses Schreibens sein. Hierbei spielt das Kriterienpaar vorläufige/endgültige Stellungnahme eine Rolle.

2. die Mitteilung der Einstellungsgründe nach Art. 6 VO Nr. 99/63 und
3. die daraufhin getroffene Entscheidung, das Verfahren einzustellen.

Die erste Äußerung der Kommission[38] aufgrund der Antragstellung ist erst der Auftakt zum Verfahren über die Verfahrenseröffnung. Sie soll dessen Ende in keiner Weise präjudizieren, sondern ist vielmehr vorläufiger Natur. Insofern fehlt es hier an einer abschließenden Entscheidung[39].

Bereits im Falle der Mitteilung gehen die Meinungen auseinander[40]. Der Gerichtshof erachtet sie in der Rechtssache *Automec-I* als lediglich vorbereitende Maßnahme[41]. Die Gegenmeinung hält eine Klage gegen die in dieser Mitteilung implizierte Entscheidung für zulässig[42]. Dabei wird zugestanden, daß die Mitteilung nach Art. 6 VO Nr. 99/63 im Grunde eine Maßnahme im Rahmen eines zu gewährenden rechtlichen Gehörs darstellt und demnach der eigentlichen Entscheidung vorgelagert sein müßte[43].

Die Kontroverse um die Mitteilung nach Art. 6 VO Nr. 99/63 beruht indessen nicht auf einer unterschiedlichen Auffassung darüber, wann die Kommission endgültig über die Einstellung zu entscheiden habe. Sie gründet vielmehr auf Rechtsschutzüberlegungen. Die Kommission ist nämlich nach KartellVO nicht verpflichtet, überhaupt eine endgültige Entscheidung über die Einstellung des Verfahrens herbeizuführen.

---

38 Zuständig für die Einleitung eines förmlichen Verfahrens ist das für Wettbewerbspolitik (DG IV) zuständige Mitglied der Kommission, vgl. Art. 27 vorläufige GO der Kommission i.V.m. Entscheidung v. 23. Juli 1975 (Abl. 1975 Nr. L 199/43).

39 Weder in der Judikatur noch in der Literatur gibt es Stimmen, die eine solche annehmen; vgl. EuG (*Automec-I* - T 64/89) Slg. 1990 II-367 (II-382 - Rn. 45); vgl. auch EuG (*Cimenteries* - T-10,11,12,15/92) Slg. 1992, II-2667 (II-2679 - Rn. 28 ff.).

40 Für eine Anfechtbarkeit dieser Mitteilung: Nofal, Rechtsschutz, S. 145 ff., der sie als unter auflösender Bedingung stehende Entscheidung über die Einstellung des Verfahrens begreift; vgl. des weiteren hierzu Fischer, Dritte im Wettbewerbsverfahren, S. 171 ff. m.w.N.

41 EuGH (*Automec* - T 64/89) Slg. 1990 II-367 (II-382 - Rn. 46); vgl. auch EuG (*Asia* - Rs T-28/90) Slg. 1992, II-2285 (II-2302 - Rn. 42): Zwar kann Dritter eine Mitteilung nach Art. 6 VO Nr. 99/63 verlangen und im Falle des Ausbleibens Untätigkeitsklage erheben, diese Mitteilung sei jedoch wegen ihrer Vorläufigkeit nicht selbständig anfechtbar.

42 Vgl. Fischer, Dritte im Wettbewerbsverfahren, S. 178 ff., 186 f.; Steindorff, ZHR 1986, 222 (239).

43 Fischer, Dritte im Wettbewerbsverfahren, S. 181 f.

Würde demzufolge nicht bereits die Mitteilung nach Art. 6 VO Nr. 99/63 als abschließende Entscheidung über die Verfahrenseinstellung gedeutet, so könnten Rechtsschutzlücken entstehen[44]. Wenn die Kommission nämlich nach dieser Mitteilung nichts mehr unternimmt, d.h. keine Äußerung über den Abschluß des Verfahrens nach außen dringen läßt, würde es bereits an der Substanz eines rechtwirkungserzeugenden Aktes fehlen. Es bliebe dann die Frage, inwiefern der Dritte mittels Untätigkeitsklage gem. Art. 175 EG-Vertrag die Kommission zur Bescheidung des Einleitungsantrages zwingen könnte[45]. Nach ständiger Rechtsprechung erfordert eine erfolgreiche Unzulässigkeitsklage jedoch gleichfalls ein subjektives Recht des Klägers[46].

Aus alledem folgt, daß bereits für die Frage nach der Endgültigkeit einer im Rahmen des Kartellverfahrens vorgenommenen Einstellungsentscheidung maßgeblich ist, ob dem Dritten ein subjektives Recht zusteht. Somit ist die Frage, wann die Kommission endgültig über die Einstellung beschließt, zurückzustellen.

bb) Entscheidung beeinträchtigt Rechte des Antragstellers

Die subjektivrechtliche Position des Dritten ist in zweifacher Weise von Bedeutung. Zum einen ist ein solcher Anspruch Voraussetzung, damit eine vorgenommene Einstellung als an den Dritten gerichtete Entscheidung interpretiert werden kann, zum anderen läßt sich auf einen derartigen Anspruch das Recht auf Bescheidung eines Einleitungsantrages gründen für den Fall, daß die Kommission keine solche erläßt.

---

44 So Fischer, Dritte im Wettbewerbsverfahren, S. 186 ff.

45 Vgl. hierzu Forster, Procedural Possibilities for an Applicant, ECLR 1993, 256, (261).

46 EuGH (*GEMA* - Rs 125/78) Slg. 1979, 3173 (3188 ff.); EuGH (*Lord Bethell* - Rs 246/81) Slg. 1982, 2277 (2290 - Rn. 13): hebt hervor, daß Rechtsposition zwischen Adressaten im Rahmen Nichtigkeitsklage und Kläger im Rahmen Untätigkeitsklage ähnlich; EuG (*Prodifarma* - Rs T-3/90) Beschluß Slg. 1991, II-1 (II-35 - Rn. 35): „Aus dem Wortlaut dieser Vorschrift folgt, daß die Klage nur zulässig sein kann, wenn eine natürliche oder juristische Person nachweist, daß sie sich genau in der Rechtsstellung des potentiellen Adressaten eines Rechtsaktes befindet, den die Kommission ihr gegenüber zu erlassen verpflichtet wäre." (m.w.N.).

Aus dem Antragsrecht gem. Art. 3 Abs. 2 lit. b[47] KartellVO könnte das subjektive Recht des Antragstellers abzuleiten sein, die Kommission zum Einschreiten gegen Verstöße gegen Art. 85 bzw. Art. 86 EG-Vertrag zu zwingen[48]. Ein solches subjektives Recht könnte sich auch darauf beschränken, daß der Antragsteller lediglich die Feststellung der Zuwiderhandlung, nicht jedoch die Abstellung der Zuwiderhandlung durch Maßnahmen der Kommission verlangen kann[49]. Schließlich könnte dieses Recht nur darauf gerichtet sein, daß der Antragsberechtigte die Einstellung des Verfahrens auf ihre objektive Rechtmäßigkeit prüfen lassen kann (Anspruch auf fehlerfreie Ermessensausübung)[50].

Gleichzustellen ist damit der Anspruch auf Bescheidung[51], der lediglich die Klagemöglichkeit eröffnet, nicht aber materielle subjektive Ansprüche konstituiert.

In diesem Abschnitt kommt es nicht darauf an, welchen Inhalt ein solches subjektives Recht hat[52]; entscheidend ist vielmehr, ob dem Dritten überhaupt eine derartige Rechtsposition zusteht, die durch die Abweisung bzw. die Nichtbescheidung des Antrags beeinträchtigt worden sein kann.

Aus dem Wortlaut des Art. 3 ist kein Recht auf Verfahrenseinleitung ableitbar. Abs. 1 ermächtigt die Kommission, nicht allein von Amts wegen, sondern auch auf Antrag tätig zu werden. Abs. 2 zählt auf, wer unter welchen Bedingungen berechtigt ist, einen solchen Antrag zu stellen. Es fehlt jedoch an einer ausdrücklichen Verpflichtung der Kommission, aufgrund eines solchen Antrages tätig zu werden.

---

47 Wortlaut Abs. 1: „Stellt die Kommission auf Antrag oder von Amts wegen eine Zuwiderhandlung gegen Artikel 85 oder 86 des Vertrages fest, so kann sie die beteiligten Unternehmen und Unternehmensvereinigungen durch Entscheidung verpflichten, die festgestellte Zuwiderhandlung abzustellen.".
    Abs. 2: „Zur Stellung des Antrags sind berechtigt: ... Personen und Personenvereinigungen, die ein berechtigtes Interesse darlegen.".

48 Vgl. hierfür Steindorff, Antragsrecht, AWD 1963, 353 ff.; für eine Gegenüberstellung der Argumentationen vgl. Paulis, Partie plaignante, RTDE 1987, 621 (626 ff.).

49 Hierzu im einzelnen Börner, EuR 1984, 181 ff.

50 Vgl. GA'in Rozès (*Demo-Studio Schmidt* - Rs 210/81) Slg. 1983, 3045 (3070 - lit. b).

51 Vgl. GA Mancini (*BAT/Reynolds* - Rs.142, 156/84) Slg. 1987, 4487 (4552).

52 Vgl. hierzu zum Abschnitt Konzeption Durchsetzung subjektiver Rechte.

Die Befürworter eines subjektiven Rechts des Antragstellers verweisen auf die Entstehungsgeschichte des Antragsrechts. Diese zeige, daß mit diesem Antragsrecht mehr gemeint sei als die bloße Selbstverständlichkeit, sich an die Kommission zu wenden, um eine Gemeinschaftsrechtsverletzung anzuzeigen[53].

Des weiteren argumentieren sie mit Sinn und Zweck der Regelung eines Antragsrechtes[54]. Würde jemandem das Recht gewährt, einen Antrag zu stellen, so müsse er bei Ablehnung des Antrages auch ein Klagerecht zu dessen Durchsetzung besitzen[55]. Diese Argumentation erweist sich als teleologisch. Um einem postulierten Rechtsschutzbedürfnis nachzukommen, muß das Antragsrecht einen Anspruch auf Verfahrenseinleitung enthalten.

Auch die ausführliche Argumentation von Steindorff[56], die wiederholt zitiert wird[57], befaßt sich nicht mit der Bestimmung der materiellen Rechtsposition des Antragstellers[58], sondern mit der allgemeinen Frage, ob ablehnende Akte Entscheidungen i.S.d. Art. 173 Abs. 4 EG-Vertrag

---

53 Vgl. Steindorff, Das Antragsrecht im EWG-Kartellverfahren und seine prozessuale Durchsetzung, in: AWD (RiW) 1963, 353 (353 f.): Der VO-Vorschlag der Kommission enthielt das Antragsrecht Privater noch nicht. Erst durch die Stellungnahmen des Wirtschafts- und Sozialausschusses und des Binnenmarktausschusses wurde es in die endgültige Fassung eingearbeitet. Weidinger, Rechtsschutz, S. 113, leitet hieraus einen Anspruch auf Eingreifen der Kommission ab.

54 Vgl. Paulis, Partie plaignante, S. 630, gesteht dem Antragsteller ein Recht auf Feststellung einer Zuwiderhandlung zu, wenn andernfalls kein Rechtsschutz möglich ist; ansonsten kein Recht auf Feststellung, ob Zuwiderhandlung vorliegt oder nicht; Temple Lang will dieses Recht nur gewähren, wenn sich Verletzung der Kartellrechtsvorschriften aufdrängen; Steindorff, ZHR 1986, 222 (242), Kuyper/van Rijn, Procedural Guarantees in European Law, S. 26: betonen den Zusammenhang zwischen „Recht auf Bescheidung und Klagerecht".

55 Vgl. Steindorff, Antragsrecht, AWD 1963, 353 (356); Temple Lang, ELRev. 1978, 178 (181): „Clearly it is important that an undertaking whose ... should be able to bring the matter to the court." Sehr deutlich wird die rechtsschutzorientierte Argumentation auch bei Nofal, Rechtsschutz, S. 154; Deringer, Competition Law, Art. 3 par. 2033: Durch Antrag wird Antragsteller Partei des Verfahrens und damit auch Adressat einer Nichteröffnungs- bzw. Einstellungsverfügung.

56 Steindorff, Antragsrecht, AWD 1963, 353 (354).

57 Vgl. beispielsweise Weidinger, Rechtsschutz, S. 120 mit Fn. 58.

58 Für ihn hat die Ablehnungsentscheidung lediglich eine feststellende Funktion vgl. Steindorff, Antragsrecht, AWD 1963, 353 (354).

seien. Dabei spielt das Rechtsschutzargument eine herausragende Rolle[59]. Darüber hinaus wird nur systematisch argumentiert, d.h. Steindorff zieht die nationalen Rechtsordnungen, Art. 35 Abs. 3 EGKS umd Art. 176 EG-Vertrag heran. Zu einer Analyse der rechtlichen Position des Antragstellers kommt es demnach nicht mehr.

Eingehender mit der materiellen Rechtsposition, die dem einzelnen Antragsteller innerhalb des Kartellverfahrens zukommen soll, haben sich diejenigen befaßt, die zu einer Ablehnung eines solchen Anspruches kommen.

Dieses Antragsrecht begründe noch keinen Anspruch auf Feststellung von Zuwiderhandlungen und entsprechende Abhilfemaßnahmen[60]. Einem solchen Anspruch stehe das der Kommission in Art. 1 u. 3 VO Nr. 17 eingeräumte Ermessen entgegen. Sie müsse vielmehr selbst entscheiden können, für welche kartellrechtlichen Verfahren sie ihre begrenzten personellen Ressourcen einsetze[61].

Zudem sei die Kommission nicht für den Schutz individueller Rechte zuständig, sondern soll im Allgemeininteresse für die Aufrechterhaltung des Wettbewerbes als Institution sorgen[62]. Wann dieses Allgemeininteresse tangiert ist, muß die Kommission entscheiden[63]. Für den Schutz privater Interessen seien die Zivilgerichte zuständig, die das Verbot aus Art. 85, 86 EG-Vertrag unmittelbar anwenden können[64].

Es fehle außerdem an einem kontradiktorischen Antragsverfahren, so daß das Unternehmen, gegen das ermittelt werden soll, nicht von vornherein

---

59   Nach Steindorff spricht u.a. für den Entscheidungscharakter der Ablehnung, daß der EG-Vertrag mit seinem Rechtsschutz dem Vorbild der Mitgliedstaaten folge, daß unnötige Einschränkungen des Rechtsschutzes zu vermeiden seien und daß die Rspr. zum großzügigen Gewähren des Rechtsschutzes neige. Vgl. Steindorff, Antragsrecht, AWD 1963, 353 (354 f.); die anderen Argumente rekurrieren zumeist darauf, daß ablehnende Bescheide grundsätzlich als Entscheidungen qualifiziert werden (in MS, in Art. 35 Abs. 3 MontanV).

60   Vgl. GTE-Schröter/Jakob-Siebert, Anm. zu Art. 87 - Zweiter Teil Rn. 5, 2. Abs.; Grabitz-Koch Rn. 16 zu Art. 3 VO Nr. 17/62.

61   Börner, Dritter, EuR 1984, 181 (182).

62   Zur Beeinträchtigung des Allgemeinwohls im Falle eines Anspruches auf Einschreiten vgl. Börner, EuR 1984, 181 (182).

63   Vgl. Grabitz-Koch, Anm. zu Art. 3 VO Nr. 17 Rn. 16.

64   Vgl. Grabitz-Koch, Anm. zu Art. 3 VO Nr. 17 Rn. 16.

beteiligt sei[65]. Im übrigen erkenne keine einzige innerstaatliche Rechtsordnung in der EG ein subjektiv-öffentliches Recht des einzelnen an, das Kartellbehörden zum Einschreiten gegen Zuwiderhandlungen zwinge[66].

Laut jüngster Rechtsprechung ist die Kommission nicht verpflichtet, endgültig über das Vorliegen oder Nichtvorliegen eines Kartellrechtsverstosses zu entscheiden[67]. Aus Art. 6 VO Nr. 99/63 lasse sich ein derartiger Anspruch nicht ableiten. Ihm stehe zudem entgegen, daß die Kommission sich auf das Interesse der Gemeinschaft berufen kann, Prioritäten bei der Untersuchung von Kartellrechtsverstößen zu setzen. Die Abwägung der Gemeinschaftsinteressen mit denen des Antragstellers dürfte indessen nicht willkürlich erfolgen. Die Kommission habe insbesondere die Bedeutung des behaupteten Verstoßes für das Funktionieren des Gemeinsamen Marktes, die Wahrscheinlichkeit der Ermittlung seines Vorliegens und das Ausmaß der erforderlichen Ermittlungen zu berücksichtigen[68].

Der Gerichtshof scheint damit der Auffassung von GA'in Rozès[69] in der Rechtssache *Demo-Studio Schmidt* zu entsprechen, die einen Anspruch auf ordnungsgemäße Kontrolle des Ermessens postulierte. Auch sie ließ sich dabei von Rechtsschutzüberlegungen leiten. Auch zeigen sich starke Parallelen zur *Fediol*-Entscheidung. Dort wurde dem Dritten das Recht zugestanden überprüfen zu lassen, ob der Gerichtshof die wesentlichen Gesichtspunkte bei seiner Entscheidung berücksichtigt hat[70].

Von derselben Position aus ließe sich auch ein Anspruch auf Bescheidung begründen, der verhindert, daß die Kommission die Einstellung des Kartellverfahrens in der Schwebe läßt[71]. Ein solcher Anspruch überginge al-

---

65 Grabitz-Koch Rn. 16 zu Art. 3 VO Nr. 17/62.

66 Grabitz-Koch Rn. 16 zu Art. 3 VO Nr. 17/62; ein Überblick über einzelne Rechtsordnungen bietet Paulis, Partie plaignante, S. 622 ff.

67 EuG (*Automec-II* - Rs T-24/90) Slg. 1992, II-2223 (2274 - Rn. 76); hierzu vgl. auch RMCUE 1993, 815.

68 EuG (*Automec-II* - Rs T-24/90) Slg. 1992, II-2223 (II-2276 - Rn. 79 ff.).

69 GA'in Rozès (*Demo-Studio Schmidt* - Rs 210/81) Slg. 1983, 3045 (3070 - lit. b).

70 Vgl. 2. Kapitel/E/II/b.

71 GA Mancini (*BAT/Reynolds* - Rs.142, 156/84) Slg. 1987, 4487 (4551 f.); GTE-Schröter/Jakob-Siebert Rn. 5 zu Art. 87 - Zweiter Teil: Kommission könne zwar auf Wunsch einen förmlichen Ablehnungsbescheid erteilen, dies bedeute aber keine Anerkennung eines subjektiven Rechts des einzelnen auf Einschreiten gegen mögliche Wettbewerbsbeschränkungen - hier resultiert die Pflicht zur Erteilung eines Bescheides zumindest aus Anspruch auf fehlerfreie Ermessensausübung.

lerdings nicht das Problem, daß der Anspruchsinhaber zunächst Untätigkeitsklage auf Erlaß eines Ablehnungsbescheids erlassen müßte und diesen
erst darauf mit der Nichtigkeitsklage angreifen kann[72].

Würdigung: Für den Fall, daß die Kommission die Einstellung abschließend erklärt, kann der Dritte als Adressat angesehen werden. Dies folgt
entweder aus dezidierten Rechtsschutzüberlegungen oder wird - wie beim
Gerichtshof - einfach postuliert. Hier zeigen sich Parallelen zu der übrigen Rechtsprechung zu verfahrensbeteiligten Dritten.

Geht es also darum, näher zu begründen, weshalb der Dritte als Adressat
qualifiziert werden kann, sind Argumente grundlegender Art vonnöten. In
dieser Beziehung unterscheidet sich die Fallgruppe „Einstellungen von
beantragten Kartellverfahren" nicht von den übrigen Fallgruppen.

Das Ziel, eine einheitliche dogmatische Konzeption für die Klagebefugnis
verfahrensbeteiligter Dritter zu entwickeln, bleibt bestehen, denn auch für
die Adressateneigenschaft im Falle der Einstellung eines Kartellverfahrens
ist eine dogmatische Begründung erforderlich, wie sie auch bei der beabsichtigten dogmatischen Einordnung der Rechtsprechung zu leisten ist.
Die Argumentation mit einem materiellen subjektiven Recht, das Recht
also zumindest auf Feststellung einer Zuwiderhandlung, scheint aus Sicht
des Gerichtshofes für eine Klagebefugnis nicht notwendig zu sein.

d)   Antidumping / Unerlaubte Handelspraktiken

Auch im Antidumpingverfahren und im Verfahren gegen unerlaubte Handelspraktiken könnte der Dritte Adressat einer Entscheidung sein, sofern
die Kommission das beantragte Untersuchungsverfahren einstellt oder gar
nicht erst eröffnet.

aa)   Ablehnungsentscheidung unzulässige Parallelentscheidung?

Die AntidumpingVO sieht ausdrücklich vor, daß die Kommission ihre
Einstellung des Verfahrens per Beschluß faßt und diesen im Amtsblatt be-
kanntgibt[73]. Ist ein solcher Beschluß als Entscheidung zu verstehen, die

---

72   Vgl. hierzu Forster, Procedural Possibilities for an Applicant, ECLR 1993, 256
      (261).
73   Art. 9 Abs. 2 AntidumpingVO; unerlaubte Handelpraktiken.

sich an die untersuchten Unternehmen richtet und damit eine Ablehnungsentscheidung zu einer unzulässigen Parallelentscheidung macht?

In diesem Zusammenhang ist auf den Unterschied zwischen Verfahren
und Untersuchung einzugehen[74]. Die Untersuchung richtet sich immer
gegen einzelne Unternehmen (Hersteller, Exporteure eines Drittstaates
bzw. abhängige Exporteure). Es kann daher auch separat gegenüber dem
einzelnen Unternehmen eingestellt werden. Das Verfahren betrifft alle
Importe in die EG, die aus einem bestimmten Drittstaat erfolgen[75]. Insoweit hat der Einstellungsbeschluß überhaupt keine Adressaten[76]. Er stellt
für alle untersuchten Hersteller/Exporteure eine begünstigende drittbetreffende Entscheidung dar. Daher steht einer Ablehnungsentscheidung keine
bereits an den Betroffenen adressierte Entscheidung im Wege.

bb) Einstellung ist abschließend

Bei der Einstellung bzw. Nichteröffnung muß es sich um eine abschließende
Maßnahme handeln. Hierfür sind die verschiedenen Stadien zu betrachten,
in denen das Vorverfahren bzw. das Hauptverfahren eingestellt wird.

Grundsätzlich gliedert sich das Antidumpingverfahren in ein Vorprüfungsverfahren, in dem die Kommission mit den Mitgliedstaaten sogenannte
Konsultationen darüber durchführt, ob sie das Hauptverfahren einleiten
soll. Im Hauptverfahren ermittelt die Kommission, ob tatsächlich die Voraussetzungen für die Erhebung eines Antidumping-Zolles gegeben sind.

Da die AntidumpingVO von der Kommission verlangt, im Hauptverfahren
per Beschluß einzustellen, ist überhaupt nur strittig, ob bereits die Einstellung im Vorverfahren eine endgültige Maßnahme darstellt. Schließlich
kann die Kommission jederzeit das Verfahren wieder eröffnen, wenn sich
die Beweislage gebessert hat.

Auch hier ist auf den Dritten abzustellen. Aus seiner Sicht wird sein Antrag endgültig abgelehnt, wenn die Kommission feststellt, die von ihm

---

74 Vgl. hierzu 14. Erwägungsgrund der AntidumpingVO; Happe, Entwicklung
    Antidumpingrecht, JZ 1993, 292 (294) mit Verweis auf die noch anhängige Rs
    Rima - C-216/91 - ABl 1991 Nr. C 243/7.
75 Vgl. Dause-Wenig, K II Rn. 175.
76 So Schwarze, Anti-Dumping, EuR 1986, 217 (223); Rolf, Rechtsstellung Be-
    troffener, S. 143.

vorgebrachten Beweise für das Vorliegen eines Dumpings und der dadurch verursachten Schädigung eines Zweiges der Gemeinschaftsindustrie seien nicht ausreichend, um den für das Hauptverfahren erforderlichen Anfangsverdacht zu begründen.

Auch eine Einstellung im Vorverfahren ist demnach als abschließend anzusehen. Im Rahmen dieser Erörterung spielen Rechtsschutzüberlegungen im Gegensatz zum Kartellrecht keine Rolle, weil die Kommission das Verfahren nicht in der Schwebe halten darf, sondern einstellen muß[77].

cc) Einstellung beeinträchtigt subjektives Recht

Auch hier stellt sich die Frage, ob dem Antragsteller ein Recht zusteht, welches durch die Abweisung des Antrages verletzt sein könnte.

Auch hier ist äußerst strittig, ob der Antragsteller ein Recht auf den Erlaß von Schutzmaßmahmen hat, wenn Dumping und Schädigung vorliegen. Zwar verleiht die AntidumpingVO dem Dritten im Gegensatz zur KartellVO ausdrücklich das Recht, die Einleitung eines Untersuchungsverfahrens beantragen zu können[78]. Der Erlaß von Schutzmaßnahmen ist jedoch davon abhängig, daß eine solche Maßnahme nicht den Interessen der Gemeinschaft widerspricht[79].

Aber auch hier genügt nach Rechtsprechung[80] und Literatur[81] das Recht, die Einhaltung der Ermessensgrenzen kontrollieren zu können. Es fehlt jedoch an einer stichhaltigen Argumentation dafür, warum dem Dritten ein materieller Anspruch auf den Erlaß von Schutzmaßnahmen versagt, ihm gleichzeitig jedoch eine Überprüfung des Ermessens gestattet wird.

Auch hier zeigt sich, daß das Problem der Klagebefugnis auch dann noch nicht gelöst ist, wenn der Dritte Adressat einer Ablehnungsentscheidung geworden sein könnte. Es verlagert sich lediglich auf die Diskussion um das subjektive Recht.

---

77 Art. 9 AntidumpingVO.
78 Art. 5 Abs. 1 AntidumpingVO.
79 Art. 11 Abs. 1 u. Art. 12 Abs.1 AntidumpingVO.
80 EuGH (*Fediol-I* - Rs 191/82) Slg. 1983, 2913 (2935 - Rn. 30).
81 Vgl. fortan: Hailbronner/Heydebrand, Rechtsschutz, RiW 1986, 889 (891); Nofal, Rechtsschutz, S. 212: Nofal kennzeichnet diesen Anspruch fälschlicherweise als Anspruch auf Einführung von Schutzmaßnahmen im konkreten Fall.

e)   Zusammenfassung

Der Rückgriff auf eine Ablehnungsentscheidung hätte die Diskussion um die dogmatische Einordnung der Judikatur erleichtert, wenn er wenigstens für Verfahrenseinstellungen bzw. -nichteröffnungen die problembeladene Diskussion um die Klagebefugnis Dritter überflüssig gemacht hätte.

Im Beihilfenaufsichts- und Fusionskontrollrecht kommt indessen eine an den Kläger adressierte Ablehnungsentscheidung grundsätzlich nicht in Betracht.

Im Kartell- und Außenhandelsrecht ist eine solche Entscheidung prinzipiell möglich. Das Problem der Klagebefugnis Dritter ist jedoch auch dort nicht verschwunden, sondern taucht unter der Frage, ob dem Dritten ein subjektiver Anspruch auf Verfahrenseinleitung zusteht, wieder auf. Demzufolge bietet der Verweis auf solch eine Ablehnungentscheidung noch kein angemessenes Modell zur Lösung zumindest dieser Fallgruppe. Nach wie vor ist also nach einer dogmatischen Konzeption zu suchen, die die Judikatur, unabhängig von den ihr zugrundeliegenden Fallkonstellationen, einheitlich interpretieren kann.

B.   Ansätze für die dogmatische Einordnung des Klagerechts Dritter

Worin liegt die gemeinsame dogmatische Grundlage der Judikatur zur Klagebefugnis verfahrensbeteiligter Dritter?

Folgende dogmatische Konzeptionen könnten als Antwort auf diese Frage dienen:

Dem Konzept „Schutz von Verfahrensrechten" zufolge ist die Klagebefugnis Konsequenz davon, daß dem Kläger gewisse Verfahrensrechte eingeräumt sind.

Das Konzept „Durchsetzung erheblicher Interessen" knüpft die Klagebefugnis an die besondere Qualität der durch die drittbetreffenden Entscheidungen tangierten Interessen.

Unter dem Konzept „Überschaubarkeit des Klägerkreises" sind alle Versuche zu verstehen, die nicht das Verhältnis zwischen Drittbetroffenen und angegriffener Maßnahme, sondern das Verhältnis zwischen drittbetroffenen Klägern und anderen Drittbetroffenen in den Vordergrund der Betrachtung stellen. Die Verfahrensbeteiligung räumt einigen dieser Dritten in dieser Hinsicht eine herausgehobene Stellung ein und befugt demzufolge zur Klageerhebung.

Das Konzept „Verfahrensbeteiligung beeinflußt Entscheidungsinhalt" akzeptiert die Klagebefugnis deshalb, weil die Dritten durch die Beteiligung das Ergebnis der das Verfahren abschließenden Maßnahme mit geprägt haben.

Dem Konzept „Durchsetzung von Grundrechtspositionen" zufolge hat der Gerichtshof die verfahrensbeteiligten Dritten deshalb als klagebefugt angesehen, weil sie sich auf EG-Grundrechte berufen können und die Handlungen der Kommission sich dazu eigneten, diese zu beeinträchtigen.

Das Konzept „Anspruch auf ordnungsgemäße Ausübung des Ermessens" betrachtet die Klagebefugnis als Ausfluß dieses Anspruches.

I. Konzept Schutz von Verfahrensrechten

1. Standpunkt

Zu überlegen ist, ob die Klagebefugnis verfahrensbeteiligter Dritter nicht einfach zum Schutze bestimmter Verfahrensgarantien gewährt wird.

Der Gerichtshof interpretiert seine Rechtsprechung in der *Buckl*-Entscheidung als die Gewährung eines Klagerechts angesichts der in einer einschlägigen Grundverordnung verliehenen Rechtsstellung[82].

2. Bewertung

Dieser Konzeption liegt die Vorstellung zugrunde, daß ein gewährtes Recht auch durchsetzbar sein muß.

In den hier einschlägigen Urteilen geht es hingegen nicht allein um die Durchsetzung bestimmter Verfahrensrechte wie der Anhörung beispielsweise.

Diese Judikatur erhält ihre Bedeutung erst durch die den Dritten gewährte Möglichkeit, die ordnungsgemäße Ausübung des Ermessens kontrollieren zu können. Ein diesbezügliches Recht ist aber gerade nicht kodifiziert.

---

82 EuGH (*Buckl* - C-15,108/91) Slg. 1992, I-6061 (I-6100 - Rn. 29).

Mit der bloßen Einräumung von Beteiligungsrechten ist ein derartiges Klagerecht nicht zu erklären.

Die Beteiligung an Verwaltungsverfahren kann zu ganz unterschiedlichen Zwecken erfolgen.

Sie könnte lediglich einer umfassenden Information der Kommission dienen[83]. Sie wäre dann allein zugunsten einer Erleichterung der Sachaufklärung gewährt.

Die Beteiligung kann dem Rechtsschutz des Betroffenen dienen. In diesem Sinne gewährt der EuGH den Unternehmen, gegen die ermittelt wird, umfangreiche geschriebene und nicht geschriebene „droits de la défense"[84].

Die Beteiligung kann Ausdruck eines Grundrechts sein. In diesem Fall würde eine Beschneidung der Beteiligung zu einer Grundrechtsbeeinträchtigung führen[85].

Beteiligung kann die Funktion haben, materielle Richtigkeit der Entscheidung zu gewähren[86]. Sie dient dann der Konkretisierung des Gemeinwohls. Diese Funktion läßt sich weder der Aufgabe des Rechtsschutzes zuordnen (keine Anknüpfung an subjektives Recht) noch auf das Bedürfnis der Verwaltung reduzieren, Informationen über den anhängigen Fall zu sammeln. Vielmehr wirkt der Dritte hier am Entscheidungsprozeß aktiv mit.

Aus dem obigen folgt, daß Verfahrensrechte zwar notwendig sein können, um subjektive Rechtspositionen zu verteidigen. Sie sind aber nicht hinreichend, um eine solche zu begründen. Hierfür sind die Zwecke zu unterschiedlich, die bei einer Beteiligung eine Rolle spielen können. Außerdem läßt sich aus dem Inhalt eines Verfahrensrechts noch nicht auf den Inhalt eines dahinter stehenden klagweise durchsetzbaren Rechts schließen[87].

Im übrigen wäre das Urteil in Sachen *Cofaz* sehr schwer zu erklären, sollte die Klagebefugnis allein der Durchsetzung einer eingeräumten Rechtsposition dienen. Im Beihilfenaufsichtsrecht sind dem Dritten näm-

---

83 Schmitt Glaeser, Bürger als Beteiligte, S. 48 mit Hinweis auf bundesdeutsche verwaltungsgerichtliche Judikatur.
84 Vgl. hierzu Schwarze, Europäisches Verwaltungsrecht, S. 1271 ff.
85 BVerfGE 53, 30, (65 ff.) - Mülheim-Kärlich.
86 Schmitt Glaeser, Bürger als Beteiligte, S. 57 ff.
87 Schmidt-Aßmann in Maunz-Dürig Rn. 151 zu Art. 19 Abs. 4.

lich nicht wie in den Verfahrensverordnungen spezielle Verfahrensgarantien eingeräumt worden. Die Beteiligung des Dritten erklärt sich dadurch, daß die Rechtsprechung die im Art. 93 Abs. 2 EG-Vertrag kodifizierte Verpflichtung der Kommission, den „Beteiligten" eine Frist zur Abgabe einer Stellungnahme zu setzen, nicht nur auf den jeweiligen Mitgliedstaat, sondern auch auf Dritte bezieht. Als Einräumung einer konkreten Rechtsposition kann eine solche Auslegung nicht aufgefaßt werden.

Es ist festzuhalten, daß der alleinige Rekurs auf die Verfahrensrechte weder die Rechtsprechung des Gerichtshofes erklärt noch ein Kriterium an die Hand gibt, mittels dessen noch nicht entschiedene Fälle geklärt werden können. Eine Interpretation dieser Rechtsprechung bedarf weitergehender Überlegungen.

II. Konzept Durchsetzung erheblicher Interessen

Diesem Konzept zufolge genügt es für die Klagebefugnis, wenn der Drittbetroffene ein ausreichendes Interesse an der Aufhebung des Rechtsaktes hat.

1. Standpunkt

Für Klagen gegen Verordnungen soll nach Wegmann jedes berechtigte Interesse (sufficient interest) genügen[88]. Hier knüpft er bei Hartley an. Hartley will - in Anlehnung an das englische Recht - jedes „genuine interest" zur Begründung der Klagebefugnis genügen lassen[89]. Wann ein solches berechtigtes Interesse vorliegt, führt Wegmann für bestimmte Fallkonstellationen aus. Dabei soll das Verhältnis des Klägers zur angefochtenen Maßnahme entscheidend sein, nicht dagegen die Frage, ob noch andere von der Maßnahme betroffen sind.

Im einzelnen sollen Kläger individuell betroffen sein, die als einzige durch eine Maßnahme erheblich beschwert sind[90]. Dagegen entfiele ein individuelles Betroffensein, soweit der einzelne nur als „quivis ex populo" betroffen ist. Alle anderen Fälle seien im Einzelfall zu entscheiden. Es

---

88   Wegmann, Nichtigkeitsklage, S. 242.
89   Hartley, European Community Law, S. 384.
90   Wegmann, Nichtigkeitsklage, S. 244.

habe eine Abwägung zwischen dem öffentlichen Interesse an Rechtssicherheit (Bestand der Maßnahme) und dem Bedürfnis nach einem effizienten Rechtsschutz stattzufinden. Je größer die Gruppe der gleichmäßig Betroffenen sei, desto schwerer müsse die Rechts- oder Interessenbeeinträchtigung sein und umgekehrt[91].

Nicolaysen verlangt im Falle einer Konkurrentenklage vom Kläger ein schlichtes Betroffensein. Unmittelbar und individuell müsse der Kläger deshalb nicht betroffen sein, weil diese Merkmale im Falle von Klagen Dritter nur dazu dienten, der föderalen Struktur der Gemeinschaft gerecht zu werden[92]. Eine an einen Mitgliedstaat gerichtete Entscheidung würde nämlich aufgrund dieser Merkmale dahingehend untersucht, ob dem Mitgliedstaat bei der Umsetzung noch Ermessensspielraum verbleibe (dann soll er der Passivlegitimierte sein) und ob nach dieser Umsetzung die Maßnahme noch als ein Individualakt angesehen werden könne. Auf die Konstellationen bei Klagen gegen an andere Private gerichtete (Subventionsgewährungs-) Entscheidungen können diese Auslegungen nicht übertragen werden.

Betroffen soll der Kläger nach Nicolaysen dann sein, wenn seine Interessen durch die Subventionierung in nicht ganz unerheblichem Maße berührt werden[93].

Im Zusammenhang mit Fallkonstellationen aus dem EG-Wettbewerbsrecht fordert Weidinger[94] eine Beeinträchtigung konkreter Marktinteressen, d.h. der Kläger muß schon im Zeitpunkt des Erlasses der Entscheidung als Marktpartner oder Konkurrent der beteiligten Kartellunternehmen in seinen wirtschaftlichen Interessen berührt sein. Ferner muß diese Beeinträchtigung eine erhebliche sein. Unerheblich soll sein, ob andere ähnlich betroffen sind[95]. Erhebliche Marktbeeinträchtigungen sollen immer zur Klagebefugnis führen, gleichgültig ob diese Beeinträchtigung mit anderen geteilt wird.

Niemeyer läßt unter Hinweis auf die Rechtssache *BAT/Reynolds*[96] die Konkurrentenstellung des Klägers genügen[97].

---

91 Wegmann, Nichtigkeitsklage, S. 244.
92 Nicolaysen, Anmerkung zu *Eridania*, EuR 1970, 165 (170).
93 Nicolaysen, Anmerkung zu *Eridania*, EuR 1970, 165 (168).
94 Weidinger, Rechtsschutz, S. 106.
95 Weidinger, Rechtsschutz, S. 106.
96 EuGH (*BAT/Reynolds* - Rs 142, 156/84) Slg. 1987, 4487.
97 Niemeyer, Fusionskontrolle, S. 21.

2. Bewertung

Die scheinbare Erleichterung, die die Anknüpfung an den Begriff des ausreichenden Interesses bewirkt, wird durch die erforderliche Exemplifizierung wieder aufgehoben. Es müssen Fallgruppen gebildet werden, was die Rechtssicherheit nicht gerade fördert[98].

Gleichfalls läßt sich auch nicht typisierend allein auf die Konkurrentenstellung des Klägers abstellen. Einen grundsätzlichen Schutz des Konkurrenten gibt es im EG-Recht nicht. Der Verweis von Niemeyer auf *BAT/Reynolds* geht hier fehl, weil es in diesem Urteil überhaupt nicht strittig war, daß die Kläger Adressaten einer förmlichen Entscheidung waren[99].

Dieser Ansatz geht weit über die bisher bestehende Judikatur hinaus. Er liefert keine auf die Judikatur zur verfahrensbeteiligten Rechtsprechung bezogene Erklärung. Er entspricht eher dem lege ferenda als dem lege lata.

III. Konzept Überschaubarkeit des Klägerkreises

Für dieses Konzept kommt es nicht auf die Intensität des Eingriffes an, sondern nur auf die Frage, inwieweit andere gleichermaßen betroffen sind.

1. Standpunkt

Im Zusammenhang mit Klagen gegen Entscheidungen europäischer Organe soll nach Koch[100] ein Kläger dann unmittelbar betroffen sein, wenn der Kreis der in gleicher Weise wie der Kläger unmittelbar Beschwerten eine bestimmte Größe nicht überschreitet. Koch lehnt sich damit an das französische Modell der Klagebefugnis an, wie es ursprünglich bestanden hat[101]. Eine genaue Zahl für die erlaubte Größe des Kreises will er nicht angeben. Zu berücksichtigen ist, daß Koch mit den Beschwerten nicht

---

98   Kritisch gegenüber Fallgruppengerechtigkeit vgl. Dinnage, Locus Standi, S. 34:
     Dinnage befürwortet sogar die Rückkehr zum Rechtsnaturkonzept statt separate
     Rspr. „verfahrensbeteiligte Unternehmen" zuzulassen.
99   EuGH (*BAT/Reynolds* - Rs 142, 156/84) Slg. 1987, 4487 (4571 - Rn. 12).
100 Koch, Klagebefugnis Privater, S. 293.
101 Koch, Klagebefugnis Privater, S. 199: Der Kreis der Betroffenen muß begrenzt
     sein; es genüge jetzt jedoch, daß der Kläger im Prozeß nachweist, daß er das
     Interesse an der Aufhebung der Maßnahme nicht mit allen Staatsbürgern teilt.

114

Adressaten, sondern Drittbetroffene vor Augen hat[102]. Ferner folgt aus seinem Ansatz: Entweder sind alle oder es ist keiner der in gleicher Weise Drittbetroffenen klagebefugt[103].

Mit diesem Ansatz würde auch die Auffassung übereinstimmen, nach der sich der Dritte durch seine Beteiligung am Verfahren ausreichend individualisiert habe, so daß der Kreis der potentiell Klageberechtigten entsprechend überschaubar sei[104]. In diese Richtung deuten auch die Urteile *Cirfs*[105] und *van der Kooy*[106], in denen der Gerichtshof Interessenvertretungen deshalb das Klagerecht zusprach, weil diese durch die Maßnahme der Kommission in ihrer Verhandlungsposition beeinträchtigt worden seien. Die Kommission hatte vor Erlaß der Maßnahme diese Verbände als Verhandlungspartner für Fragen der Beihilfengewährung akzeptiert.

2. Bewertung

Dieser Ansatz enspringt dem Bedürfnis, die Klagebefugnis nicht uferlos auszuweiten. Dies mag der Rechtssicherheit und der Funktionsfähigkeit der Judikative dienen.

Problematisch ist aber nicht nur die Frage, bei welcher Anzahl Koch den Trennstrich ziehen will. Noch schwieriger erscheint die Frage, welchen Begriff von Betroffenheit Koch bei dieser Abgrenzung verwenden will. Im Gegensatz zu Adressaten gibt es viele Arten von Drittbetroffenen. Mit anderen Worten: Es gibt Dritt-, Viert-, Fünftbetroffene. Soll beispielsweise nur derjenige drittbetroffen sein, der wie *Metro* mit SABA bereits in konkrete Vertragsverhandlungen getreten ist oder grundsätzlich alle diejenigen, die Elektrogeräte verkaufen und daher potentiell durch die selektiven Vertriebsbedingungen von SABA betroffen sind oder vielleicht sogar die Verbraucher, die bei *Metro* SABA-Geräte kaufen möchten, es aber wegen dieser Vertriebsbedingungen nicht können. Koch kommt also nicht umhin, das individuelle Betroffensein nicht nur quantitativ, sondern

---

102 Koch, Klagebefugnis Privater, S. 293.
103 Koch, Klagebefugnis Privater, S. 292.
104 Vgl. Karl, Rechtsstellung Dritter, S. 78: fordert noch zusätzlich Interessenbeeinträchtigung; Deimel, Fusionskontrolle, S. 130.
105 EuGH (*Cirfs* - 313/90) Urteil v. 24. März 1993, noch nicht veröffentlicht, Rn. 30.
106 EuGH (*van der Kooy*/verb. Rs 67, 68, 70/85) Slg. 1988, 219 (269 - Rn. 22).

auch qualtitativ zu bestimmen, denn erst wenn er gekennzeichnet hat, wer betroffen ist, kann er dazu übergehen, diese Betroffenen zu zählen.

Diese grundsätzlichen Bedenken lassen sich auch im Falle von verfahrensbeteiligten Dritten nicht aus dem Weg räumen. Zwar steht zum Zeitpunkt der Klage fest, wer tatsächlich am Verfahren beteiligt war. Die oben kritisierte Unsicherheit entfällt damit. Jedoch hätte es dann die Kommission in der Hand, wer durch eine Einbeziehung in das Verfahren später befugt sein soll, Klage zu erheben. Wird die tatsächliche Verfahrensbeteiligung offizielles Kriterium für das Klagerecht, ist zu befürchten, daß die Kommission die Beteiligung von Dritten einschränken wird. Sehr schnell würde daher dieses Konzept zu der Frage führen, ob ein zum Verfahren Nicht-Zugelassener das Recht auf Beteiligung und damit implizit ein Klagerecht hat. Das hier untersuchte Konzept könnte diese Frage nicht mehr beantworten.

IV. Konzept Dritter beeinflußt Entscheidungsinhalt

1. Standpunkt

GA Francis G. Jacobs[107] forderte in der Rechtssache *Extramet*, die Nichtigkeitsklage Privater zuzulassen, wenn der Kläger das Ergebnis des Antidumpingverfahrens durch seine Beteiligung hieran beeinflußt hat. Er beruft sich dabei auf die Urteile zu Klagen abhängiger Importeure und auf die Judikatur zu verfahrensbeteiligten Dritten.

2. Bewertung

Es ist sehr verlockend, die Klagen von abhängigen Importeuren und die der verfahrensbeteiligten Dritten einem einheitlichen Prinzip zuzuordnen.

Einen wesentlicher Unterschied hat Jacobs jedoch übersehen. Das Argument für die Klagebefugnis abhängiger Importeure liegt darin, daß sich ihre Mitwirkung am Erlaßverfahren in dem angegriffenen Rechtsakt durch die Feststellung der Dumpingspanne oder der Höhe des Antidumpingzollsatzes manifestierte. Vergleichbares gilt nur für die Rechtssache *Timex*, in der die Klage gegen eine Antidumping-ZollVO gerichtet wurde, die zwar auf Betreiben des Klägers erlassen worden war, aus der Sicht des Klägers aber zu

---

107   GA Jacobs (*Extramet* - C-358/89) Slg. 1991, 2501 (I-2507, I-2523).

niedrige Antidumpingzollsätze enthielt. In allen anderen Fällen war Klagegrund gerade die Tatsache, daß die Kommission sich von den von Dritten im
Rahmen der Beteiligung vorgebrachten Einwänden nicht hat leiten lassen.

Darüber hinaus könnte diese Rechtsprechung nicht erklären, worauf eine
Klagebefugnis gründet, wenn es deshalb noch nicht zu einer Beteiligung
des Dritten kommen konnte, weil die Kommission das Verfahren bereits
im Stadium des Vorverfahrens eingestellt hat[108].

Es ist offensichtlich, daß dieses Kriterium für die Adressatenklage innerhalb einer bestimmten Regelungsmaterie entwickelt wurde. Für die Dritt-
betroffenenproblematik ist es nicht geeignet.

V. Konzept Durchsetzung von Grundrechten

Dritte sollen deshalb klagebefugt sein, weil sie durch die drittbetreffende
Maßnahme in einem Grundrecht beeinträchtigt werden.

1. Standpunkte

Es wird folgendermaßen argumentiert:

a) Grundrechte bewirken Klagebefugnis

Kann sich der Kläger auf die Verletzung von aus EG-Grundrechten abgelei-
teten subjektiven Rechten berufen, dann ist er zur Klageerhebung befugt.

Bernhardt gewinnt diese Regel[109] aus einer „grundrechtsschutzbezogenen
Auslegung" der Klagevoraussetzungen und insbesondere des Merkmals
der individuellen Betroffenheit[110].

Sie gelte nicht nur im Gemeinschaftsrecht universell, d.h. nicht nur für
die Anfechtung von Scheinverordnungen und Entscheidungen, die an

---

108 Vgl. neueste Rspr. EuGH (*William Cook* - Rs 198/91) Urteil vom 19. Mai
1993, noch nicht veröffentlicht; EuGH (*Matra* - C-225/91) Urteil v. 15. Juni
1993, noch nicht veröffentlicht.
109 Bernhardt, Verfassung, S. 311.
110 Bernhardt, Verfassung, S. 270 ff., S. 285 ff.

Mitgliedstaaten gerichtet sind[111], sondern auch für Entscheidungen, die einen anderen Privaten zum Adressaten haben[112].

Die Rechtsverletzung ist jedoch nicht bereits hinreichende Bedingung für die Zulässigkeit einer Klage. Weitere Voraussetzung ist, daß der angefochtene Rechtsakt inhaltlich keine Verordnung darstellt.

Löw geht wie Bernhardt davon aus, daß ein effektiver Rechtsschutz immer dann zu gewähren sei, wenn der Kläger schlüssig vorträgt, die angegriffene Maßnahme beeinträchtige ihn in seinen Grundrechten[113].

Löw zufolge kann der Konkurrent eines Beihilfeempfängers in seinem „Grundrecht auf Wettbewerbsfreiheit" beeinträchtigt sein[114]. Allerdings bleibt der Konkurrent von dieser Rechtsschutzmöglichkeit ausgeschlossen, wenn er seine Einwände nicht im Beihilfenaufsichtsverfahren vorgebracht hat[115]. Weil Löw sich nur mit der Rechtsprechung zum Antibeihilfe-Recht beschäftigt, entfällt es für ihn, der Frage nach der Anfechtbarkeit von Verordnungen nachzugehen.

Verallgemeinernd gesprochen, bestehen für die Klagebefugnis verfahrensbeteiligter Dritter drei Voraussetzungen:

Der Dritte muß sich auf ein Grundrecht stützen können. Er muß schlüssig vortragen, daß er durch das Handeln der Kommission in diesem Grundrecht verletzt sein kann. Er muß sich am Untersuchungsverfahren beteiligt haben[116].

b) Verfahrensrechte als Indiz für Grundrechtsposition

Deutlich zurückhaltender als Bernhardt und Löw bewertet Karsten Schmidt die Rechtsprechung zur Klagebefugnis verfahrensbeteiligter Unternehmen[117]. Für ihn stellt sie eine „formalisierte Zuerkennung von Kla-

---

111 Bernhardt, Verfassung, S. 307 ff.

112 Bernhardt, Verfassung, S. 314 f.

113 Löw, Der Rechtsschutz des Konkurrenten gegenüber Subventionen aus gemeinschaftsrechtlicher Sicht, Baden-Baden 1992, S. 156 (fortan: Löw, Rechtsschutz).

114 Löw, Rechtsschutz, S. 118 ff., 156 ff.

115 Löw, Rechtsschutz, S. 158.

116 Die letzte Voraussetzung ergibt sich nicht unmittelbar aus dem Konzept Durchsetzung subjektiver Rechte.

117 Schmidt, Klagebefugnis und Beschwerdebefugnis verfahrensbeteiligter Dritter im europäischen und nationalen Kartellrecht, in: FS Steindorff Berlin 1990, 1085 ff. (fortan: Schmidt, Klagebefugnis).

118

gerechten"[118] dar. Formal ist sie, weil sie nicht auf einen Nachweis der Verletzung subjektiver Rechte abstellt, sondern es bei der Beteiligung am Verwaltungsverfahren beläßt. Da die Beteiligung aufgrund von eingeräumten Verfahrensgarantien aber immer nur ein Indiz für die Verletzung subjektiver Rechte sein kann, fordert Schmidt darüber hinaus, daß der Kläger auch materiell beschwert sei[119]. Letzlich soll aber auch wie oben die Nichtigkeitsklage der Durchsetzung subjektiver Interessen dienen, insbesondere im Fall von Nichtadressaten[120].

Hier mag die Überzeugung Pate gestanden haben, daß subjektive Rechte nicht nur einklagbar sind, sondern bereits bestimmte Anforderungen an das Verwaltungsverfahren stellen[121].

2. Bewertung

Ist dieser subjektivrechtliche Ansatz ein Erklärungsmodell für die Klagebefugnis verfahrensbeteiligter Dritter?

Dieser Frage soll im folgenden nachgegangen werden, indem die Funktion der Nichtigkeitsklage, das Bestehen einer Rechtsschutzgarantie und eines subjektiven Rechtes näher untersucht werden.

a) Funktion der Nichtigkeitsklage

Zunächst ist zu überlegen, welche Funktion der Nichtigkeitsklage im Rahmen des EG-Vertrages zukommt. Dabei ist die Funktion von der Konstruktion zu unterscheiden. Drei Konstruktionen sind vorstellbar[122]. Die Nichtigkeitsklage kann als

– Popularklage,
– Interessentenklage oder
– Verletztenklage

ausgestaltet sein.

---

118 Schmidt, Klagebefugnis, S. 1094 mit Verweis auf Kremer, Die kartellverwaltungsrechtliche Beschwerde, 1988, S. 86 ff.
119 Schmidt, Klagebefugnis, S. 1102.
120 Schmidt, Klagebefugnis, S. 1095.
121 Vgl. BVerfGE 53, 30, (65 ff.) - Mülheim-Kärlich.
122 Hierzu Skouris, Verletztenklagen und Interessentenklagen im Verwaltungsprozeß, Köln 1979, S. 7.

Läge der Nichtigkeitsklage die Konzeption der Popularklage zugrunde, so wäre jedermann ohne näheren Bezug zum Klagegegenstand befugt, Klage zu erheben. Die in Abs. 2 des Art. 173 EG-Vertrag enthaltenen Erfordernisse widersprechen einem solchen unbeschränkten Klagerecht.

Im Falle der Interessentenklage bedarf es zumindest eines Aufhebungsinteresses, um zur Klageerhebung berechtigt zu sein. Ist ein derartiges Interesse vorhanden, genügt bereits die objektive Rechtswidrigkeit der behördlichen Maßnahme für ihre Aufhebung.

Die Verletztenklage schließlich billigt nur demjenigen eine Klagebefugnis zu, der geltend machen kann, durch das Handeln der Exekutive in seinen Rechten verletzt zu sein. Begründet ist die Klage nur dann, wenn durch die objektive Rechtswidrigkeit der Maßnahme der Kläger in seinen eigenen Rechten verletzt ist.

Diese drei Konstruktionstypen, unter denen Klagen zusammengefaßt werden können, orientieren sich an den für ein Klagerecht zu erfüllenden Voraussetzungen. Die Funktion der jeweiligen Klage kann in Abhängigkeit zu dieser Einordnung gesehen werden. So impliziert das Erfordernis der Verletzung eines subjektiven Rechtes bzw. eines rechtlich geschützten Interesses, daß die Klage der Durchsetzung subjektiver Rechtspositionen dient. Andererseits liegt es bei einer Ausgestaltung als Popularklage nahe, dem Klagenden die Position eines Hüters der objektiven Rechtsordnung zuzusprechen.

Unklarheit besteht lediglich bei der Klageart, die zwischen diesen beiden Extremen liegt, der Interessentenklage. Einerseits bedarf es dabei immer eines wie auch immer gearteten persönlichen Interesses, was auf einen subjektiven Charakter[123] schließen läßt, andererseits erstreckt die Prüfung[124] des Gerichts sich zumeist nicht nur auf dieses jeweilige Interesse, sondern auf die Rechtmäßigkeit des angegriffenen Aktes im allgemeinen.

Zusammenfassend läßt sich sagen, daß sowohl die Konstruktion der Klagebefugnis als auch der Umfang der Begründetheitsprüfung wichtige Indizien für die Funktion der Nichtigkeitsklage sind.

---

123 Bleckmann, Das Ziel des gerichtlichen Rechtsschutzes, S. 21 (29) mit Blick auf die Aufgabe der Gerichte.
124 Jedoch Bindung an die von den Parteien vorgebrachten Klagegründe vgl. Bleckmann, Das Ziel des gerichtlichen Rechtsschutzes, S. 21 (24).

aa) *Rechtsvergleichung*

Für die Einordnung der Nichtigkeitsklage ist ein Überblick über die mitgliedstaatlichen Auffassungen hilfreich. Hierbei sollen jedoch nur Deutschland, England und Frankreich näher untersucht werden[125]. Dabei geht es um die Frage, wie die der Nichtigkeitsklage vergleichbaren Klagen in diesen Ländern konstruiert sind und welche Funktion sie damit erfüllen.

(1) *Deutschland*

Vergleichbar mit der Nichtigkeitsklage des EG-Vertrages ist die Anfechtungsklage gem. § 42 Abs. 1 Verwaltungsgerichtsordnung (VwGO). Dieser Rechtsbehelf ermöglicht es, Verwaltungsakte, d.h. Entscheidungen öffentlicher Stellen, anzugreifen.

Zulässig ist die Klage, wenn gem. § 42 Abs. 2 VwGO der Kläger sich auf ein ihm eingeräumtes Recht berufen kann und nicht ausgeschlossen ist, daß die von ihm angegriffene Maßnahme dieses Recht beeinträchtigt hat[126]. Gem. § 113 Abs. 1 S. 1 VwGO ist die Klage begründet, sofern tatsächlich durch die Maßnahme das subjektive Recht des Klägers tangiert wird.

Sowohl für die Zulässigkeit als auch für die Begründetheit reicht es also nicht aus, wenn lediglich Interessen berührt sind, die sich nicht auf einen rechtlichen Schutz stützen können.

Die Klage dient demnach eindeutig der Durchsetzung subjektiver Rechte. Im öffentlichen Recht der Bundesrepublik Deutschland existieren noch weitere Klagen, die der Durchsetzung subjektiver Rechte dienen, nämlich die Allgemeine Leistungsklage und die Verpflichtungsklage. Bei diesen

---

125 Für Belgien, Griechenland, Italien vgl. Skouris, Klagen im Verwaltungsprozeß, S. 119 ff.; für einen umfassenden Überblick vgl. Bleckmann, Das Ziel des gerichtlichen Rechtsschutzes: Schutz des einzelnen oder objektive Kontrolle der vollziehenden Gewalt? Die Rolle der Klagebefugnis, in: Mosler (Hg.), Gerichtsschutz gegen Exekutive, Teil 3 Rechtsvergleichung Völkerrecht, deutsche Ausgabe, Köln 1971; im übrigen für das französische Recht vgl. insbesondere den sehr umfassenden Vergleich des deutschen mit dem französischen Rechtssystem von Koch, Klagebefugnis Privater, S. 57 ff., außerdem: Weinhardt, Klagebefugnis, S. 130 ff.

126 Kopp Rn. 98 ff. zu § 42 VwGO.

Klagen wird vorausgesetzt, daß dem Kläger das Recht zusteht, von der öffentlichen Hand ein bestimmtes Handeln zu verlangen[127].

(2) Frankreich

Der mit der deutschen Anfechtungsklage vergleichbare französische Rechtsbehelf ist der „recours pour excès de pouvoir"[128]. Dieser beruht nicht auf einer Kodifizierung, sondern auf einer von Literatur und Rechtsprechung entwickelten Ausformung[129].

Angreifbar ist mit dieser Klage jeder „acte administratif", zu dem auch Verordnungen gehören[130].

Klagebefugt ist nur derjenige Kläger, der ein bestimmtes „intérêt" nachweisen kann. Hierfür ist erforderlich, daß der angegriffene Akt für den Kläger nachteilige Auswirkungen („conséquence facheuse") hat und er in einer bestimmten Eigenschaft („qualité") getroffen ist[131]. Eine gebräuchliche Abgrenzungsformel für die Frage, wann der Kläger eine solche Qualität besitzt, hat der Regierungskommissar Chenot gefunden: Der Anfechtende muß seine Zugehörigkeit zu einem bestimmten oder bestimmbaren und von der Allgemeinheit abgrenzbaren Kreis von Personen nachweisen[132].

Mit anderen Worten: Der Kläger muß darlegen, daß er das Interesse an der Aufhebung der fraglichen Maßnahme nicht mit allen Staatsbürgern teilt[133]. Eine Popularklage soll der r.e.p. demnach nicht sein[134]. Jedoch

---

127 Allein die Normenkontrollklage gem. § 47 VwGO, die gegen unterlandesgesetzliche Normen gerichtet wird, ist nach allgemeiner Meinung als subjektive Beanstandungsklage, d.h. als Interessentenklage zu verstehen.

128 Zur allgemeinen französischen Verwaltungsgerichtsbarkeit vgl. Woehrling, Die französische Verwaltungsgerichtsbarkeit im Vergleich mit der deutschen, NVwZ 1985, 21; Weinhardt, Die Klagebefugnis des Konkurrenten, Göttingen 1973, S. 130 ff.

129 Vgl. Skouris, Klagen im Verwaltungsprozeß, S. 19 m.w.N.

130 Hübner/Constantinesco, Einführung in das französische Recht, München 1988, S. 74; Steindorff, Form und Rechtsschutz, S. 290.

131 Vgl. für die Details Koch, Die Klagebefugnis Privater gegenüber europäischen Entscheidungen gemäß Art. 173 Abs. 2 EWGV, Frankfurt 1981.

132 Concl. zu C.E. v. 10. Februar 1950, Sieur Gicquel, Recueil S. 99 (S. 102) zit. nach Skouris, Klagen im Verwaltungsprozeß, S. 101 Fn. 330.

133 Vgl. Koch, Klagebefugnis Privater, S. 199.

134 Skouris, Verletztenklagen und Interessentenklagen im Verwaltungsprozeß, Köln 1979, S. 99.

sind die Anforderungen nicht so hoch wie bei der deutschen Anfechtungsklage. Eine Verletzung subjektiver Rechte wird nicht verlangt. Daher liegt das Ziel der r.e.p. nicht darin, subjektive Rechte durchzusetzen[135]. Vielmehr liegt seine Funktion eher darin, die Rechtmäßigkeit eines Aktes der Verwaltung zu überprüfen[136]. Damit kann diese Klage als Beanstandungsklage qualifiziert werden. Der Kläger spielt die Rolle eines „surveillant de l'administration"[137]. Dies entspricht auch der fehlenden aufschiebenden Wirkung eines eingelegten Rechtsbehelfs und der ursprünglichen Zuordnung der Verwaltungsgerichte zur Exekutive.

(3) Großbritannien

Zunächst ist darauf hinzuweisen, daß das englische Recht traditionell nicht zwischen öffentlichem und privatem Recht unterscheidet. Folglich existiert auch nicht eine von der ordentlichen unterschiedene ausschließlich zuständige Verwaltungsgerichtsbarkeit[138]. Vielmehr muß der einzelne aus einem ganzen Bündel von Klagen, die teilweise einen eher privatrechtlichen, teilweisen einen eher öffentlichrechtlichen Ursprung haben, die für sein Klageziel geeignete Klage wählen[139].

Der Vielfalt der Klagearten entspricht, daß es im common law keine einheitliche Regel der verwaltungsgerichtlichen Klagebefugnis („locus standi") gibt. Die diesbezüglichen Anforderungen richten sich nach der jeweiligen Klageart und jeweiligen Ermessensausübung durch den Richter[140]. Es

135 Koch, Klagebefugnis Privater, S. 201 Fn. 4. m.w.N.
136 Koch, Klagebefugnis Privater, S. 201; Skouris, Klagen im Verwaltungsprozeß, S. 114; Woehrling, Französische Verwaltungsgerichtsbarkeit, NVwZ 1985, 21 (23).
137 Vgl. v.Danwitz, Rechtsschutz, NJW 1109 (1114) m.w.N.; Fromont, Recevabilité, RTDE 1966, 47 (64).
138 Als Überblick: David/Grasmann, Einführung in die großen Rechtssysteme der Gegenwart, München 1988, Textziffer 309 ff.
139 Einen Überblick über die verschiedenen Klagen bieten: Peter Cane, Administrative Law, Oxford 1986, S. 145 ff. (fortan: Cane, Administrative Law, S.); P.P. Craig, Administrative Law, London 1989, S. 381 ff. (fortan: Craig, Administrative Law); Eibe H. Riedel, Kontrolle der Verwaltung im englischen Rechtssystem, Berlin 1976, S. 24 ff. (fortan: Riedel, Kontrolle der englischen Verwaltung).
140 Hierzu König, Die Klagebefugnis Privater im englischen Verwaltungsprozeß, Diss. Münster 1979, S. 13 ff. m.w.N. (fortan: König, Klagebefugnis im englischen Verwaltungsprozeß).

gibt zwar seit 1978 die Order 53 rule 3 paragraph 5 des Rules of Supreme Court, nach der ein Kläger ein „sufficient interest" an der streitgegenständlichen Sache haben muß. Dies hat jedoch noch nicht zu einer einheitlichen Dogmatik der Klagebefugnis geführt.

Insofern wäre die dogmatische Einordnung jeder einzelnen Klage bedeutsam. Hier soll aber der Verweis auf die certiorari-Klage genügen, die noch am ehesten der deutschen Anfechtungsklage entspricht[141]. In diesem Verfahren werden Fälle von unteren gerichtlichen Instanzen, untergeordneten Behörden oder von Körperschaften auf ihre Rechtmäßigkeit geprüft und gegebenenfalls für nichtig erklärt. Dabei treten bei dieser öffentlich-rechtlichen Klage formell nicht Private gegen Verwaltung auf, sondern es erscheint als Kläger nominell die Krone. Der Private ist lediglich „ex parte" beteiligt[142]. Nach herrschender Ansicht ist es nicht erforderlich, daß Rechte des Klägers betroffen sind. Auch ein unbeteiligter Dritter kann klagebefugt sein[143]. Wade stellt hierzu fest:

> „Certiorari is not confined by a narrow conception of locus standi. It contains an element of the actio popularis. This is because it looks beyond the personal rights of the applicant: it is designed to keep the machinery of justice in proper working order by preventing inferior tribunals and public authorities from abusing their powers."[144]

Der einzelne rückt demnach in die Rolle eines „private attorney-general"[145]. Durch seine Klagen werden die Institutionen des öffentlichen Rechts vor Verletzungen durch die Verwaltung geschützt[146].

---

141 Riedel, Kontrolle der englischen Verwaltung, S. 25 f.
142 König, Klagebefugnis im englischen Verwaltungsprozeß, S. 20; Cane, Administrative Law, S. 144.
143 König, Klagebefugnis im englischen Verwaltungsprozeß S. 95; so auch Craig, Administrative Law, S. 350 Fn. 8 m.w.N.; Collins, European Community Law In The United Kingdom, London 1990, S. 124 mit Verweis auf engl. Rspr.
144 Wade, Law, Unlawful Administrative Action: Void or Voidable, in: Quaterly Review 1967, 499 (502 ff.) zitiert nach König, Klagebefugnis im englischen Verwaltungsprozeß, S. 95; etwas zurückhaltender Riedel, Kontrolle der englischen Verwaltung, S. 44 f., wonach lediglich eine liberalere Auffassung neuerdings vom Erfordernis eines „direkten und unmittelbaren Interesses" des Antragstellers absieht.
145 König, Klagebefugnis im englischen Verwaltungsprozeß, S. 235.
146 König, Klagebefugnis im englischen Verwaltungsprozeß, S. 235.

124

Ergebnis: Die dem deutschen Recht geläufige Klage zur Durchsetzung subjektiver Rechte hat weder hinsichtlich ihrer Funktion noch bezüglich ihrer Voraussetzungen eine Entsprechung in den Mitgliedstaaten Frankreich und dem Vereinigten Königreich.

bb) Konstruktion der Nichtigkeitsklage

Der Gerichtshof hat sich bisher zu der dogmatischen Grundausrichtung der Nichtigkeitsklage noch nicht ausdrücklich geäußert.

cc) Literatur

In der Literatur gab und gibt es Stimmen, die die Nähe zwischen der Nichtigkeitsklage nach EG-Vertrag und der deutschen Anfechtungsklage betonen. Noch heute richtungsweisend in diesem Zusammenhang ist die Arbeit von Fromont[147], auf die sich die Vertreter einer deutschen Sichtweise der Klagebefugnis im Rahmen der Nichtigkeitsklage noch heute berufen[148]. Fromont knüpft an die *Plaumann*-Formel des Gerichtshofes an. Eine Individualisierung „d'une manière analogue à celle du destinataire" könne nur dann gegeben sein, wenn die Rechtsstellung des Klägers betroffen sei[149]. Fromont geht davon aus, daß der EuGH damit stillschweigend die Konzeption der Verletzung subjektiver Rechte in seine Interpretation des Art. 173 Abs. 4 EG-Vertrag aufgenommen hat[150].

Fromont verstand diese Auslegungsweise noch als restriktiv[151]. Die bereits oben[152] skizzierten Positionen[153] haben einen anderen Blickwinkel.

---

147 Fromont, Recevabilité, RTDE 1966, 47.
148 Vgl. nur Schmidt, Klagebefugnis, S. 1094 f.
149 Fromont, Recevabilité, RTDE 1966, 47 (62) mit Verweis auf die *Toepfer*-Entscheidung des Gerichtshofes; kritisch gegenüber dieser Interpretationsweise: Koch, Klagebefugnis Privater, S. 287 ff., der sie auf Übersetzungsfehler zurückführt - jedoch werden die Entscheidungen zunächst in französischer Sprache und erst dann in der jeweiligen Verfahrenssprache erlassen, vgl. hierzu Lasok, European Court of Justice, S. 43 f.; Rüber NJW 1971, 2097 (2101); Weinhardt, Klagebefugnis, S.156; Nicolaysen, *Eridania*, EuR 1970, 165 (168).
150 Fromont, Recevabilité, RTDE 1966, 47 (63).
151 Fromont, Recevabilité, RTDE 1966, 47 (64).
152 3. Kapitel/B/IV.
153 Nämlich die von Schmidt, Klagebefugnis, S. 1085 (1094) und die von Bernhardt, Verfassung, S. 270 ff.

Sie schließen sich zwar der bisherigen Rechtsprechung des Gerichtshofes zur Klagebefugnis an, wollen aber zumindest auch in den Fällen ein Klagerecht zugestehen, in denen ein subjektives Recht betroffen sein kann. Diese Betrachtungsweise soll also einer extensiven Auslegung dienen.

Die überwiegende Meinung betrachtet die Nichtigkeitsklage als eine „Beanstandungsklage", d.h. als eine rein objektive Klage, die allein eine Kontrolle der Verwaltung bezweckt und nicht der Durchsetzung subjektiver Rechte dient[154]. Die in Art. 173 Abs. 4 EG-Vertrag normierten Voraussetzungen dienen lediglich dazu, eine Popularklage auszuschließen[155]. Das *Cofaz*-Urteil wurde sogar zum Anlaß genommen, eine Hinwendung von einer subjektiv- zu einer objektivrechtlichen Betrachtungsweise anzunehmen[156].

Um den subjektiven Einschlag zu berücksichtigen, der durch das Erfordernis der Adressatenqualität bzw. des Betroffenseins konstituiert wird, bezeichnen einige Autoren[157] diese Art von Beanstandungsklage als eine subjektive.

dd) Stellungnahme

Die rechtsvergleichende Analyse und der Überblick über die Literatur haben gezeigt, daß die Nichtigkeitsklage eher einer Interessenten- als einer Verletztenklage zuzuordnen ist. Diese Zuordnung ist jedoch getragen von der Fragestellung, wie streng die Anforderungen an die Klagebefugnis sind, d.h. ob erst bei dem Nachweis eines Eingriffes in ein subjektives Recht das Klagerecht gewährt werden kann. Das vorliegende Problem stellt sich jedoch aus einem anderen Blickwinkel dar. Hier geht es um die Frage, ob bei Vorliegen einer Rechtsverletzung ein Klagerecht gewährt werden muß, obwohl die Voraussetzungen der Klagebefugnis nicht erfüllt scheinen.

---

154 Leibrock, Der Rechtsschutz im Beihilfenaufsichtsverfahren des EG-Vertrages, in: EuR 1990, 20 (36); v.Danwitz, Rechtsschutz, NJW 1993, 1108 (1110).

155 Koch, Klagebefugnis Privater, S. 219: charakterisiert die Nichtigkeitsklage als subjektive Beanstandungsklage; legt den Schwerpunkt seiner Argumentation auf die Ausgestaltung der Begründetheitsprüfung, die allein auf die objektive Rechtswidrigkeit abstelle.

156 Schwarze, Subventionen, S. 819 (848).

157 Bereits Constantinesco, Das Recht der Europäischen Gemeinschaften I, S. 851.

Wer fordert, zumindest als äußere Begrenzung dann die Klagebefugnis zu bejahen, wenn subjektive Rechte tangiert sind, vertritt keine vom Bild der Nichtigkeitsklage als Beanstandungsklage abweichende dogmatische Position, sondern stellt fallbezogene Rechtsschutzüberlegungen an. Die Funktion der Nichtigkeitsklage als Beanstandungsklage wird durch derartige Überlegungen nicht beeinträchtigt.

Somit könnte der Nichtigkeitsklage, verstanden als Interessentenklage, zusätzlich die Funktion der Verletztenklage, nämlich die Durchsetzung subjektiver Rechte, übertragen werden.

b) Existenz einer Rechtsschutzgarantie

Vorauszusetzen ist aber, daß das Gemeinschaftsrecht grundsätzlich einen Anspruch auf Rechtsschutz für den Fall der Verletzung subjektiver Rechte anerkennt. Für den hier zu untersuchenden Ansatz „Durchsetzung von Grundrechtspositionen" kommt es darauf an, daß diese Garantie wenigstens Rechtsschutz vor Eingriffen in EG-Grundrechte gewährt.

Eine kodifizierte Grundlage für einen derartigen Anspruch besteht nicht. Es gibt bisher hierzu lediglich die Erklärung des Europäischen Parlamentes zu den Grundrechten und Grundfreiheiten[158]. Dort heißt es in Art. 19 Abs. 1:

> „Jeder, dessen Rechte und Freiheiten verletzt wurden, hat das Recht auf Gewährung eines wirksamen Verfahrens durch einen vom Gesetz bestimmten Richter." Diese Erklärung ist nicht verbindlich[159].

Es könnte jedoch einen allgemeinen Rechtsgrundsatz geben, nach dem für alle Rechtsverletzungen ein Rechtsweg offen stehen muß[160].

Der Gerichtshof hat bisher nie ausdrücklich einen Anspruch auf Rechtsschutz im Falle einer Rechtsverletzung formuliert[161]. Art. 164 EG-Vertrag verpflichtet ihn jedoch zur Wahrung des Rechts. Hierzu gehören auch die

---

158 ABl. 1989, C Nr. 120/5 ff.
159 Oppermann, Europarecht, Rn. 417.
160 Dienes, Rechtsweggarantie, S. 247 ff. will einen solchen allgemeinen Rechtsgrundsatz für die Zukunft nicht ausschließen. Damals soll dieser Grundsatz ein - bislang unerfülltes - Postulat gewesen sein (S. 258).
161 Rengeling, Grundrechtsschutz, S. 160.

Grundrechte[162]. Zudem hat der Gerichtshof in einer umfangreichen Judikatur die Bedeutung des Rechtsschutzes für den einzelnen hervorgehoben[163].

Es ist daher die Judikatur daraufhin zu untersuchen, inwiefern sich ein Anspruch auf Rechtsschutz als ungeschriebener allgemeiner Rechtsgrundsatz in den Urteilen manifestiert.

aa) *Grundsatz des sachgerechten Rechtsschutzes*

Der „sachgerechte Rechtsschutz" ist erstmals in der *Metro*-Entscheidung als Argument für die Gewährung einer Klagebefugnis herangezogen worden[164]. Dabei stand das „Interesse eines sachgerechten Rechtsschutzes" gleichberechtigt neben dem Interesse „einer ordnungsgemäßen Anwendung der Artikel 85 u. 86 EG-Vertrag".

Dem Wortlaut nach scheint der Begriff „sachgerechter Rechtsschutz" Rechtsschutzgarantie zu implizieren. Ein Blick auf die englische Fassung („a satisfactory administration of justice") und die französische Fassung („une bonne justice") läßt jedoch erkennen, das nicht der Gedanke des Schutzes eines subjektiven Rechts im Vordergrund steht. Der Gerichtshof will vielmehr deutlich machen, in diesem Urteil eine „gerechte" Lösung der Drittbetroffenen-Problematik zu präsentieren, die auch den Interessen des Dritten gerecht wird.

bb) *Grundsatz des effektiven Rechtsschutzes*

Den „Anspruch auf effektiven Rechtsschutz durch ein zuständiges Gericht" qualifiziert der Gerichtshof als ungeschriebenen allgemeinen Rechtsgrundsatz, der den gemeinsamen Verfassungstraditionen der Mitgliedstaaten entspreche und auch in den Artikeln 6 und 13 der Europäischen Menschenrechtskonvention verankert sei[165].

---

162 Vgl. zur Bedeutung des Art. 164 EG-Vertrag als Stütze einer gerichtlich-prozessualen Sicherung der Grundrechte, Bernhardt, Verfassung, S. 272 ff.

163 Vgl. Rodriguez Iglesias, Gil Carlos: EuGH als Verfassungsgericht, EuR 1992, 225 (237); im einzelnen vgl. 4. Kapitel.

164 EuGH (*Metro* - Rs 26/76) Slg. 1977, 1875 (1902 f. - Rn. 13).

165 Vgl. EuGH (*Johnston* - Rs 222/84) Slg. 1986, 1651 (1682 - Rn. 18); vgl. auch Schwarze, Europäisches Verwaltungsrecht, Bd. II, S. 1378 mit Verweis auf EuGH (*Heylens* - 222/86) Slg. 1987, 4097 (4117 - Rn. 14 f.); er wird als

Er wurde vom Gerichtshof im Zusammenhang mit der Frage thematisiert, ob ein EU-Bürger gegen die Verletzung eines ihm zustehenden EG-Grundrechts durch den Mitgliedstaat ausreichend mitgliedstaatliche Rechtsschutzmöglichkeiten habe[166]. Der EuGH sei aufgrund von Art. 164 EG-Vertrag verpflichtet, das Gemeinschaftsrecht, wozu auch die Grundrechte gehören, zu wahren. Insofern könne er eine fehlende Rechtsschutzmöglichkeit gegen Gemeinschaftsgrundrechtsverletzungen von Mitgliedstaaten nicht zulassen.

Auf die Rechtsschutzmöglichkeiten auf EG-Ebene hat der EuGH diesen Grundsatz noch nicht übertragen[167]. Manche Autoren begreifen dieses Prinzip jedoch als ein universelles, d.h. sie wenden es auch an, wenn es um Klageverfahren vor dem Gerichtshof geht[168].

Es fragt sich, ob dieses Prinzip auf die Nichtigkeitsklage übertragbar ist.

Löw tut dies, beruft sich dabei aber lediglich auf die *Johnston*-Entscheidung, ohne zu problematisieren, daß es sich hierbei um eine Vorabentscheidung nach Art. 177 EG-Vertrag gehandelt hat[169].

v.Danwitz leitet gleichfalls aus der oben genannten Rechtsprechung ein allgemeines Prinzip ab, das generell Rechtsbehelfsmöglichkeiten gegen behördliche Entscheidungen fordert[170]. Auch er läßt den mitgliedstaatlichen Bezug der von ihm zitierten Urteile unberücksichtigt.

Der Europäischen Union wird Rechtsstaatlichkeit zugesprochen, die ihr insbesondere über die Verfassungstraditionen ihrer Mitgliedstaaten ver-

---

Grundrecht eingeordnet, vgl. hierzu Hummer/Simma/Vedder/Emmert, Europarecht in Fällen, 172; Geiger, EG-Vertrag, Rn. 40 zu 164; vgl. auch Rodriguez Iglesias, Gil Carlos: EuGH als Verfassungsgericht, EuR 1992, 225 (237), der in Anlehnung an das spanische Verfassungsrecht von einem Grundrecht auf effektiven Rechtsschutz spricht.

166 Vgl. vorige Fn.; neueste Entscheidung v. 7. Mai 1992, EuGH (*Aguirre Borrel* - C-104/91) Slg. 1992, I-3003 (I-3029 - Rn. 15): Für Versagung der Anerkennung einer Berufsqualifikation muß Rechtsweg gegeben sein.

167 EuGH (*Tradax* - Rs 64/82) Slg. 1984, 1359 (1376 - Rn. 13 ff.).

168 So Rengeling, Grundrechtsschutz, S. 160, der der Rechtsprechung Literaturstimmen gegenüberstellt, die das Prinzip des effektiven Rechtsschutzes unter den Begriff Rechtsschutzgarantie einordnen.

169 Löw, Rechtsschutz, S. 153 Fn. 100.

170 v.Danwitz, Die Garantie des effektiven Rechtsschutzes im Recht der Europäischen Gemeinschaft, in: NJW 1993, 1108 (1114).

mittelt wird[171]. In vielen dieser Verfassungen ist der Rechtsschutzgedanke enthalten[172]. Grundsätzlich steht der Annahme einer Garantie des Rechtsschutzes daher nichts entgegen. Die Frage ist nur, wie der Rechtsschutz zu den anderen Grundsätzen des Gemeinschaftsrechts steht, wie z.b. der Rechtssicherheit, dem institutionellen Gleichgewicht, dem Prinzip der begrenzten Einzelermächtigung.

Der Rückgriff auf die Judikatur zum Grundsatz des effektiven Rechtsschutzes durch ein zuständiges Gericht - wie ihn die obigen Autoren vornehmen - hilft in diesem Zusammenhang nicht weiter. Dieser von den Autoren übersehene mitgliedstaatliche Bezug dieser Judikatur ist insofern von großer Bedeutung, als die in Art. 5 EG-Vertrag statuierte Verpflichtung der Mitgliedstaaten, für die praktische Wirksamkeit des Gemeinschaftsrechts zu sorgen, aus gemeinschaftsrechtlicher Perspektive gestattet, den innerstaatlichen Rechtsschutz auszudehnen. Das gilt auch dann, wenn diese Ausdehnung zu dem innerstaatlichen Recht in Widerspruch steht[173].

Aus gemeinschaftsrechtlicher Perspektive ist es aber höchst problematisch, im Falle einer Grundrechtsverletzung automatisch ein Klagerecht zu gewähren und damit das vom Vertrag geschaffene System von Zuständigkeiten zu tangieren. Betroffen davon wäre das Verhältnis zwischen dem Gerichtshof und den anderen europäischen Organen (institutionelles Gleichgewicht). Auch Bernhardt räumt ein, daß Art. 164 EG-Vertrag, der zur Wahrung des objektiven Rechts und damit auch der Grundrechte verpflichtet, nicht Rechtsschutz gegen den Wortlaut des EG-Vertrags gewähren kann[174].

Eine Rechtsschutzgarantie kann daher nicht losgelöst vom kodifizierten Rechtsschutzsystem des EG-Vertrags gesehen werden. Sie ist vielmehr

---

171 GTE-Zuleeg Rn. 47 zu Art. 1: Weil die EG noch nicht als Staat zu betrachten sei, soll in diesem Zusammenhang eher von Rechtsprinzip gesprochen werden. Diese Einschätzung hat auch nach Maastricht Bestand. Vgl. hierzu 8. Leitsatz des Maastricht-Urteils des BVerfG v. 12. Oktober 1993 - 2 BvR 2134/92 u. 2 BvR 2159.

172 Zur Übersicht vgl. Rengeling, Grundrechtsschutz, S. 155.

173 Vgl. EuGH (*Factortame* - C-213/89) Slg. 1990, I-2433: Gewährung von einstweiligem Rechtsschutz gegen ein Parlamentsgesetz, obwohl dem englischen Recht ein derartiger Rechtsschutz fremd ist. Vgl. die Erläuterungen des 4. Kapitels hierzu.

174 Bernhardt, Verfassung, S. 273; vgl. aber die Entwicklung, die sich durch das Zwartveld-Urteil ankündigt, erläutert im 4. Kapitel, EuGH (*Zwartveld* - Rs C-2/88) Slg. 1990, I-3367.

lediglich Leitlinie für die Orientierung der Auslegung des EG-Rechts[175]. Für die hier untersuchten Fälle der verfahrensbeteiligten Drittbetroffenen könnte sich die Rechtsschutzgarantie auf die Auslegung der Tatbestandsmerkmale der individuellen und unmittelbaren Betroffenheit auswirken. Kernfrage ist, wie extensiv diese Vorschriften ausgelegt werden können[176].

Eine Ausprägung als Auslegungsregel hat die Rechtsschutzgarantie durch den Grundsatz des geschlossenen Rechtsschutzsystems erfahren.

cc) Grundsatz des geschlossenen Rechtsschutzsystems

Der Gerichtshof[177] und vor allem die Generalanwälte[178] argumentieren mit der Forderung eines „geschlossenen Rechtsschutzsystems". Das hat sich jüngst bei der Ausweitung des vorläufigen Rechtsschutzes gezeigt[179].

Das Bild vom geschlossenen Rechtsschutzsystem beinhaltet die Vorstellung, daß jeder, der berechtigterweise Rechtsschutz sucht, auch Rechtsschutz finden muß. Wenn nunmehr die Suche erfolglos geblieben ist, liegt eine Lücke im Rechtsschutzsystem des Gemeinschaftsrechts vor, die der Gesetzgeber zu schließen hat[180].

---

175 Bernhardt, Verfassung, S. 274; Slg. 1979, 637.
176 Vgl. (*Scarlata* - Rs 40/64) Slg. 1965, 295 (312): Dort wurde jede grundrechtsbedingte Ausdehnung des Klagerechtes mit einem Verweis auf den insofern engen Wortlaut von vornherein ausgeschlossen, obwohl der Kläger rügte, auch auf innerstaatlicher Ebene über keinen Rechtsschutz zu verfügen.
177 Vgl. zuletzt EuGH (*Zuckerfabrik Süderdithmarschen* - verb. Rs C-143/88, 92/88) Slg. 1991, I-415 (I-541 - Rn. 18): mit der Berufung auf die Kohärenz des Systems des vorläufigen Rechtsschutzes.
178 GA Verloren van Themaat in (*Cofaz* - Rs 169/84) Slg. 1986, 391 (403); GA van Gerven (*Tschernobyl* - Rs C-70/88) Slg. 1990, I-2041 (I-2057).
179 Vgl. EuGH (*Factortame* - C-213/89) Slg. 1990, I-2433; EuGH (*Zuckerfabrik Süderdithmarschen* - verb. Rs C-143/88, 92/88) Slg. 1991, I-415.
180 Vgl. hier das obiter dictum von EuGH (*Deutschland/Kommission* - Rs 44/81) Slg. 1982, 1855 (1875 - Rn. 7): „Darin ist jedoch keine Lücke zu sehen, deren Ausfüllung es bedürfte, um dem Rechtsunterworfenen einen wirksamen Schutz seiner Rechte zu gewährleisten."; GA Verloren van Themaat EuGH (*Piraiki-Patraiki* - Rs 11/82) Slg. 1985, 207 (210): will Lücken im Rechtsschutzsystem vermeiden, die dadurch entstehen, daß keine anderweitige Anfechtungsmöglichkeit besteht.

Hier zeigt sich, daß die Beschränkung auf eine rechtsschutzkonforme Auslegung durchaus rechtsfortbildend wirken kann. In der Methodik des Gemeinschaftsrechts ist die Rechtsfortbildung Unterbegriff der Auslegung[181].

Es kann also festgestellt werden, daß der obige Anspruch auf effektiven Rechtsschutz dann auf die Ebene des Gerichtshofes übertragen werden muß, wenn es an einem innerstaatlichen Rechtsschutz fehlt[182].

Dreh- und Angelpunkt dieser Argumentationsfigur ist die Frage, wann ein adäquater Rechtsschutz erreicht ist, so daß es keiner Lückenschließung seitens des Gerichtshofes bedarf. Im Zusammenhang mit der Nichtigkeitsklage stellt sich die Frage, ob eine innerstaatliche Anfechtungsmöglichkeit bereits ausreicht, um dem Erfordernis eines geschlossenen Rechtsschutzsystems zu genügen[183].

Die alternativen Rechtsschutzmöglichkeiten verfahrensbeteiligter Dritter werden unten erörtert werden.

Hier genügt es festzustellen, daß eine Garantie zur Durchsetzung von Grundrechten prinzipiell besteht[184]. Ihre Ausformung geschieht aber unter Berücksichtigung der übrigen das Gemeinschaftsrecht konstituierenden Grundsätze. Hierzu gehört auch, die innerstaatlichen Rechtsschutzmöglichkeiten in die Betrachtung einzubeziehen.

c) Existenz einer Grundrechtsposition

Die hier untersuchte Konzeption steht und fällt damit, ob es gelingt, dem verfahrensbeteiligten Dritten ein Grundrecht zuzuordnen, das durch die jeweils erlassenen Maßnahmen der Kommission beeinträchtigt sein könnte.

Im Rahmen dieser Untersuchung ist schon einmal die Frage nach der Rechtsposition des verfahrensbeteiligten Dritten gestellt worden. Dort

---

181 Vgl. 4. Kapitel/A/III.
182 Gerichtshof prüft, ob dem Kläger eine innerstaatliche Rechtsschutzmöglichkeit offensteht, vgl. hierzu EuGH (*Deutsche Lebensmittelwerke* - Rs 97/85) Slg. 1987, 2265 (2287 - Rn. 12).
183 EuGH (*Sermes* - Rs 279/86) Slg. 1987, 3109 (3115 - Rn. 20); eine vorhandene innerstaatliche Rechtsbehelfsmöglichkeit schließt indessen nicht die EG-Nichtigkeitsklage aus, so GA Jacobs (*Extramet* - C-358/89) Slg. 1991, 2501 (I-2524 - Abschnitt 70).
184 Diese Garantie gilt grundsätzlich auch für Kontrolle von Handlungen der Kommission, vgl.EuGH (*Tradax* - Rs 64/82) Slg. 1984, 1359 (1376 f. - Rn. 14 ff.).

ging es darum zu klären, ob die Zurückweisung des Einleitungsantrages eine an den Kläger gerichtete verbindliche (Ablehnungs-)Entscheidung verkörpere. Derartige Rechte bleiben hier außer Betracht, weil sie möglicherweise von einem Grundrecht des Dritten ableitbar sind, jedoch nicht selbst Grundrechtscharakter haben.

Zunächst ist der gemeinschaftsrechtliche Grundrechtsbegriff zu klären.

Grundrechte werden im Gemeinschaftsrecht in Form ungeschriebener allgemeiner Rechtsgrundsätze anerkannt[185]. In wenigen Fällen sind Grundrechte im EG-Vertrag kodifiziert[186].

Grundfreiheiten des Binnenmarktes und Grundrechte sind zu unterscheiden[187]. Die sogenannten Grundfreiheiten sind zum einen Strukturprinzipien des Binnenmarktes, zum anderen Ermächtigungsnormen für die Gemeinschaft zur Verwirklichung dieses Binnenmarktes. Damit sind sie in erster Linie an die Mitgliedstaaten gerichtet. Die Grundrechte sind dagegen Abwehr- bzw. Schutzrechte, auf die sich die EU-Bürger berufen können.

Diese Abgrenzung schließt indessen nicht aus, daß zwischen Grundfreiheiten und Grundrechten Parallelen bestehen[188]. Auch können Grundfreiheiten durchaus subjektive Rechte als Kehrseite mitgliedstaatlicher Verpflichtungen konstituieren[189]. Dennoch hat der Gerichtshof abgesehen von den im Vertrag kodifizierten Diskriminierungsverboten noch nie ein gemeinschaftsrechtliches Grundrecht aus dem EG-Vertrag abgeleitet. Der Gerichtshof entspricht insofern dem strukturellen Unterschied von Grundrechten und Grundfreiheiten. Er greift für die Findung eines Grundrechts auf die Verfassungsüberlieferungen der Mitgliedstaaten und die EMRK

---

185 Ständige Rechtsprechung vgl. nur EuGH (*Nold* - Rs 4/73) Slg. 1974, 491 (507 - Rn. 13); für weitere Nachweise vgl. GTE-Krück Rn. 27 ff. zu Art. 164.

186 Für die wenigen Beispiele kodifizierter Grundrechte vgl. z.B. Diskriminierungsverbot des Art. 7 und den Grundsatz des gleichen Entgelts für Männer und Frauen gem. Art. 119 EG-Vertrag.

187 GTE-Beutler Rn. 10 zu „Grundrechtsschutz"; a.A. Pernice, Grundrechtsschutz, NJW 1990, 2409 (2413): der die Grundsätze des Gemeinschaftsrechts als eine von vier Quellen des Grundrechtsschutzes kennzeichnet; so auch Oppermann, Europarecht, Rn. 412.

188 Hierzu Bleckmann, Freiheiten als Grundrechte, S. 665 ff.

189 EuGH (*van Gend & Loos* - Rs 26/62) Slg. 1963, 1 (25).

zurück[190]. Im Wege der „wertenden Rechtsvergleichung" wird ermittelt, ob solch ein Grundrecht Teil des Gemeinschaftsrechts geworden ist.

aa) Grundrecht auf Wettbewerbsfreiheit

Nach den obigen Ausführungen genügt es also nicht, auf das in den Art. 3 lit. g u. Art. 3 a Abs. 1 EG-Vertrag niedergelegte Vertragsziel der Errichtung einer Wettbewerbsordnung zu verweisen. Der effektive Wettbewerb ist ein objektives, die Gemeinschaftsordnung konstituierendes Prinzip. Bislang ist diesem Prinzip noch kein drittschützender Charakter zugesprochen worden.

(1) Anerkennung durch EuGH

Löw zufolge hat der Gerichtshof die Wettbewerbsfreiheit als Grundrecht bereits anerkannt[191]. Hierfür nennt er zwei Belege. Zum einen solle die vom EuGH im Zusammenhang mit der Wettbewerbsfreiheit vorgenommene Verhältnismäßigkeitsprüfung typischerweise bei Grundrechtseingriffen unternommen werden[192]. Zum anderen bezeichne der Gerichtshof die Wettbewerbsfreiheit auch als Grundrecht[193].

Nun ist zwar eine Verhältnismäßigkeitsprüfung durchaus ein erforderliches Verfahren für die Grundrechtsprüfung. Sie ist aber nicht hinreichendes Kriterium dafür, daß ein solches Grundrecht existiert. Klassisches Beispiel hierfür ist Art. 36 S. 2 EG-Vertrag, der auf eine Verhältnismäßigkeitsprüfung hinausläuft[194]. Ebenso wird im Rahmen der „Cassis-Rechtsprechung" geprüft, ob ein „zwingendes Erfordernis" eine unterschiedslose Handelsregel, die aber dennoch ein Handelshemmnis darstellt, rechtfertige. Auch hier erfolgt eine Verhältnismäßigkeitsprüfung. Die Warenverkehrsfreiheit ist jedoch, wie oben bereits ausgeführt, ein objektives Strukturprinzip der Gemeinschaft, dessen Prüfung mit der Prüfung

---

190 Vgl. zum Grundrecht auf freie Berufsausübung EuGH (*Hauer* - Rs 44/79) Slg. 3727 (3743 - Rn. 31): EuGH rekurriert auf Verfassungsordnungen der Mitgliedstaaten, nicht auf Art. 48 EG-Vertrag.
191 Löw, Rechtsschutz, S. 78.
192 Löw, Rechtsschutz, S. 77.
193 Löw, Rechtsschutz, S. 77 ff. mit einem Verweis auf EuGH (*Altöle* - Rs 240/83) Slg. 1985, 531 (549 f. - Rn. 15, 20) u. EuGH (*Rau* - Rs 133-136) Slg. 1987, 2289 (2338 f. - Rn. 15, 19).
194 Vgl. für alle Geiger, EG-Vertrag, Rn. 12 zu Art. 36.

von Grundrechten Parallelen aufweisen kann[195]. Über die Frage nach dem subjektivrechtlichen Gehalt eines Grundrechtes ist damit noch nichts gesagt. Demzufolge stützt sich Löw auf ein unzureichendes Indiz. Auch der Verweis auf die Judikatur, die die Wettbewerbsfreiheit als Grundrecht anerkennt, kann nicht überzeugen. In den Rechtssachen *Altöle*[196] und *Rau*[197] handelte es sich um Vorabentscheidungen gem. Art. 177 EG-Vertrag. In Vorabentscheidungen prüft der Gerichtshof lediglich, ob ein Marktbürger sich auf die einschlägige Grundfreiheit berufen kann. Hierbei spielt die Prüfung eines individuellen Rechts des Bürgers eine nachrangige Rolle[198].

Im Fall *Rau* hatte übrigens der Kläger noch zusätzlich Nichtigkeitsklage erhoben, die als unzulässig abgewiesen wurde[199]. Der EuGH ist dabei mit keinem Wort auf ein angebliches Grundrecht des Klägers eingegangen, sondern hat die Klage an dem Fehlen einer individuellen Betroffenheit scheitern lassen.

Die in Vorabentscheidungen gewährte Berufungsmöglichkeit auf Strukturprinzipien darf nicht mit der Einräumung eines Grundrechts gleichgesetzt werden. Die insofern ungenaue Begriffswahl des Gerichtshofes kann nicht darüber hinweghelfen. Darüber hinaus gelten nach Ansicht des Gerichtshofes noch nicht einmal alle wettbewerbsrechtlichen Normen unmittelbar. Für das Löw interessierende Beihilfenaufsichtsrecht ist nach allgemeiner Meinung eine unmittelbare Geltung des Art. 92 EG-Vertrag wegen des der Kommission eingeräumten großen Ermessensspielraumes ausgeschlossen[200]. Erst wenn die Kommission die Beihilfe endgültig nicht genehmigt hat, kann sich der benachteiligte Konkurrent innerstaatlich auf diese Vorschrift berufen[201].

Somit steht fest, daß der Gerichtshof ein Grundrecht auf Wettbewerbsfreiheit noch nicht anerkannt hat.

---

195 Hierzu Bleckmann, Freiheiten als Grundrechte, S. 665 (666).
196 EuGH (*Altöle* - Rs 240/83) Slg. 1985, 531.
197 EuGH (*Rau* - Rs 133-136/85) Slg. 1987, 2289.
198 Vgl. hierzu 4.Kapitel/B/II.
199 Vgl. das oben besprochene Urteil EuGH (*Deutsche Lebensmittelwerke* - Rs 97/85) Slg. 1987, 2265.
200 So zuletzt Bast/Blank, Beihilfen und Rechtsschutz, WuW 1993, 181 (189).
201 Vgl. Niemeyer, EC State Aid Law, EuZW 1993, 273, 278.

(2) Indizierung durch Verfahrensrechte

Zu prüfen ist, ob nicht die den Dritten eingeräumten Verfahrensrechte bereits das erforderliche Grundrecht indizieren.

Hier gilt aber das bereits Gesagte. Die Einräumung von Verfahrensrechten kann wegen der unterschiedlichsten Zwecke erfolgen. Der Schutz subjektiver Rechtspositionen ist nur einer dieser Zwecke. Insofern kann von einem Verfahrensrecht nicht auf ein subjektives Recht zurückgeschlossen werden.

Auch K. Schmidt spricht nur davon, daß die bereits bestehende Rechtsprechung zur Klagebefugnis verfahrensbeteiligter Dritter als „formalisierte Zuerkennung von Klagrechten" zu interpretieren sei[202]. Dieser Methode werde sich dort bedient, „wo die Prüfung, ob der Kläger in seinen Rechten verletzt ist, typischerweise auf schwer lösbare Probleme stößt."[203]

Auch aus seiner Sicht wäre demnach eine Begründung der Klage mit einem angeblichen subjektivrechtlichen Rückbezug der gewährten Verfahrensrechte unzulässig.

Ergebnis: Auch aus den gewährten Verfahrensgarantien läßt sich nicht zwingend ein Grundrecht auf Wettbewerbsfreiheit ableiten.

Es bleibt also nur die traditionelle Methode zur Gewinnung allgemeiner Rechtsgrundsätze anzuwenden: „die wertende Rechtsvergleichung"[204].

(3) Wertende Rechtsvergleichung

Eine solche Rechtsvergleichung würde sicherlich den Rahmen dieser Arbeit sprengen. Als Hinweis mag genügen, daß das deutsche Recht das Grundrecht auf allgemeine Wettbewerbsfreiheit nicht kennt[205]. Lediglich im Falle von Subventionen wird ein subjektives Recht aus Art. 2 Abs. 1 GG zuerkannt[206]. Dieses Recht richtet sich jedoch allein gegen die sub-

---

202 Schmidt, Klagebefugnis, S. 1095.
203 Schmidt, Klagebefugnis, S. 1094.
204 Kutscher, Methoden der Auslegung, I-5.
205 Vgl. hierzu Nicolaysen, Wirtschaftsfreiheit, S. 651 (656 ff.): Art. 2 Abs. 1 GG begründe keine Wettbewerbsordnung, sondern setze sie voraus; Grabitz-Koch Rn. 16 nach Art. 87 m.w.N.
206 BVerwGE 30, 191 (198): Konkurrent eines subventionierten Unternehmens kann sich auf Art. 2 Abs. 1 GG berufen, wenn seine schutzwürdigen Interessen willkürlich vernachlässigt werden; BVerwGE 60, 154 (159 ff.); vgl. hierzu Schwarze, Rechtsschutz des Konkurrenten, S. 819 (839).

ventionierende Körperschaft. Auch in den anderen Mitgliedstaaten soll es kein subjektives Recht auf freien Wettbewerb geben[207]. Schutz kommt dem Wettbewerb lediglich als Institution zu.

Des weiteren ist zu berücksichtigen, daß das Klagebedürfnis des Dritten in vielen Mitgliedstaaten nicht über ein Grundrecht, sondern prozessualrechtlich befriedigt werden kann. Das gilt immer dann, wenn die verwaltungsgerichtliche Klage als Interessentenklage konzipiert ist. Auch unter diesem Blickwinkel fiele eine Rechtsvergleichung sicherlich schwer.

Ergebnis: Die Suche nach einem EG-Grundrecht auf Wettbewerbsfreiheit ist erfolglos geblieben.

Es bliebe einer rechtsvergleichenden Analyse überlassen, ob in allen Wirtschaftsbereichen, in denen die Judikatur zur Klagebefugnis verfahrensbeteiligter Dritter angesiedelt ist, auf nationalstaatlicher Ebene ein solches Grundrecht existiert. Fraglich erscheint jedoch schon jetzt, ob der Rückgriff auf ein derartiges Grundrecht im Vergleich zur bisher vorliegenden Judikatur nicht zu einer restriktiveren Gewährung des Klagerechts führen würde.

bb) *Eigentum*

Ein Grundrecht auf Eigentum ist im Gemeinschaftsrecht anerkannt[208]. Hiervon werden jedoch nicht bloße kaufmännische Interessen oder Aussichten geschützt, deren Ungewißheit zum Wesen wirtschaftlicher Tätigkeit gehört[209]. Demzufolge hat der Gerichtshof als unerheblich zurückgewiesen, daß sich ein Unternehmer auf seine erheblichen Umsatzeinbußen wegen einer bestimmten Subventionspolitik der Gemeinschaft berief. Diese Folgen seien keine Entziehung von Eigentum oder eine Einschränkung dessen Nutzung, sondern bloß mittelbare Folgen einer Politik, mit der dem Allgemeinwohl dienende Ziele verfolgt werden. Solche mittelbaren Folgen könnten einem Eingriff in den Wesensgehalt der Grundrechte nicht gleichgestellt werden[210]. Sie seien zudem von zahlreichen Wirtschaftsfaktoren abhängig.

---

207 So Grabitz-Koch Rn. 16 nach Art. 87 ohne nähere Nachweise.
208 Vgl. EuGH (*Nold - Rs 4/73*) Slg. 1974, 491 (507 f.- Rn.12).
209 EuGH (*Nold - Rs 4/73*) Slg. 1974, 491 (507 - Rn. 14).
210 EuH (*Biovilac - Rs 59/83*) Slg. 1984, 4057 (4079 - Rn. 21 ff.).

Die Verschlechterung der Martkposition von Unternehmen wegen unterlassenen Einschreitens gegen Kartelle, Dumping, Fusionen und Subventionen stellt eine derartige mittelbare Folge dar, solange die Kommission oder der Rat nicht gezielt dadurch gegen die Marktposition eines Unternehmens vorgehen will.

cc) *Berufsfreiheit*

Das Grundrecht auf Berufsfreiheit ist in Rechtsprechung[211] und Literatur anerkannt. Es kann jedoch genau wie das Eigentumsrecht beschränkt werden[212]. Der Konzeption des Eigentumsrechts folgend, schützt es nicht vor rein tatsächlichen, mittelbaren Nebenwirkungen einer hoheitlichen Maßnahme[213]. Durch fehlendes oder falsches Eingreifen der Kommission im Kartell-, Fusionskontroll-, Beihilfenaufsichts- und Außenhandelsrecht wird der Marktbürger, wenn überhaupt, dann nur faktisch gehindert, seinen Beruf auszuüben. Ein direkter Eingriff in die Berufsfreiheit findet nicht statt.

d) *Ergebnis*

Das Konzept „Durchsetzung von Grundrechten" kann sich auf eine Rechtsschutzgarantie stützen, deren Umsetzung allerdings nicht gegen die konstituierenden Prinzipien des Gemeinschaftsrechts verstoßen darf.

Bisher ist es jedoch weder der Rechtsprechung noch der Literatur gelungen, ein entsprechendes Grundrecht, auf das sich der Dritte berufen könnte, herauszuarbeiten.

Dagegen hat der Gerichtshof anscheinend keine großen Schwierigkeiten, die Klagebefugnis der verfahrensbeteiligten Dritten zu begründen. Dementsprechend ist zu überlegen, ob nicht ein Ansatz diese Judikatur erklären kann, der keinen Rückgriff auf Grundrechte erfordert.

---

211 Vgl. nur EuGH (*Nold* - Rs 4/73) Slg. 1974, 491; EuGH (*Hauer* - Rs 44/79) Slg. 1979, 3727 ff.; EuGH (*Keller* - Rs 234/85) Slg. 1986, 2897.
212 Vgl. EuGH (*Hauer* - Rs 44/79) Slg. 1979, 3727 (3750 - Rn. 32).
213 Vgl. Löw, Rechtsschutz, S. 133, m.w.N.

VI. Konzept Anspruch auf ordnungsgemäße Ausübung des Ermessens

Ohne Rekurs auf ein Grundrecht kommt - zumindest auf den ersten Blick - das Konzept „Anspruch auf ordnungsgemäße Ausübung des Ermessens" aus. Ein solcher Anspruch könnte sich nämlich unmittelbar aus den dem Dritten eingeräumten Verfahrensrechten ergeben.

Den Untersuchungsverfahren ist gemeinsam, daß sie der Kommission einen mehr oder weniger großen Ermessensspielraum[214] einräumen. Andererseits ist sie verpflichtet, gewisse Dritte anzuhören, sie über den Fortgang des Verfahrens zu unterrichten und ihnen schließlich die Gründe für die Einstellung zukommen zu lassen. Hieraus könnte die Verpflichtung der Kommission herausgelesen werden, auf die Interessen dieser Dritten im Rahmen der Ermessensausübung Rücksicht zu nehmen. Dies wiederum könnte zu einem individuellen Recht des Dritten zur Kontrolle der Kommission führen.

Das Urteil in Sachen *Fediol-I* kann im Ergebnis als Gewährung eines solchen Anspruches verstanden werden. Dort heißt es:

> „Man kann daher den Antragstellern nicht das Recht verweigern, gerichtlich alles geltend zu machen, was die Prüfung ermöglicht, ob die Kommission die den Antragstellern durch die Verordnung Nr. 3017/79[215] eingeräumten Verfahrensgarantien beachtet hat, ob sie offensichtliche Fehler bei der Würdigung des Sachverhalts begangen oder es unterlassen hat, wesentliche Gesichtspunkte zu berücksichtigen, aufgrund derer vom Vorliegen einer Subvention auszugehen wäre oder ob sie in ihre Begründung ermessensmißbräuchliche Überlegungen hat einfließen lassen."[216]

Dieser Prüfungsumfang deutet auf eine Kontrolle, die sich auf die Einhaltung von Verfahrensgarantien und der Ermessensausübung beschränkt. Es ist zu untersuchen, ob dies auch für die übrigen Urteile zu Klagen verfahrensbeteiligter Dritter gilt.

---

214 Im Gemeinschaftsrecht gibt es nicht die der deutschen Dogmatik geläufige Unterscheidung zwischen unbestimmten Rechtsbegriffen, Beurteilungspielräumen und Ermessenshandlungen, vgl. hierzu Grabitz-Wenig Rn. 51 zu Art. 173.
215 AntidumpingVO; heute VO Nr. 2423/88.
216 EuGH (*Fediol-I* - Rs 191/82) Slg. 1983, 2913 (2035 - Rn. 29).

1. Prüfungsumfang im Falle verfahrensbeteiligter Kläger

Die Begründetheitsprüfung in den übrigen Urteilen orientiert sich gleichfalls an den in der *Fediol*-Entscheidung formulierten Maßstäben[217]. Sein Hauptaugenmerk legt der Gerichtshof jedoch auf die Einhaltung der Verfahrensgarantien, die zutreffende Ermittlung des Sachverhaltes und die angemessene Würdigung der Tatsachen.

Im Antidumpingrecht hat der Gerichtshof sehr genau bestimmt, welchen Umfang die Verfahrensgarantien haben und bei Mängeln in diesem Zusammenhang die Antidumping-ZollVO aufgehoben[218].

Im Kartellrecht prüft der Gerichtshof, ob der Sachverhalt richtig ermittelt wurde[219]. Für den Fall, daß die Kommission ein Verfahren nicht eröffnen will, läßt es der EuGH genügen, daß sich die Kommission auf eine Prüfung der vorgetragenen Tatsachen beschränkt hat[220]. Sie sei nicht verpflichtet, eigene Ermittlungen aufzunehmen.

Im Beihilfenaufsichtsverfahren müssen hingegen die Tatsachen insoweit ermittelt werden, als dies ausreiche, um Zweifel an der Gemeinschaftskonformität der Beihilfe auszuräumen[221]. Erst dann bedürfe es keines Hauptverfahrens gem. Art. 93 Abs. 2 EG-Vertrag.

Im Antidumpingrecht müsse zwar objektiv ermittelt werden, ob ein Dumping und ein dadurch verursachter Schaden vorliege, diese Pflicht wird aber dadurch entschärft, daß die Kommission gem. Art. 9 Abs. 1 AntidumpingVO die Interessen der Gemeinschaft bei der Frage berücksichtigen könne, ob eingestellt werde oder nicht[222]. Dies gelte aber nur

---

217 So zuletzt EuGH (*Matra* - C-225/91) Urteil v. 15. Juni 1993, noch nicht veröffentlicht, Rn. 25.
218 EuGH (*Timex* - Rs 264/82) Slg. 1985, 849 (Rn. 27, 30): Kommission sei ihrer Informationspflicht aus Art. 7 Abs. 4 lit. a AntidumpingVO nicht gerecht geworden.
219 Vgl. in diesem Zusammenhang Everling, Richterliche Kontrolle, WuW 1989, 877 (884): Kläger muß jedoch Grund für angeblichen Fehler der Sachverhaltsermittlung nennen.
220 EuGH (*Demo-Studio Schmidt* - Rs 210/81) Slg. 1983, 3045.
221 EuGH (*William Cook* - Rs 198/91) Urteil vom 19. Mai 1993, noch nicht veröffentlicht, Rn. 29; EuGH (*Matra* - C-225/91) Urteil v. 15. Juni 1993, noch nicht veröffentlicht, Rn. 33.
222 EuGH (*Fediol-II* - Rs 188/85) Slg. 1988, 4155 (4231 - Rn. 40).

für den Fall, daß die Einstellungsentscheidung auch tatsächlich auf der Berücksichtigung des Gemeinschaftsinteresses beruhe[223].

Als Maßstab für die Frage, ob der Sachverhalt zutreffend festgestellt wurde, dient dem Gerichtshof die im Art. 190 statuierte Begründungspflicht. Danach muß die Begründung derart klar und eindeutig sein, daß der Kläger die Gründe nachvollziehen und der Gerichtshof seine Kontrolle ausüben kann[224].

Unter „Würdigung der Tatsachen" faßt der Gerichtshof sowohl die Subsumtion der Tatsachen unter die Tatbestandsmerkmale als auch die Auslegung der unbestimmten Rechtsbegriffe:

Die Intensität dieser Prüfung schwankt. In einigen Fällen subsumiert der Gerichtshof selbst den jeweiligen Sachverhalt unter die streitgegenständlichen Normen[225]. So überprüft er im Kartellrecht, ob die Voraussetzungen der Art. 85 und 86 erfüllt seien[226].

Im Beihilfenaufsichtsrecht erhebt der Gerichtshof sogar Beweis darüber, ob die Berechnungen der Kommission über die Höhe der Vergünstigung der subventionierten Unternehmen stimmen[227]. Eine große Abweichung zwischen der Beurteilung der Kommission und der des Gutachtens wird als offensichtlicher Fehler in der Beurteilung des Sachverhaltes gewertet[228].

Im Antisubventionsrecht klärt der EuGH die Frage, wie der Begriff Subvention auszulegen sei[229].

Im Recht der unerlaubten Handelspraktiken untersucht der Gerichtshof, ob die Entscheidungen der Kommission gegen die GATT-Vorschriften verstoßen[230]. Im Falle einer Antidumping-Bestimmung hingegen, wonach

---

223 EuGH (*Fediol-III* - Rs 70/87) Slg. 1989, 1781 (1830 - Rn. 15).
224 Vgl. Happe, Antidumpingrecht, JZ 1993, 292 (298).
225 Everling, Richterliche Kontrolle, WuW 1989, 877 (888).
226 Nach deutscher Dogmatik handelt es sich hier um unbestimmte Rechtsbegriffe, die unbeschränkt nachgeprüft werden können. Nach gemeinschaftsrechtlicher Dogmatik gehört die Auslegung dieser Begriffe mit zum Ermessen der Organe; diese Ermessensausübung ist jedoch überprüfbar. Im Ergebnis keine Unterschiede.
227 EuGH (*Cofaz-II* - Rs 169/84) Slg. 1990, I-3083 (I-3117 - Rn. 28).
228 EuGH (*Cofaz-II* - Rs 169/84) Slg. 1990, I-3083 (I-3118 - Rn. 32).
229 Vgl. EuGH (*Fediol-II* - Rs 188/85) Slg. 1988, 4155 (4225 - Rn. 12): Es ging um die Frage, ob eine Subvention begriffsnotwendig nur eine solche Maßnahme sei, die den Haushalt des Drittstaates belaste.
230 EuGH (*Fediol-III* - Rs 70/87) Slg. 1989, 1781 (1832 - Rn. 23 ff.).

ein Vergleichsland „auf angemessene und nicht unvertretbare Weise" bestimmt werden muß, beschränkt sich der Gerichtshof darauf zu untersuchen, ob alle erforderlichen tatsächlichen Umstände einbezogen wurden, um eine solche angemessene Bestimmung des Vergleichslandes zu gewährleisten[231]. Bei Entscheidungen, die eine Beurteilung oder Prognose komplexer Sachverhalte voraussetzen, prüfe der Gerichtshof nämlich nur, ob keine offensichtlich unrichtige Würdigung des Sachverhaltes stattgefunden habe[232].

Dieser kurze Abriß hat gezeigt, daß nirgendwo die Kommission verpflichtet wäre, nun insbesondere das wirtschaftliche Interesse des Klägers besonders zu berücksichtigen. Sie ist nur dazu verpflichtet, objektiv rechtmäßig zu handeln[233]. Dabei ist die Prüfung von kartellrechtlichen Fragen intensiver als die der Fragen aus anderen wettbewerbsrechtlichen Materien.

Zwar steht ein solcher Prüfungsumfang einem Anspruch auf fehlerfreie Ausübung des Ermessens nicht entgegen. Jedoch offenbart diese Begründetheitsprüfung noch nicht, worauf ein solcher Anspruch gründen könnte. Die Tatsache, daß der Gerichtshof in erster Linie Ermessensausübung kontrolliert (wobei hierunter auch die Subsumtion unbestimmter Rechtsbegriffe verstanden wird), indiziert noch keinen derartigen Anspruch. Die Kontrolldichte entspricht nämlich grundsätzlich derjenigen, mit der wirtschaftspolitische Maßnahmen der Kommission untersucht werden[234].

2. Anspruchsvoraussetzungen

Es ist zu überlegen, welche Voraussetzungen bestehen müssen, damit sich ein verfahrensbeteiligter Dritter auf einen derartigen Anspruch berufen kann.

Der Gerichtshof sieht in dem so kodifizierten Antidumpingverfahren die Anerkennung des berechtigten Interesses des Erzeugers in der Gemeinschaft an der Einführung von Antidumpingmaßnahmen[235].

---

231 Vgl. EuGH (*Nölle* - Rs C-16/93) Slg. 1991, I-5163 (I-5208 - Rn. 35).
232 EuGH (*Remia* - Rs 42/84) Slg. 1985, 2567.
233 A.A. wohl GA'in Rozès,die davon ausgeht, daß die Kommision im Kartellrecht „bestimmte Individualinteressen" zu berücksichtigen habe, vgl. EuGH (*Demo-Studio Schmidt* - Rs 210/81) Slg. 1983, 3045 (3070).
234 Vgl. EuGH (*Nordgetreide* - Rs 46/84) Slg. 1985 (3127 - Rn. 24).
235 EuGH (*Fediol-I* - Rs 191/82) Slg. 1983, 2913 (2934 - Rn. 25).

GA'in Rozès stellt in *Fediol* darauf ab, daß die Antidumpingverordnung auch im Interesse der geschädigten Wirtschaftszweige erlassen worden sei. Dies ergebe sich aus der detaillierten Regelung der verfahrensmäßigen Stellung dieser Personengruppe[236].

Demnach muß es also darauf ankommen, daß die Interessen des jeweiligen Klägers durch die dem Dritten eingeräumte verfahrensrechtliche Stellung besonders legitimiert sind.

In diesem Zusammenhang ist darauf zu verweisen, daß - wie oben bereits ausgeführt - es für eine derartige Legimation nicht bereits genügen kann, überhaupt am Verfahren beteiligt zu sein.

Insofern ist unverständlich, woraus der Gerichtshof die besondere Anerkennung der berechtigten Interessen der Konkurrenten im Falle der Beihilfenaufsicht abgeleitet hat[237]. Hier fehlt es an einer Ausgestaltung der Beteiligungsrechte durch eine Verfahrensordnung. Dem Gerichtshof stand lediglich der Art. 93 Abs. 2 S. 1 EG-Vertrag zur Verfügung, der ein Anhörungsrecht für „Beteiligte" konstituiert. Diese Norm wird sowohl auf Beteiligte als auch auf Drittbeteiligte angewandt. Verglichen mit den kodifizierten Rechten des Dritten im Antidumpingverfahren erscheint die verfahrensmäßige Stellung des Dritten im Beihilfenaufsichtsrecht als deutlich geringwertiger. Dennoch soll auch hier der Dritte ein Klagerecht haben.

Denkbar wäre indessen, auf eine ungeschriebene, mit dem Antidumpingrecht gleichwertige, verfahrensrechtliche Stellung abzustellen. Problematisch wäre dann von vornherein, eine Klagebefugnis des Dritten gegen fusionsrechtliche Entscheidungen der Kommission zu begründen. Dort sind die Verfahrensrechte des Dritten in einer Verordnung geregelt worden. Indessen wurde dem Dritten vergleichbar mit dem kodifizierten Beihilfenaufsichtsrecht lediglich ein Anhörungsrecht eingeräumt. Der Verweis auf zusätzliche ungeschriebene Verfahrensrechte bliebe hier verwehrt.

Der Gerichtshof hat demnach in seinen Urteilen keine handhabbaren Kriterien dafür entwickelt, woran nun die gemeinschaftsrechliche klagelegitimierende Akzeptanz der berechtigten Interessen des Dritten festgemacht werden kann. Die Gewährung der Klagebefugnis scheint von Überlegungen getragen, die in den Entscheidungsgründen nicht explizit zum Ausdruck kommen.

---

236 GA'in Rozès (*Fediol-I* - Rs 191/82) Slg. 1983, 2913 (2947 - Anm. 2).
237 Vgl. hier EuGH (*Cofaz* - Rs 169/84) Slg. 1986, 391 (415 - Rn. 24 ff.).

Der von GA'in Rozès vorgeschlagene Weg zu prüfen, inwieweit die streitgegenständlichen Regelungen auch im Interesse des Dritten bestehen, führt insofern nicht weiter, als er gleichfalls an die verfahrensrechtliche Stellung des Dritten anknüpft. In der Rechtssache *Fediol* hebt sie sogar noch die stärkeren verfahrensrechtlichen Garantien im Vergleich zum Kartellverfahren hervor[238]. Dies widerpräche einer einheitlichen Grundlage für die Klagebefugnis verfahrensbeteiligter Dritter.

Nun wäre es möglich, unabhängig von der jeweiligen Ausgestaltung des Verfahrensrechts den Sinn und Zweck der streitgegenständlichen Regelung dahingehend zu untersuchen, inwiefern sie auch dem Schutz des Dritten dient. Hier böte beispielsweise das Antidumpingverfahren ein gutes Beispiel, weil deren Normen dazu dienen, Schädigungen eines Zweiges der Gemeinschaftsindustrie zu verhindern. Eine solche Untersuchung würde darauf hinauslaufen, der Wettbewerbsordnung insgesamt drittschützenden Charakter zuzusprechen. Würde auch nur eine Konkretisierung der Wettbewerbsordnung der Drittschutzcharakter abgesprochen, so würde das Klagerecht restriktiver gewährt als bereits durch die bisherige Rechtsprechung des Gerichtshofes. Angesichts der Kontroverse[239] hinsichtlich des Schutzcharakters der Wettbewerbsordnung (Schutz der Institution contra Schutz der Freiheitsräume einzelner) erscheint es bedenklich, hierauf ein Klagerecht zu stützen.

Die Frage nach dem ein Klagerecht begründenden Drittschutzcharakter einer Norm ist der Judikatur bisher fremd. Im Rahmen des Schadensersatzrechts genügt für den erforderlichen Drittschutzcharakter der verletzten Norm bereits, daß der Dritte als Reflex von der Vorschrift geschützt ist[240].

Der Gerichtshof argumentiert in der Judikatur zur Klagebefugnis verfahrensbeteiligter Dritter mit allgemeinen Prinzipien wie sachgerechtem Rechtsschutz, ordnungsgemäßer Anwendung des Kartellrechts, Grundsätzen des Art. 164 und des 173 EG-Vertrag.

Bevor die hier untersuchte Judikatur auf ein fremdes Prinzip zurückgeführt wird, ist zu versuchen, diese Judikatur in die bisherige Rechtspre-

---

238 GA'in Rozès (*Fediol-I* - Rs 191/82) Slg. 1983, 2913 (2944).
239 Zum wettbewerbstheoretischen Hintergrund dieser Kontroverse vgl. Ciresa, Beihilfenkontrolle und Wettbewerbspolitik, S. 115 ff.
240 Grabitz-Grabitz Rn. 32 zu Art. 215.

chung einzuordnen. Wie diese Arbeit gezeigt hat, sind hierfür die Urteile zu den Klagen von Adressaten ungeeignet. Es bleibt zu prüfen, ob aus den Urteilen, die sich grundsätzlich den Fragen des Klagerechts Privater widmen, mehr gewonnen werden kann.

Festzuhalten ist: Weder Rechtsprechung noch Literatur liefern allgemein gültige Kriterien für die Prüfung, ob ein klagelegitimierendes berechtigtes Interesse des Dritten existiert. Insbesondere angesichts des Beihilfenaufsichtsrechts und der Fusionskontrolle verbietet sich eine alleinige Anknüpfung an die verfahrensmäßige Stellung des Dritten. Die Frage, ob die jeweilige wettbewerbsrechtliche Regelung drittschützenden Charakter habe, ist von einer derartigen Kontroverse gezeichnet, daß eine genauso großzügige Gewährung des Klagerechts auf Grundlage einer solchen Prüfung als zweifelhaft erscheint.

C. Leitgedanken für einen eigenständigen Ansatz

Die obige Untersuchung hat gezeigt, wie wenig die bisherigen Ansätze dazu geeignet sind, das Phänomen der Klagebefugnis verfahrensbeteiligter Kläger zu erklären.

Den größten Erklärungswert hatte noch der Ansatz, den Dritten einen Anspruch auf fehlerfreie Ermessensausübung zuzugestehen. Er überzeugt indessen mehr von seinem Ergebnis her als von seiner Begründung.

Der Versuch, die kodifizierten Verfahrensrechte als Ausgangspunkt der Argumentation zu nehmen, würde das Klagerecht im Beihilfenaufsichtsrecht verbieten.

Die vom Gerichtshof selbst formulierten Argumente sind derart abstrakt geblieben, daß sie als solche das Klagerecht des Dritten nicht erklären.

Ausgangspunkt für die Suche nach einer dogmatischen Grundlage für die Klagebefugnis Dritter sollen dennoch die vom Gerichtshof selbst genannten Argumente sein: Der sachgerechte Rechtsschutz und die ordnungsgemäße Anwendung des Gemeinschaftsrechts, die Grundsätze des Art. 173 und die des Art. 164 EG-Vertrag.

Diese Argumente verweisen in die rechtsfortbildende Judikatur zum Klagerecht des Privaten.

4. Kapitel:

Aspekte der Rechtsfortbildung des Klagerechts Privater

Im folgenden soll versucht werden, die Judikatur zur Klagebefugnis verfahrensbeteiligter Dritter in die bisherige Rechtsprechung des Gerichtshofes zum Klagerecht von Privaten einzubetten. Jene Urteile sind zum großen Teil als Rechtsfortbildung der Klagemöglichkeiten Privater zu verstehen.

Es ist daher zu untersuchen, welcher Methodik sich der Gerichtshof bei der Rechtsfortbildung bedient und ob diese Methodik auch für die Lösung der Frage einer Klagebefugnis Dritter Bedeutung erlangen kann.

Als nächster Schritt ist zu klären, unter welchen jeweiligen Gesichtspunkten der Gerichtshof das Klagerecht Privater bislang fortgebildet hat.

Schließlich müssen unter Zugrundelegung dieser Gesichtspunkte die entscheidenden Argumentationslinien für eine Klagebefugnis Drittbetroffener herausgearbeitet werden.

A. Rechtsfortbildung im Gemeinschaftsrecht

Die richterliche Rechtsfortbildung ist dem Gemeinschaftsrecht nicht fremd.

I. Begriff

Unter Rechtsfortbildung ist jede Rechtsfindung zu verstehen, die den Wortsinn der einschlägigen Norm überschreitet[1].

II. Voraussetzung

Die richterliche Rechtsfortbildung ist ein Instrument zur Lückenfüllung[2].

---

1   Ein gutes Beispiel für eine derartige Auslegung bietet EuGH (*Continental Can* - Rs 6/72) Slg. 1973, 215 (244 - Rn. 22); vgl. außerdem Bleckmann, Zu den Auslegungsmethoden des Europäischen Gerichtshofs, in NJW 1982, 1177 (1178).

2   Vgl. Larenz, Methodenlehre der Rechtswissenschaft, S. 366 ff.; eine Zusammenstellung der wichtigsten Literatur zur Rechtsfortbildung findet sich bei

Lücken sind planwidrige Unvollständigkeiten des Gesetzes[3]. Um zu wissen, ob eine Lücke vorliegt, muß zunächst einmal der Plan des Gesetzes, d.h. dessen Regelungsabsicht ermittelt werden. Von „offenen Lücken" ist die Rede, wenn es einem Gesetz an einer bestimmten Regelung fehlt, obwohl das Gesetz nach seinem Sinn und Zweck eine solche Regelung beinhalten müßte. „Verdeckte Lücken" bestehen, wenn zwar eine einschlägige Regelung existiert, diese aber nach Sinn und Zweck des Gesetzes nicht auf die spezielle Fallkonstellation paßt[4].

Diese Lücke kann der Richter überbrücken, indem er sich an den Prinzipien des Gesetzes (gesetzesimmanente Rechtsfortbildung)[5] bzw. der dem Gesetz zugrundeliegenden Rechtsordnung (gesetzesübersteigende Rechtsfortbildung) hält. Beide Methoden lassen sich nicht immer scharf voneinander abgrenzen bzw. werden kombiniert angewandt.

Im EG-Recht ist die Lückenhaftigkeit insofern besonders groß, als es sich um eine Rechtsordnung handelt, die von Anfang an auf Entwicklung angelegt war[6]. Die Beantwortung vieler Fragen wurde deshalb künftigen Konkretisierungen überlassen.

III. Methodologische Einordnung

Es ist zu überlegen, wie die richterliche Rechtsfortbildung methodologisch einzuordnen ist.

In der deutschen Rechtsmethodologie werden Gesetzesauslegung und richterliche Rechtsfortbildung begrifflich unterschieden. Larenz bezeichnet sie jedoch als „verschiedene Stufen desselben gedanklichen Verfahrens"[7].

Die französische Methodenlehre und mit ihr die Praxis des EuGH's unterscheidet nicht zwischen Auslegung[8] und Rechtsfortbildung[9]. Für sie ist

---

Everling, Rechtsvereinheitlichung durch Richterrecht in der Europäischen Gemeinschaft, in: RabelsZ 1986, 193 (197 - Fn. 9).
3   Larenz, Methodenlehre, S. 373 Fn. 17.
4   Larenz, Methodenlehre, S. 377.
5   Zu dieser Abgrenzung vgl. Larenz, Methodenlehre, S. 365.
6   Stein, EuGH-Richterrecht, S. 619 (620 ff.).
7   Larenz, Methodenlehre, S. 366.

auch die den Wortsinn überschreitende Anwendung einer Rechtsnorm Auslegung[10].

Es ist demnach zu überlegen, welcher Auslegungsmethode die gemeinschaftsrechtliche Rechtsfortbildung zuzuordnen ist.

Die Auslegungsmethoden des Gerichtshofes sind von denjenigen der nationalen Richter nicht verschieden. Auch der Gerichtshof kennt die wörtliche, die subjektive bzw. historische, die systematische und die teleologische Auslegung[11].

Die beiden erstgenannten Auslegungstechniken spielen nur eine untergeordnete Rolle. Die historische Auslegung des Primärrechts scheitert schon am fehlenden Zugang zu den „travaux préperatoire". Die Orientierung am Wortsinn muß berücksichtigen, daß der EG-Vertrag zehn verschiedene authentische Fassungen in der jeweiligen Sprache der Mitgliedstaaten hat. Außerdem ist der EG-Vertrag auf Generalklauseln angewiesen, die nicht aus sich selbst heraus zu verstehen sind[12]. Insofern bleiben als wichtige Auslegungstechniken die systematische und teleologische Auslegung[13]. Dies kommt auch in der Rechtsprechung des Gerichtshofes zum Ausdruck[14].

---

8   Einen Überblick über die gängigen Auslegungstechniken im EG-Recht (Wortsinn, subj. Wille, Systematik, Sinn und Zweck) bietet Schermers/Walbroek, Judicial Protection, S. 11 ff. = §§ 18 ff.

9   Constantinesco, Das Recht der Europäischen Gemeinschaften I, S. 807.

10   Vgl. als Beispiel EuGH (*Parlament/Rat* - Rs 302/87) Slg. 1988, 5615 (5640 - Rn. 11): EuGH prüft, ob dem Parlament eine Aktivlegitimation „durch Auslegung" des Art. 173 Abs. 1 EG-Vertrag - also entgegen Wortlaut - zugesprochen werden kann; auch GA van Gerven (*Tschernobyl* - Rs C-70/88) Slg. 1990, I-2041 (I-2055) tituliert das Vorgehen in der Rechtssache *Les Verts* als „Auslegung", ohne sich auf den Text stützen zu können.

11   Einen Überblick über die Auslegungstechniken geben Oppermann, Europarecht, Rn. 577 ff.; Kutscher, Methoden der Auslegung, I-5 (I-19 ff.); Bredimas, Methods of Interpretation and Community Law, Amsterdam 1978, 33 ff.; Mertens de Wilmars, Reflexions sur les méthodes d'interprétation de la cour de justice des communautés européennes, in CDE 1986, 5 (10 ff.); Schermers/Walbroek, Judicial Protection, S. 11 ff. (§§ 18).

12   So Mertens de Wilmars, Reflexions sur les méthodes d'interprétation de la cour de justice des communautés européennes, in CDE 1986, 5 (12 ff.).

13   Vgl. Mertens de Wilmars, Reflexions sur les méthodes d'interprétation de la cour de justice des communautés européennes, in CDE 1986, 5 (16).

14   Vgl. Bleckmann, Rechtssetzung und Vollzug des EG Rechts, in Dauses, Handbuch des EG-Wirtschaftsrechts, München Stand: Februar 1993, B I Rn. 15.

148

Über den klassischen Kanon hinaus kennt das Gemeinschaftsrecht noch die rechtsvergleichende Auslegung. Eine Rolle spielt sie bei der Frage, ob dem Gemeinschaftsrecht gewisse Prinzipien als „Allgemeine Rechtsgrundsätze" zu eigen seien[15]. Die Auffindung dieser Prinzipien kann sicherlich als Rechtsfortbildung begriffen werden. Weil sie jedoch ausschließlich zur Gewinnung im Gemeinschaftsrecht nicht geregelter Rechtsstaatsprinzipien verwandt wird, ist diese Technik ungeeignet, die hier interessierende Frage zu klären, auf welche Weise die rechtsfortbildende Auslegung sich mit dem kodifizierten Gemeinschaftsrecht, hier also mit den Voraussetzungen einer Nichtigkeitsklage, auseinandersetzt. Sie bleibt hier deshalb außer Betracht.

Die systematische Auslegung stellt die anzuwendende Rechtsvorschrift in einen Zusammenhang mit den anderen Normen einer Regelung[16]. Für die Auslegung des EG-Vertrages heißt das, daß die auszulegende Norm insbesondere im Kontext mit den in der Präambel und im Art. 3 EG-Vertrag formulierten Zielen und Aufgaben der Gemeinschaft gesehen werden muß.

Die teleologische Auslegung stellt auf das „Telos", das Ziel, d.h. auf Sinn und Zweck einer Regelung ab[17].

Sinn und Zweck einer Regelung werden sehr oft die Verwirklichung der im EG-Vertrag formulierten Ziele[18] sein. Insofern sind systematische und teleologische Auslegung eng ineinander verschränkt und häufig schwer zu trennen. In vielen Entscheidungen kombiniert die Rechtsprechung beide Techniken[19].

15　Vgl. Mertens de Wilmars, Reflexions sur les méthodes d'interprétation de la cour de justice des communautés européennes, in CDE 1986, 5 (18).
16　Vgl. Kutscher, Methoden der Auslegung, I-5 (I-31).
17　Kutscher, Methoden der Auslegung, I-5 (I-31); viele Autoren halten die teleologische Auslegung wegen ihrer Berücksichtigung des dynamischen Charakters der Verträge für die Auslegungsmethode schlechthin: Everling, Rechtsanwendungs- und Auslegungsgrundsätze des Gerichtshofs der EG, in: Kruse (Hg.) Zölle, Verbrauchssteuern, europäisches Marktordnungsrecht, Köln 1988; Grund hierfür soll sein, daß die teleologische Auslegung am besten dem Charakter der Verträge entspreche vgl. Mertens de Wilmars, Reflexions sur les méthodes d'interprétation de la cour de justice des communautés européennes, in CDE 1986, 5 (16), zur Beschreibung der Besonderheit vgl. S. 18 f.
18　Zur Bindung an Vertragsziele: Bleckmann, Teleologie und dynamische Auslegung des Europäischen Gemeinschaftsrechts, EuR 1979, 239 (242 ff.).
19　Kutscher, Methoden der Auslegung, I-5 (I-42) m.w.N.

Weil der EWG-Vertrag von Anfang an als „zukunftsoffen"[20] konzipiert war, wurden der Zweck und Sinn des Vertrages, die einzelnen Integrationsziele nämlich, gleich im Vertrag kodifiziert. Diese Eigentümlichkeit des Gemeinschaftsrechts führt zu der oben beschriebenen Verzahnung der systematischen und der teleologischen Auslegung und macht es problematisch festzustellen, wann sich der Bezug auf ein Vertragsziel bzw. ein Grundprinzip innerhalb der jeweiligen „faits accomplis" hält und wann er darüber hinaus geht und rechtsfortbildend wirkt. Diese Feststellung wird sich bestätigen, wenn jetzt geklärt werden soll, wie die teleologische und systematische Auslegung vom Gerichtshof angewandt werden.

Festzuhalten bleibt, daß Rechtsfortbildung im Rahmen von systematischer und teleologischer Auslegung betrieben wird.

IV. Vorgehensweise bei rechtsfortbildender Auslegung

Schermers[21] nennt drei Fälle, in denen der Gerichtshof teleologisch auslege. Zweien davon spricht er einen rechtsfortbildenden Charakter zu. Das sei zum einen die Lückenausfüllung[22], zum anderen eine Auslegung, die dazu diene, ein unzumutbares Ergebnis zu verhindern[23]. Im ersten Fall hätte Larenz[24] von einer „offenen", im zweiten Fall von einer „verdeckten Lücke" und damit gesetzesübersteigenden Rechtsfortbildung gesprochen, die mittels einer teleologischen Extension geschlossen werden müsse[25].

Der dritte von Schermers genannte Fall bewegt sich im Grenzbereich zwischen wortgetreuer und wortsinnübersteigender Auslegung. Es ist dies die „promotion of the objective"[26]. Danach müsse eine Auslegung immer die Verwirklichung der Vertragsziele fördern.

---

20 Stein, EuGH-Richterrecht, S. 619 (620).
21 Schermers/Walbroek, Judicial Protection, S. 19 ff. = §§ 300 ff.
22 Schermers/Walbroek, Judicial Protection, S. 22 = §§ 35 ff.
23 Schermers/Walbroek, Judicial Protection, S. 20 = §§ 32 ff.
24 Larenz, Methodenlehre, S. 365, 397 ff.
25 Zur Zuordnung der EuGH-Rspr. zur Ausfüllung offener bzw. verdeckter Regelungslücken vgl. Stein, EuGH-Richterrecht, S. 619 (631 ff.).
26 Schermers/Walbroek, Judicial Protection, S. 19 = §§ 30 f.

Der Gerichtshof hat in diesem Zusammenhang den Begriff des „effet utile" geprägt[27]. Unter mehreren Auslegungsmöglichkeiten sei diejenige zu wählen, die die nützliche Wirkung einer Maßnahme (Entscheidung/Richtlinie) nicht abschwäche[28]. Nützlich[29] heißt hier, die Erreichung der Ziele der Gemeinschaftsverträge fördernd. Dieser Gesichtspunkt kann auch als „Prinzip der Sicherung der Funktionsfähigkeit der Gemeinschaft" formuliert werden[30]. Die Argumentationsfigur wird jedoch nicht nur auf die Auslegung von Sekundärrecht, sondern auch auf Primärrecht angewandt[31]. Es wird der anschließenden Analyse der Urteile überlassen bleiben, ob der Gesichtspunkt des „effet utile" tatsächlich nicht rechtsschöpferisch wirkt.

Nicht immer jedoch dienen Wirksamkeitsüberlegungen lediglich der Entscheidung der Frage, welche von zwei möglichen Auslegungen zu wählen sei. Unter dem Begriff „effet nécessaire" hat der EuGH bestimmte Auslegungen erst ermöglicht[32]. So soll trotz diesbezüglichen Schweigens der einschlägigen Verordnung die Kommission befugt sein, einstweilige Maßnahmen zu ergreifen, da in bestimmten Fällen nur so ihre endgültigen Maßnahmen Wirkung entfalten könnten[33]. Die Argumentationsfigur des „effet

---

27 Dieser Topos entstammt völkerrechtlicher Terminologie, vgl. Kutscher, Methoden der Auslegung, I-5 (I-43); im französischen „effet utile"; wird auch mit „nützlicher Wirkung" übersetzt; unterscheide hiervon „effet direct", was lediglich mit der Möglichkeit Privater zu tun hat, sich (im Vorabentscheidungsverfahren) auf Gemeinschaftsrecht zu berufen.

28 Vgl. statt aller EuGH (*Leberpfennig* - Rs 9/70) Slg. 1970, 825 (838 - Rn. 5); vgl. außerdem Grabitz-Pernice Rn. 27 zu Art. 164.

29 „Utile" wird sowohl mit nützlich als auch mit praktisch übersetzt, vgl. Beutler/Bieber/Pipkorn/Streil, EG, S. 224, S. 230 (Vorauflage).

30 Ibsen, Europäisches Gemeinschaftsrecht, § 10 Rn. 40 a.E.: für Ibsen ist dieses Prinzip zugleich Auslegungsregel und dem Gemeinschaftsrecht immanenter Leitsatz.

31 Vgl. EuGH (*Broekmeulen* - Rs 246/80) Slg. 1981, 2311 (2328 - Rn. 16): hier stellt der EuGH auf die „praktische Wirksamkeit des Gemeinschaftsrechts" ab/Parallelen zur Argumentation zur unmittelbaren Geltung von Gemeinschaftsrecht vgl. hier EuGH (*van Gend/Loos* - Rs 26/62) Slg. 1963, 1 (Rn. 15) „Die Anwendung dieser Vorschrift (i.e. Art. 12 EWG-Vertrag) wäre im übrigen wirkungslos, wenn sie nach dem Vollzug einer in Verkennung der Vertragsvorschriften ergangenen staatlichen Entscheidung erfolgte.".

32 Zur Abgrenzung Kutscher, Methoden der Auslegung, I-5 (I-44).

33 EuGH (*Camera Care* - Rs 792/79 R) Slg. 1980, 119 (131 - Rn. 17 f.); Befugnis zum Erlaß einstweiliger Anordnungen bestätigt durch EuG (*La Cinq* - Rs T-44/90) Slg. 1992, II-1 (II-13 Rn. 26 f.).

nécessaire" stellt nicht auf Ziele ab, die es zu erreichen gilt, sondern auf bereits erreichte Ziele, aus denen sich gewisse Konsequenzen ergeben[34]. Bredimas[35] hat diese Auslegung als „globalizing technique" bezeichnet. Demnach werden einzelne Vertragsbestimmungen zusammengefaßt betrachtet, und aus ihnen werden Konsequenzen abgeleitet, die aus den Vorschriften für sich genommen nicht hätten abgeleitet werden können. Insofern wirkt diese Technik rechtsschöpferisch. In einem anderen Fall soll der Gemeinschaft die Kompetenz, für die Mitgliedstaaten verbindliche völkerrechtliche Verträge zu schließen, zwangsläufig, d.h. ohne ausdrückliche Kodifizierung, dann zukommen, wenn sie die betreffende Materie innergemeinschaftlich schon geregelt hat[36]. Hier handelt es sich demnach wieder um eine rechtsschöpferische Ausfüllung von Gesetzeslücken.

Festzuhalten ist: Innerhalb der systematisch/teleologischen Auslegung sind es insbesondere die Argumentationsfiguren des effet utile und des effet nécessaire, auf die der Gerichtshof eine rechtsfortbildende Auslegung stützt.

V. Normative Verankerung

Rechtsfortbildung muß der Richter dann betreiben, wenn es ihm verwehrt ist, eine Entscheidung in einer Rechtssache mit dem Argument zu verweigern, daß es an einschlägigen kodifizierten Normen fehle[37].

Eine Verpflichtung zum Erlaß einer Entscheidung, unabhängig vom Stand des kodifizierten Rechts, hat der Gerichtshof im *Algera*-Urteil ausdrücklich formuliert:

> „Was die Zulässigkeit des Widerrufs solcher Verwaltungsakte angeht, so handelt es sich hier um eine der Rechtsprechung und der Lehre in allen Ländern der Gemeinschaft wohlvertraute verwaltungsrechtliche Frage, für deren Lösung der Vertrag jedoch keine Vorschriften enthält. Um sich nicht dem Vorwurf einer Rechtsverweigerung auszusetzen, ist der Gerichtshof daher verpflichtet, diese Frage von sich aus unter Berücksichtigung der in Gesetz-

---

34 Bredimas, Methods of Interpretation and Community Law, Amsterdam 1978, S. 78.

35 Bredimas, Methods of Interpretation and Community Law, Amsterdam 1978, S. 78.

36 EuGH (*AETR* - Rs 22/70) Slg. 1971, 263 (275 Rn. 23-29).

37 Zum „deni de justice" vgl. Pescatore, La carence du legislateur communautaire et le devoir du juge, in GS Constantinesco, Köln 1983, 559 (576ff.).

gebung, Lehre und Rechtsprechung der Mitgliedstaaten anerkannten Regeln zu entscheiden."[38]

In der Literatur wird diese Verpflichtung auf Art. 164[39] EG-Vertrag gestützt. Dort wird der Gerichtshof zwar lediglich verpflichtet, die „Wahrung des Rechts bei der Auslegung und Anwendung dieses Vertrages" zu sichern. Wahrung des Rechtes heißt auch Rechtsgewährung. Diese Aufgabe kann er bei einer so neuen Rechtsordnung wie der des Gemeinschaftsrechts, die ausdrücklich dynamisch, d.h. auf Entwicklung angelegt ist und den EG-Gesetzgeber nur beschränkt handlungsfähig macht[40], nur dann erfüllen, wenn er die bestehenden Lücken schließt.

Ein Gebot zur Rechtsfortbildung im Falle von lückenhaften Regelungen könnte auch noch aus Art. 6 und Art. 13 Europäische Menschenrechtskonvention abgeleitet werden. Art 6 gewährt dem einzelnen das Recht auf gerichtliches Gehör. Art. 13 konstituiert die Verpflichtung, im Falle der Verletzung eines Grundrechts ein Rechtsschutzverfahren durchzuführen. Beide Bestimmungen wären mit einer Rechtsverweigerung wegen Lückenhaftigkeit der einschlägigen Regelungen unvereinbar. Die EG[41] ist zwar nicht Signatar der Europäischen Menschenrechtskonvention. Alle seine Mitgliedstaaten werden aber aus der Konvention verpflichtet. Es wird deshalb die Meinung vertreten, daß die Gemeinschaft für die Mitgliedstaaten in die Konvention eingetreten sei und die Konvention daher für die Gemeinschaft unmittelbar gelte[42]. Unabhängig von dieser Auffassung hat der EuGH die Bedeutung der EMRK für die Konkretisierung der Grundrechte hervorgehoben[43]. Internationale Verträge über Schutz der Menschenrechte, denen Mitgliedstaaten beigetreten sind, könnten nämlich zum Inhalt der Gemeinschaftsgrundrechte Hinweise geben.

---

38 EuGH (*Algera* - verb. Rs 7/56,3/57,7/57) Slg. 1957, 83 (118).
39 Constantinesco, Das Recht der Europäischen Gemeinschaften I, S. 808; Grabitz-Pernice, Rn. 35 zu Art. 164 mit Verweis auf EuGH (*Algera* - Rs 83/118) Slg. 1957, 83 (118); Mertens de Wilmars, Reflexions sur les méthodes d'interprétation, CDE 1986,5 (9): es ist kein Platz für ein non liquet; Kutscher, Thesen zu den Methoden der Auslegung des Gemeinschaftsrechts, I-5 (I-12; I-49); Everling, Richterrecht, RabelsZ 1986, 193 (206).
40 Everling, Richterrecht, RabelsZ 1986, 193 (206).
41 Die EU ist nicht völkerrechtsfähig, vgl. Geiger, EG-Vertrag, Rn. 10, Präambel.
42 Einen Überblick über den Meinungsstand gibt GTE-Beutler Rn. 48 zu Grundrechtsschutz.
43 Erstmals bei EuGH (*Nold* - Rs 4/73) Slg. 1974, 491 (507 - Rn. 13).

Abgesehen von der Notwendigkeit der Rechtsfortbildung aufgrund der Verpflichtung zur Rechtsgewährung kann sie auch in den Rechtsordnungen der Mitgliedstaaten eine Legitimierung finden. Schließlich gehört die richterliche Rechtsfortbildung zur Jahrhunderte alten europäischen Rechtskultur. Es kann daher davon ausgegangen werden, daß die Väter des EG-Vertrages den Gerichtshof auch zur richterlichen Rechtsfortbildung ermächtigen wollten[44]. Daher sind die Verträge grundsätzlich auch im Lichte gemeineuropäischer Rechtsüberlieferung und Rechtskultur zu verstehen[45].

VI. Klagebefugnis und Rechtsfortbildung

Nachdem geklärt wurde, unter welchen Bedingungen die Rechtsanwendung zur Rechtsfortbildung führen darf und muß, stellt sich nun die Frage, inwieweit die Judikatur zur Klagebefugnis verfahrensbeteiligter Dritter an die Argumentation der im folgenden darzustellenden rechtsfortbildenden Urteile des Gerichtshofes zum Klagerecht des Privaten anknüpfen darf.

Der Wortlaut des Art. 173 Abs. 4 EG-Vertrag läßt keine Lücke hinsichtlich der Klagen Dritter erkennen. Grundsätzlich können auch Dritte nach dieser Vorschrift klagen, wenn sie entsprechend betroffen sind[46].

Zwar hat sich der EuGH bei der Frage, in welchen Fällen jemand individuell betroffen sei, an der Abgrenzung der Entscheidung zur Verordnung orientiert. Auch die *Plaumann*-Formel stellt auf einen Vergleich mit der Situation eines Adressaten ab. Jedoch handelt es sich lediglich um eine Auslegung des Wortlauts. Auch andere Auslegungen sind denkbar. Zudem hat der Gerichtshof in anderen Fällen keine Bedenken gehabt, die Norm auch auf Drittbetroffene anzuwenden.

---

44 Hierauf verweist das BVerfG im Zusammenhang mit der Frage, ob Art. 24 Abs. 1 GG eine Rechtsprechung des EuGH legitimiert, nach der ein einzelner sich auf eine nicht umgesetzte Richtlinie berufen kann, vgl. BVerfGE 75, 223 (243).

45 BVerfGE 75, 223 (244).

46 Wie bereits in der Einleitung angesprochen, soll in dieser Arbeit das Problem „Klagen gegen Verordnungen" nicht besonders untersucht werden. Die Rechtsprechung des EuGH hierzu kann sicherlich als Rechtsfortbildung betrachtet werden. Für die Klagebefugnis verfahrensbeteiligter Dritter wird und soll nicht danach differenziert werden, ob die Klage gegen eine Entscheidung oder eine aus der Sicht des Dritten zu milde Antidumping-Zollverordnung gerichtet wird.

Wenn aber schon nach dem Wortlaut eine Klagemöglichkeit nicht ausgeschlossen ist, kann erst recht eine Argumentation herangezogen werden, die ein Klagerecht auch jenseits des Wortlautes begründen würde. Sie wäre - wie ja auch die Rechtsfortbildung selbst - als Auslegung aufzufassen.

Folgende Fragen sind im nächsten Abschnitt zu berücksichtigen:

1. Gibt es eine eigenständige Rechtsfortbildung in Sachen Rechtsschutz einzelner, und welche Prinzipien bzw. Argumentationen liegen ihr zugrunde?

2. Können diese Argumente für die Auslegung der Klagevoraussetzungen im Fall von Klagen Dritter fruchtbar gemacht werden?

B. Wege der Rechtsschutzgewährung durch rechtsfortbildende Auslegung

Im folgenden soll aufgezeigt werden, welche rechtsfortbildende Wege der Gerichtshof eingeschlagen hat, um zum Ziel eines größeren Rechtsschutzes des einzelnen zu gelangen.

Darüber hinaus wird näher beleuchtet, in welches Verhältnis der Gerichtshof Rechtsschutzüberlegungen zu anderen Gesichtspunkten setzt.

I. Einräumung Klagebefugnis

Im *Plaumann*-Urteil postulierte der Gerichtshof: „Im übrigen dürfen die Bestimmungen des Vertrages über das Klagerecht nicht restriktiv ausgelegt werden."[47]

Diesem Grundsatz ist der Gerichtshof in der nachfolgenden Rechtsprechung treu geblieben. Er hat den Art. 173 Abs. 4 EG-Vertrag in bezug auf die Parteifähigkeit, den angreifbaren Rechtsakt und das Betroffenheitserfordernis rechtsfortbildend ausgelegt.

---

47   EuGH (*Plaumann* - Rs 25/62) Slg. 1963, 211 (237).

1. Parteifähigkeit

Der Gerichtshof hat den Kreis der privilegierten Kläger gem. Art. 173 Abs. 1 EG-Vertrag um das Europäische Parlament erweitert. Vorher schon wurde eine Klage gegen das Parlament für zulässig erklärt. Damit hielt sich der EuGH nicht an den Wortlaut des damals geltenden Art. 173 EWG-Vertrag, der das Parlament in der jeweils einschlägigen Aufzählung von Aktiv- bzw. Passivlegitimierten nicht nannte.

a) *passive*

Um die Frage, ob gegen das Parlament Nichtigkeitsklage erhoben werden könne, ging es in der Rechtssache *Les Verts*[48]. Die Grünen wollten einen Präsidiumsbeschluß des Europäischen Parlamentes für nichtig erklären lassen, in dem es um die Verteilung der Wahlkampfkostenerstattung ging. Nach Art. 173 Abs. 1 EG-Vertrag war das Parlament nicht passivlegitimiert[49]. Sowohl Kläger als auch Beklagte machten geltend, daß es der in Art. 164 EG-Vertrag niedergelegten Aufgabe des Gerichtshofes als Hüter des Rechts entspreche, wenn der EuGH auch die Handlungen anderer Organe als die der Kommission und des Rates kontrolliere[50]. Der Gerichtshof betont zunächst, daß die EWG eine Rechtsgemeinschaft bilde, in der weder die Mitgliedstaaten noch die Gemeinschaftsorgane der Kontrolle darüber entzogen sind, ob ihre Handlungen im Einklang mit dem EG-Vertrag stehen. Daraus leitet er ab:

> „Eine Auslegung von Art. 173 EG-Vertrag, die die Handlungen des Europäischen Parlaments aus dem Kreis der anfechtbaren Handlungen ausschlösse, würde zu einem Ergebnis führen, das sowohl dem Geist des Vertrags, wie er in Artikel 164 Ausdruck gefunden hat als auch seinem System zuwiderliefe."[51]

Denn in solch einem Fall könne das Parlament in Zuständigkeiten der Mitgliedstaaten oder der anderen Organe eingreifen, ohne daß dagegen

---

48   EuGH (*Les Verts* - Rs 294/83) Slg. 1986, 1339; vgl. außerdem das wenige Monate später erlassene Urteil EuGH (*Rat/Parlament* - Rs 34/86) Slg. 1986, 2155 (2201 ff.).

49   Anders nach der Ratifizierung des Unionsvertrags, nach dem der neue Abs. 3 des Art. 173 EG-Vertrag sowohl das Parlament als auch die Europäische Zentralbank nennt.

50   EuGH (*Les Verts* - Rs 294/83) Slg. 1986, 1339 (1364 - Rn. 21 f.).

51   EuGH (*Les Verts* - Rs 294/83) Slg. 1986, 1339 (1366 - Rn. 25).

vorgegangen werden könnte. Die Rechte der Gruppe *Les Verts* wurden demgegenüber nur am Rande angesprochen.

Festzuhalten bleibt: Für die Frage der Klagelegitimation ist zu beachten, daß die Gemeinschaft ein geschlossenes Rechtsschutzsystem bildet. Danach müssen alle rechtlich bedeutsamen Handlungen von Organen der Gemeinschaft und der Mitgliedstaaten einer gerichtlichen Kontrolle unterliegen.

b) aktive

Im *Tschernobyl*-Urteil[52] sprach der Gerichtshof dem Europäischen Parlament das Recht zu, zur Wahrung seiner Interessen Nichtigkeitsklage zu erheben[53]. Der Gerichtshof wich damit bewußt von seiner vorangegangene Rechtsprechung ab[54]. Ausschlaggebendes Argument war die Aufrechterhaltung des institutionellen Gleichgewichts, die nur dann gewährleistet sei, wenn jedes Organ seine Befugnisse unter Beachtung der Befugnisse der anderen Organe ausübe und Verstöße hiergegen geahndet werden können. Die Aufgabe, über die Wahrung des Rechts zu wachen (vgl. Art. 164 EG-Vertrag), obliege dem Gerichtshof. Demzufolge forderte der EuGH für sich:

> „Er [der Gerichtshof] muß daher in der Lage sein, die Aufrechterhaltung des institutionellen Gleichgewichts und folglich die richterliche Kontrolle der Beachtung der Befugnisse des Parlaments, wenn dieses ihn zu diesem Zweck anruft, durch einen Rechtsbehelf sicherzustellen, der ihm die Erfüllung seiner Aufgabe ermöglicht."[55]

Das Fehlen einer Bestimmung in den Verträgen, die dem Parlament eine Aktivlegitimation zuspricht, müsse hinter dem grundlegenden Interesse an der Aufrechterhaltung und Wahrung des von den Verträgen festgelegten institutionellen Gleichgewichts zurücktreten[56].

---

52 EuGH (*Tschernobyl* - Rs C-70/88) Slg. 1990, I-2041.
53 Der Unionsvertrag kodifizierte diese Rechtsprechung in Art. 173 Abs. 3 EG-Vertrag.
54 EuGH (*Parlament/Rat* - Rs 302/87) Slg. 1988, 5615 (5640 ff. - Rn. 11 ff.): Hier vertraten indessen Kommission und Parlament dieselbe Auffassung, so daß mit einer Klage der Kommission den Interessen des Parlamentes hätte Rechnung getragen werden können.
55 EuGH (*Tschernobyl* - Rs C-70/88) Slg. 1990, I-2041 (I-2073 - Rn. 23).
56 EuGH (*Tschernobyl* - Rs C-70/88) Slg. 1990, I-2041 (I-2073 - Rn. 26): Verfahrensrechtliche Lücke dürfe nicht schwerer wiegen als das grundlegende Interesse

Festzuhalten ist: Das Interesse an der Wahrung des institutionellen Gleichgewichts kann entgegen dem Wortlaut des Vertrages eine Klagebefugnis begründen.

2. Angreifbarer Rechtsakt

Als direkt angreifbare Rechtsakte nennen die Art. 173 Abs. 2 und Art. 173 Abs. 4 EG-Vertrag Entscheidungen. Oben wurde schon erwähnt, daß es dem EuGH zunächst undenkbar erschien, diesen Begriff in einem anderen als in dem sich aus Art. 189 EG-Vertrag ergebenden Sinn zu gebrauchen[57].

Mit folgender Argumentation in der Rechtssache *IBM* distanzierte sich der Gerichtshof von dieser Auffassung:

> „Diese Klage soll dazu dienen, gemäß Artikel 164 die Wahrung des Rechts bei der Auslegung und Anwendung des Vertrages zu sichern; eine die Zulässigkeitsvoraussetzungen dahin einschränkende Auslegung, daß die Klage nur gegen die in Artikel 189 genannten Arten von Handlungen gegeben wäre, würde diesem Ziel zuwiderlaufen."[58]

Der Gerichtshof hat allein darauf abgestellt, ob eine Maßnahme für den Adressaten Rechtswirkungen erzeugt[59]. Die Form spiele keine Rolle mehr[60]. Hier ging es um eine Verfahrenshandlung[61], die offensichtlich keine Verordnung darstellen konnte. Aber auch gegen Verordnungen hat der Gerichtshof bereits Klagen zugelassen[62].

Der Gerichtshof hatte bisher noch nicht über Klagen einzelner gegen Richtlinien zu befinden. In der Literatur gibt es Stimmen[63], die solche Klagen unter bestimmten Voraussetzungen für zulässig halten. Eine Rechtsfortbildung diesbezüglich ist nicht ausgeschlossen.

---

an der Aufrechterhaltung und Wahrung des von den Verträgen festgelegten institutionellen Gleichgewichts.

57 EuGH (*CNPFL* - verb. Rs 16,17/62) Slg. 1962, 961 (978).

58 EuGH (*IBM* - Rs 60/81) Slg. 1981, 2639 (2651 - Rn. 8); zuerst EuGH (*AETR* - Rs 22/70) Slg. 1971, 263 (277 - Rn. 38/42).

59 EuGH (*IBM* - Rs 60/81) Slg. 1981, 2639 (2651 - Rn. 9 ff.).

60 GTE-Krück Rn. 45 zu Art. 173.

61 Mitteilung der Beschwerdepunkte i.S.d. Art. 2 Abs. 1 VO Nr. 99/63.

62 Vgl. Rspr.-Analyse im 2. Kapitel; zum rechtsfortbildenden Charakter dieser Rechtsprechung vgl. Richter, Doppelnatur, S. 564.

63 v.Burchard, EuR 1991, 140 (160 ff.).

Festzuhalten bleibt: Die in Art. 164 EG-Vertrag statuierte Pflicht, das Recht zu wahren, führt zu einer weiten Auslegung der Klagevoraussetzungen.

3. Betroffenheit

Auch das Erfordernis des unmittelbaren und individuellen Betroffenseins wurde vom Gerichtshof über den Wortsinn hinaus ausgelegt.

a) *unmittelbare*

Im Rahmen der Rechtsprechung zur Klagebefugnis von Produzenten und Herstellern gedumpter Waren hat der Gerichtshof von der genauen Prüfung dieses Erfordernisses abgesehen[64]. Gemäß einer wortgetreuen Auslegung ist von der Auferlegung eines Antidumping-Zolles durch eine Verordnung allein der jeweilige Importeur, nicht aber der Produzent oder Hersteller betroffen, denn nur der Importeur muß den Zoll zahlen. Hierüber hat der Gerichtshof stillschweigend hinweggesehen. Ausschlaggebend waren wohl Rechtsschutzüberlegungen.

b) *individuelle*

Die *Les Verts*-Entscheidung zeigt, daß der Gerichtshof unter bestimmten Umständen auch dann einen Kläger (Adressat der streitgegenständlichen Bestimmung) als individuell betroffen ansehen kann, wenn dieser zu einer abstrakt-definierten Gruppe gehört.

Die Regelung für die Wahlkampfkostenerstattung galt zugunsten politischer Gruppierungen jedweder Art, die für die EP-Wahlen 1984 Kandidaten aufstellen würden. Zum Zeitpunkt der Beschlußfassung war die Frist für die Kandidatenaufstellung noch nicht abgelaufen. Der potentielle Kreis der Adressaten war damit weder von der Zahl noch von der Identität her bestimmbar. Identifizierbar waren allein die bereits im Europäischen Parlament vertretenen Gruppierungen, denen der Kläger nicht zugehörte. Nach seiner Rechtsprechung hätte der EuGH die Klage also als unzulässig

---

64 Vgl. Schwarze, Anti-Dumping, EuR 1986, 217 (229); Schwarze begreift diese Rechtsprechung als weite Auslegung, also damit als Rechtsfortbildung.

abweisen müssen[65]. Dies war dem Gerichtshof bewußt. Die Folgen einer solchen „Auslegung" des Art. 173 Abs. 4 EG-Vertrag empfand der EuGH jedoch als nicht hinnehmbar. Dies hätte nämlich bedeutet, daß die im Parlament vertretenen Gruppen sofort gegen einen Beschluß über Wahlkampfkostenerstattung vorgehen könnten, solche Gruppen, die noch nicht im Parlament vertreten sind, indessen die Entscheidung über die Erstattung ihrer Kosten abwarten müßten. Damit hätten sie grundsätzlich erst nach der Wahl Klage erheben können. Und dies, obwohl sie im Vergleich zu den im Parlament vertretenen Gruppierungen durch den Beschluß benachteiligt wurden. Aus Gründen der Chancengleichheit fingierte der Gerichtshof damit die individuelle Betroffenheit des Klägers[66]. Das Urteil ist demnach ein sehr gutes Beispiel für eine Rechtsfortbildung, die ein unzumutbares Ergebnis verhindern will.

Ergebnis: Im Zusammenhang mit dem Kriterium des Betroffenseins stellt der Gerichtshof Rechtsschutzüberlegungen an, die zu einer Abweichung von den selbst entwickelten Kriterien für Klagen von Adressaten führen.

II. Privater beruft sich auf EG-Recht

Im Falle der Nichtigkeitsklage und der Untätigkeitsklage ist impliziert, daß sich der Kläger zur Begründung der Rechtswidrigkeit des angegriffenen Handelns auf EG-Normen berufen kann. Ihm steht mit den in Art. 173 Abs. 1 EG-Vertrag genannten Klagegründen die ganze Breite des EG-Rechts zur Verfügung[67]. Das gilt auch für die Untätigkeitsklage

---

65 So GA Mancini (*Les Verts* - Rs 294/83) Slg. 1986, 1339 (1353) mit Verweis auf EuGH (*Piraiki-Patraiki* - Rs 11/82) Slg. 1985, 207.

66 EuGH (*Les Verts* - Rs 294/83) Slg. 1986, 1339 (1368 - Rn. 35 f.): Ohne den Begriff Chancengleichheit zu verwenden, stellt der EuGH darauf ab, daß es sich hier um eine mögliche Ungleichbehandlung von miteinander konkurrierenden Parteien hinsichtlich der Verteilung von Geldmitteln handele, die zudem noch diejenigen begünstige, die im Parlament vertreten sind und am Beschluß mitgewirkt haben.

67 Einen individuellen Bezug verlangt der Gerichtshof hinsichtlich der Verletzung von Verfahrensrechten, vgl. nur EuGH (*Nakajima* - Rs C-69/89) Slg. 1991, I-2069 (I-2183 - Rn. 49): Kläger kann sich nicht auf Verletzung einer Geschäftsordnungsvorschrift berufen, weil diese nicht seinem Schutz diente.

nach Art. 175 EG-Vertrag, die begründet ist, wenn die Unterlassung gegen Gemeinschaftsrecht verstoßen hat.

Der Gerichtshof hat in seinem legendären Urteil in Sachen *van Gend & Loos* den Rechtsschutz des einzelnen ausgebaut, indem er ihm auch im nationalen Verfahren die Berufung auf primäres und sekundäres Gemeinschaftsrecht ermöglichte. Danach können EG-Rechtsakte unmittelbar wirken und individuelle Rechte begründen, die nationale Gerichte zu beachten haben.

Diese unmittelbare Wirkung (frz.: „effet direct") ist von der unmittelbaren Anwendbarkeit bzw. Geltung („applicabilité direct") zu unterscheiden[68]. Unmittelbar anwendbar ist das gesamte EG-Recht, da es im Gegensatz zu völkerrechtlichen Rechtsnormen keiner nationalen Transformationsakte oder Anwendungsbefehle bedarf, damit das primäre und sekundäre EG-Recht auch in der innerstaatlichen Rechtsordnung gilt. Gelten einzelne Rechtsnomen aber unmittelbar, so heißt das, daß sich der einzelne vor Gericht auf sie berufen kann. Hierfür bedarf es im Gegensatz zur unmittelbaren Geltung besonderer Anforderungen. Die entsprechende Norm muß nämlich hinreichend konkret sein, unbedingt gelten und darf keinen Ermessensspielraum eröffnen[69].

Der Gerichtshof argumentierte in bezug auf die unmittelbare Wirkung von Primärrecht folgendermaßen: Zum einen wende sich der EG-Vertrag als eine „neue Rechtsordnung des Völkerrechts" nicht nur an die Mitgliedstaaten, sondern auch an die einzelnen. Diese sollen verpflichtet, aber auch berechtigt werden[70]. Die Verleihung individueller Rechte erfolge nicht nur durch Vertragsvorschriften, die solches ausdrücklich bestimmen, sondern auch als Kehrseite von eindeutigen Verpflichtungen, die der Vertrag den Mitgliedstaaten bzw. den Organen der Gemeinschaft auferlegt. Der gerichtliche Schutz individueller Rechte könne nicht allein durch die in den Artikeln 169 und 170 vorgesehen Verfahren gewährleistet werden. Ferner ist es Aufgabe der einzelnen, zum Funktionieren der Gemeinschaft beizutragen. Diese Aufgabe erfüllen sie über das Europäische Parlament und den Wirtschafts- und Sozialausschuß. Darüber hinaus stelle die Wachsamkeit des einzelnen hinsichtlich der Wahrung seiner eigenen

---

68   Schermers/Walbroek, Judicial Protection, S. 138 § 239.
69   Ständige Rechtsprechung; gilt sowohl für das Primär- als auch für das Sekundärrecht.
70   EuGH (*van Gend & Loos* - Rs 26/62) Slg. 1963, 1 (25).

Rechte eine wirksame Kontrolle dar, welche die Kontrolle der Kommission und Mitgliedstaaten gem. Art. 169, 170 EG-Vertrag noch ergänze[71].

Im Falle der Berufung auf Sekundärrecht tritt der oben angesprochene Rechtsschutzgedanke zugunsten der Argumentationsfigur des „effet utile" in den Hintergrund. Maßgeblich ist, daß die nützliche Wirkung einer die Mitgliedstaaten verpflichtenden EG-Maßnahme abgeschwächt würde, wenn der einzelne sich nicht vor Gericht auf diese Maßnahme berufen könnte[72]. Das betrifft Entscheidungen, aber auch nicht fristgerecht umgesetzte Richtlinien[73].

Diese Nachrangigkeit des Rechtsschutzgedanken zeigen auch die Entscheidungen bezüglich Richtlinien. Sie können mitgliedstaatlichen Institutionen entgegengehalten werden, nicht jedoch Privatpersonen[74]. Das zeigt, daß nicht das Recht des einzelnen und dessen Schutz vor Beeinträchtigung im Vordergrund stehen, sondern die Durchsetzung des objektiven EG-Rechts, bei dessen Wahrung der einzelne als „Bundesgenosse" der übrigen Kontrollinstanzen gilt.

Das Argument „praktische Wirksamkeit" führt der Gerichtshof auch zur Begründung dafür an, daß der einzelne das Recht habe, gerichtlich prüfen

---

71 EuGH (*van Gend & Loos* - Rs 26/62) Slg. 1963, 1 (26).
72 EuGH (*Leberpfennig* - Rs 9/70) Slg. 1970, 825 (838 - Rn. 5); zu diesem Prinzip vgl. Bredimas, Methods of Interpretation and Community Law, Amsterdam 1978.
73 Die Berufungsmöglichkeit auf Richtlinien, die gem. Art. 189 EG-Vertrag für Mitgliedstaaten verbindlich sind, stellt eine außerordentliche Rechtsfortbildung dar und war auch Anlaß für die Entscheidung des Bundesverfassungsgerichts, nach der richterliche Rechtsfortbildung eine legitime Methode für den EuGH darstelle; vgl. zur unmittelbaren Wirkung von Richtlinien Emmert, Preira de Azvedo, L'effet horizontal des directives communautaires, in: RTD eur. 1993, 503, der diese Rechtsfortbildung nicht auf venire contra factum proprium, sondern auf effet utile zurückführt (S. 522ff.).
74 EuGH (*Marshall* - Rs 152/84) Slg. 1986, 723 (749 - Rn. 48); EuGH (*Marleasing* - Rs C-106/89) Slg. 1990, I-4135 (I-4158 - Rn. 6): Nicht fristgerecht umgesetzte Richtlinie entfaltet keine unmittelbare Wirkung zu Lasten Dritter - jedoch gemeinschaftskonforme Auslegung nationalen Rechts möglich (I-4159 - Rn. 8 ff.) wegen Verpflichtung der MS aus Art. 5 EG-Vertrag, von der auch Gerichte umfaßt; für eine horizontale Wirkung von Richtlinien vgl. Emmert, Pereirade Azeudo, L'effet horizontal, RDTE 1993, 503 (523 f.), die eine solche Wirkung gleichfalls auf das Gemeinschaftsinteresse an der Realisierung der Integrationsziele stützen.

162

zu lassen, ob ein nationales Gesetz innerhalb der von der Richtlinie gezogenen Ermessensgrenzen geblieben sei[75].

Die Frage, ob der einzelne sich auf Gemeinschaftsrecht berufen kann, ist eng verbunden mit dem Problem, in welchem Rangverhältnis das Gemeinschaftsrecht zum nationalen Recht steht. Auch hier spielt der Effektivitätsgesichtspunkt eine Rolle. Danach wäre nämlich die Effektivität der Verpflichtung, die die Mitgliedstaaten nach dem Vertrag vorbehaltlos und unwiderruflich übernommen haben, wirkungslos, wenn nationalen Rechtsakten im Bereich der Gemeinschaftsrechtssetzung in irgendeiner Weise rechtliche Wirksamkeit zuerkannt würde[76].

Festzuhalten bleibt: Die Berufungsmöglichkeit soll dem Rechtsschutz des EU-Bürgers dienen. Gleichzeitig soll sie aber die Effektivität des Gemeinschaftsrechts sichern. Deshalb werden die Ausführungen zu den zu schützenden Rechtspositionen der Kläger kurz gehalten. Hier wird ein funktionaler Zusammenhang zwischen Individual-Rechtsschutz und Durchsetzung des Gemeinschaftsrechts aufgezeigt. Es wird zu fragen sein, inwieweit eine solche Vorgehensweise auch auf die Ebene des gemeinschaftsrechlichen Rechtsschutzes übertragbar ist.

III. Einräumung subjektiver Rechte

Der EuGH schützt den EU-Bürger vor Eingriffen in dessen Grundrechte. Bis auf wenige Ausnahmen[77] sind diese nicht im EG-Vertrag kodifiziert. Sie gelten für den Gerichtshof jedoch als ungeschriebene allgemeine Rechtsgrundsätze, die im Wege einer wertenden Vergleichung der nationalen Verfassungsüberlieferungen konkretisiert werden[78]. Hierauf wurde schon im 3. Kapitel Bezug genommen.

---

75 EuGH (*Enka* - Rs 38/77) Slg. 1977, 2203 (2211 - Rn. 9/10): wenn nicht, gilt die Richtlinienbestimmung unmittelbar und verdrängt das nationale Recht (I-2212 - Rn. 18).
76 EuGH (*Simmenthal-II* - Rs 106/77) Slg. 1978, 629 (644 - Rn. 18).
77 Besondere Ausprägungen z.B. des Diskriminierungsverbotes finden sich in Art. 7, 40 Nr. 3, 48, 52, 119 EG-Vertrag; das Eigentumsrecht ist in Art. 36, 222 EG-Vertrag kodifiziert.
78 Anfänglich sprach der EuGH von „allgemeinen Grundsätzen der Gemeinschaftsrechtsordnung" vgl. EuGH (*Stauder* - Rs 29/69) Slg. 1969,419 (425); dann hat

Obwohl hier zweifellos Rechtsfortbildung betrieben wird[79], ist die Vorgehensweise für das Problem der Rechtsfortbildung der Klagebefugnis unin-
teressant, da eine Anknüpfung an Grundrechte, wie das 3. Kapitel gezeigt
hat, mehr Probleme bereitet als die vorhandenen löst.

IV. Einräumung neuer Klagearten

Der Gerichtshof hat die richterrechtliche Schaffung neuer Klagearten nie
grundsätzlich abgelehnt.

1. auf europäischer Ebene

Eine von Deutschland gegen die Kommission gerichtete Klage auf Zahlung einer bestimmten Geldsumme wies der Gerichtshof zwar als unzulässig ab, jedoch nur, weil Deutschland sein Begehren mit einer Nichtigkeitsklage hätte gelten machen müssen. Wörtlich heißt es im Urteil:

> „Der EG-Vertrag sieht mithin eine Klage, wie sie von den Klägerinnen
> erhoben worden ist, nicht vor; darin ist jedoch keine Lücke zu sehen, de-
> ren Ausfüllung es bedürfte, um dem Rechtsunterworfenen einen wirksa-
> men Schutz seiner Rechte zu gewährleisten."[80]

In seinem *Zwartfeld*-Beschluß[81] hatte der Gerichtshof mit einem an ihn
gerichteten „Ersuchen um Rechtshilfe" zu tun, mittels dessen ein nationales Gericht die Kommission verpflichten wollte, bestimmte, für ein Straf-
verfahren relevante Unterlagen herauszugeben und die Namen potentieller
Zeugen zu nennen.

---

sich der Begriff „allgemeine Rechtsgrundsätze" durchgesetzt, da dem Gemein-
schaftsrecht ein Grundrechtskatatlog fehlt. Vgl. hierzu Pescatore, Bestand und
Bedeutung der Grundrechte im Recht der Europäischen Gemeinschaften, in:
EuR 1979,1 (4) und GTE-Krück Rn. 22 zu Art. 164; EuGH (*Nold* - Rs 4/73)
Slg. 1974, 491 (507 - Rn. 13); für weitere Nachweise vgl. GTE-Krück
Rn. 27 ff. zu Art. 164.

79   So ausdrücklich GA Dutheillet de Lamothe (Internationale Handelsgesellschaft-Rs
     11/70) Slg. 1970, 1125 (1150): Er bezeichnete diese Rechtsprechung als Entwick-
     lung eines ungeschriebenen Rechts im Wege richterlicher Rechtsfortbildung.

80   EuGH (*Deutschland/Kommission* - Rs 44/81) Slg. 1982, 1855 (1875 - Rn. 7).

81   EuGH (*Zwartveld* - Rs C-2/88) Slg. 1990, I-3367 mit Bespr. von Prieß, EuR
     1991, 342 (353).

164

Die Kommission verwies auf die abschließende Regelung des Vertrages im Hinblick auf den gerichtlichen Rechtsschutz. Nach keinem der dort formulierten Klageverfahren sei eine solche Klage zulässig. Der EuGH stützte sich indessen darauf, daß die EG eine Rechtsgemeinschaft sei, in der weder die Mitgliedstaaten noch die Gemeinschaftsorgane der Kontrolle darüber entzogen seien, ob ihre Handlungen im Einklang mit der Verfassungsurkunde der Gemeinschaft, dem Vertrag, stünden. Als für den Streit erhebliche Norm sah der Gerichtshof Art. 5 EG-Vertrag an, der die Pflicht zur loyalen Zusammenarbeit begründet. Diese Vorschrift habe besondere Bedeutung im Verhältnis zu den Gerichten der Mitgliedstaaten, die für die Anwendung und Wahrung des Gemeinschaftsrechts im Rahmen der nationalen Rechtsordnung Sorge tragen[82]. Gestützt auf Art. 164 EG-Vertrag müsse der Gerichtshof die Beachtung der Verpflichtung zur loyalen Zusammenarbeit durch die Kommission gerichtlich überprüfen können[83].

Damit schafft der Gerichtshof trotz seiner bisherigen Zurückhaltung[84] hinsichtlich einer Ausdehnung der Zuständigkeit des Gerichtshofes einen Rechtsbehelf, den das kodifizierte Gemeinschaftsrecht bisher nicht kannte. Art. 177 EG-Vertrag ermächtigt Gerichte nur dazu, die Rechtmäßigkeit einer Maßnahme eines Europäischen Organes überprüfen zu lassen. Im vorliegenden Fall dagegen hat das Gericht die Verpflichtung der Kommission zur Überlassung bestimmter Unterlagen ausgesprochen. Eine „Verpflichtungsklage" ist bisher immer mit dem Hinweis auf Art. 171, 174, 176 EG-Vertrag als systemwidrig abgelehnt worden[85]. Hier wurde allein mit der Berufung auf Art. 164 der Ausspruch einer Verpflichtung für zulässig erklärt. Damit könnte dem bisher anerkannten Prinzip der „enumerativ aufgeführten Einzelzuständigkeiten", wonach die Art. 169 ff. EG-Vertrag abschließend Wege gerichtlichen Rechtsschutzes definieren,

---

82 EuGH (*Zwartveld* - Rs C-2/88) Slg. 1990, I-3367 (I-3372 - Rn. 18).
83 EuGH (*Zwartveld* - Rs C-2/88) Slg. 1990, I-3367 (I-3373 - Rn. 23).
84 Noch in EuGH (*CFDT* - Rs 66/76) Slg. 1977, 305 (310 - Rn. 8) hat der Gerichtshof gestützt auf Art. 31 EGKS, der mit Art. 164 EG-Vertrag fast wortgleich ist, festgestellt, daß es dem Gerichtshof nicht gestattet sei, von sich aus die Rechtsgrundlagen seiner Zuständigkeit zu ändern. Es ging um eine Nichtigkeitsklage einer Arbeitnehmerorganisation gegen Beschlüsse des Rates.
85 Vgl. hierzu GTE-Krück Rn. 1 zu Art. 171; Rn. 1 zu Art. 174; Rn. 2 zu Art. 176 EG-Vertrag: Argument ist die Kompetenzverteilung zwischen Mitgliedstaaten, Organen und Gerichtshof.

eine Absage erteilt worden sein. Es stellt sich damit die Frage, ob der Art. 164 EG-Vertrag die Funktion einer EG-gerichtlichen Generalklausel übernehmen wird, die den Rechtsweg zum EuGH eröffnet, wenn die Voraussetzungen der speziellen Verfahrensarten nicht gegeben sind und sonst keine Möglichkeit bestünde, die Wahrung des Rechts bei der Auslegung und Anwendung des EG-Vertrages zu sichern[86].

2. auf mitgliedstaatlicher Ebene

Der Gerichtshof scheut auch nicht davor zurück, auf mitgliedstaatlicher Ebene den Rechtsschutz auszuweiten. Dabei geht es um die Frage, ob ein mitgliedstaatliches Gericht einstweiligen Rechtsschutz gewähren kann bzw. muß, während es das Ausgangsverfahren aussetzt, um die gemeinschaftsrechtlichen Auslegungsfragen dem Gerichtshof gem. Art. 177 EG-Vertrag vorzulegen.

Wird in der Ausgangsklage die Vereinbarkeit einer nationalen Rechtsnorm mit dem Gemeinschaftsrecht in Frage gestellt, so ist das Ausgangsgericht auch dann zur Gewährung von einstweiligem Rechtsschutz verpflichtet, wenn das nationale Recht einen einstweiligen Rechtsschutz gegen nationale Rechtsnormen nicht kennt[87]. Argumentationsgrundlage ist hierbei einerseits die auf dem Mitwirkungsgebot des Art. 5 EG-Vertrag beruhende Verpflichtung der staatlichen Gerichte, innerhalb des Vorabentscheidungsverfahrens für denselben Rechtsschutz zu sorgen, wie ihn Private im Rahmen von Direktklagen beanspruchen können[88]. Andererseits wird die Argumentationsfigur des „effet utile" herangezogen. Es führe nämlich zu einer Abschwächung der vollen Wirksamkeit des Gemeinschaftsrechts, falls ein mitgliedstaatliches Gericht durch das nationale Recht daran gehindert wäre sicherzustellen, daß das in dem Urteil des Gerichtshofes eventuell festgestellte gemeinschaftsrechtliche Recht später auch geltend gemacht werden kann[89].

---

86 So Prieß, Die Verpflichtung der Europäischen Gemeinschaft zur Amts- und Rechtshilfe, EuR 1991, 342 (354).

87 EuGH (*Factortame - C-213/89*) Slg. 1990, I-2433: Das Prozeßrecht des Vereinigten Königreichs verbietet einstweiligen Rechtsschutz gegen Parlamentsakte.

88 EuGH (*Factortame - C-213/89*) Slg. 1990, I-2433 (I-2473 - Rn. 19).

89 EuGH (*Factortame - C-213/89*) Slg. 1990, I-2433 (I-2474 - Rn. 21).

Einstweiligen Rechtsschutz muß das mitgliedstaatliche Gericht jedoch auch dann gewähren, wenn mit der Klage eine EG-Verordnung inzident angegriffen wird[90]. Diese Rechtsprechung basiert auf dem Grundsatz, daß der EU-Bürger das Recht hat, die Rechtmäßigkeit von EG-Normen vor nationalen Gerichten inzident zu bestreiten[91]. Dieses Recht wäre gefährdet, wenn der Bürger nicht in der Lage wäre, für die Zeit der Aussetzung des Ausgangsverfahrens einstweiligen Rechtsschutz zu begehren.

Diese rechtsschutzfreundliche rechtsfortbildende Auslegung gilt jedoch nicht für den einstweiligen Rechtsschutz im nationalen Verwaltungsverfahren. Hier hat der Mitgliedstaat, der zur Umsetzung der gemeinschaftsrechtlichen Bestimmungen verpflichtet ist, alles zu tun, um deren Durchsetzbarkeit auch tatsächlich sicherzustellen. Sofern daher in einer nationalen Rechtsordnung bereits durch ein verwaltungsrechtliches Rechtsmittel die Wirksamkeit der Maßnahme gehemmt wird, müssen die Behörden den auf den gemeinschaftsrechtlichen Bestimmungen beruhenden Akt für sofort vollziehbar erklären, selbst wenn für eine solche Anordnung die Voraussetzungen nicht vorliegen[92].

Festzuhalten bleibt: Auf gemeinschaftsrechtlicher Ebene kann das Bedürfnis, die Einhaltung der aus Art. 5 EG-Vertrag entspringenden Pflichten zu kontrollieren, auf mitgliedstaatlicher Ebene der Gedanke des effet utile und des Rechtsschutzgedankens zur Ausweitung von Klagemöglichkeiten führen.

V. Gewährung von Schadensersatz

Der Anspruch auf Schadensersatz für sowohl gemeinschaftliches als auch mitgliedstaatliches Unrecht wurde rechtsfortbildend ausgeformt.

---

90   Vgl. EuGH (*Zuckerfabrik Süderdithmarschen* - verb. Rs C-143/88, 92/88) Slg. 1991, I-415 (I-541 - Rn. 20).

91   EuGH (*Zuckerfabrik Süderdithmarschen* - verb. Rs C-143/88, 92/88) Slg. 1991, I-415 (I-540 - Rn. 16).

92   EuGH (*Tafelwein* - Rs C-217/88) Slg. 1990, I-2899 (I-2906 - Rn. 26).

1. für gemeinschaftsrechtliches Unrecht

Der Anspruch des EU-Bürgers auf Schadensersatz wegen rechtswidrigen Handelns europäischer Organe ergibt sich aus Art. 215 EG-Vertrag. Art. 215 Abs. 2 EG-Vertrag verweist auf die „allgemeinen Rechtsgrundsätze". Insofern wurde der Auftrag des Gerichts, die Voraussetzung der Haftung selbst zu konkretisieren[93], hier kodifiziert. Er ist somit als ausdrückliche Anweisung zur Lückenschließung (und damit Rechtsfortbildung) anzusehen[94].

2. für mitgliedstaatliches Unrecht

Ein Anspruch des EU-Bürgers auf Schadensersatz wegen Verletzung des Gemeinschaftsrechts durch einen Mitgliedstaat ist nicht kodifiziert. Gleichwohl gewährt der Gerichtshof in seinem *Francovich*-Urteil einen Anspruch auf Ersatz des Schadens, der dadurch entstanden ist, daß ein Mitgliedstaat eine den Bürger begünstigende Richtlinie nicht fristgerecht umgesetzt hat[95]. Diese Rechtsprechung stützt sich gleichermaßen auf das Rechtsschutzinteresse des einzelnen und die „volle Wirksamkeit" des Gemeinschaftsrechtes[96]. Durch die Verpflichtung der Mitgliedstaaten mittels Richtlinie können den EU-Bürgern Rechte verliehen worden sein, die gemindert wären, hätten diese Bürger nicht das Recht, Schadensersatz geltend zu machen. Gleichzeitig diene die Möglichkeit, Schadensersatz zu beanspruchen, dazu, die volle Wirksamkeit der gemeinschaftsrechtlichen Verpflichtung zu gewährleisten.

Festzuhalten bleibt: Auch hier stehen subjektiver Rechtsschutz und das objektive Effektivitätsgebot in einem engen Zusammenhang.

---

93 Vgl. hierfür nur das grundlegende Urteil EuGH (*Schöppenstedt* - Rs 5/71) Slg. 1971, 975 (984 - Rn. 11 ff.).

94 Vgl. GTE-Krück Rn. 25 zu Artikel 164 m.V. auf Schweitzer, Urteilsanmerkung zu Rs 36/75, in NJW 1976, 469 (470): „Artikel 215 Abs. 2 EG-Vertrag als Ausdruck einer allgemeinen Regel zur Lückenausfüllung und Fortentwicklung des Gemeinschaftsrechts".

95 EuGH (*Francovich* - C-6,9/90) Slg. 1991, I-5357.

96 EuGH (*Francovich* - C-6,9/90) Slg. 1991, I-5357 (I-5414 - Rn. 32 f.).

VI. Unanwendbarkeit nationaler Rechtsnorm wegen unzureichenden Rechtsschutzes

Der in einer Richtlinie verankerte Grundsatz des effektiven Rechtsschutzes führt dazu, daß eine nationale Regelung, die in das Anwendungsgebiet dieser Regelung fällt und diesen Rechtsschutz nicht gewährleistet, unanwendbar ist[97].

VII. Eingriffskompetenz gegenüber Privaten

Das Rechtsschutzbedürfnis des Privaten spielte bei der Frage, ob die Kommission berechtigt ist, im Kartellverfahren gem. VO Nr. 17/62 einstweilige Maßnahmen zu erlassen, keine Rolle[98]. Dabei hatte ein Dritter eine solche Maßnahme bei der Kommission beantragt. Allein der Gesichtspunkt der Wirksamkeit reicht für den Gerichtshof aus, die VO Nr. 17/62 in diesem Punkt als nicht abschließend zu qualifizieren.

Obwohl es dafür in der VO Nr. 17/62 keine Ermächtigungsgrundlage gibt, erachtet der EuGH die Kommission für legitimiert, im Kartellverfahren einstweilige Maßnahmen zu erlassen. Dabei charakterisierte der Gerichtshof die in Art. 3 VO Nr. 17/62 aufgezählten Befugnisse, nämlich eine Entscheidung zu erlassen oder Empfehlungen zur Abstellung der Zuwiderhandlung auszusprechen, schlicht als nicht abschließend[99]. Maßgeblich ist auch hier wieder der Wirksamkeitsgedanke. Laut Gerichtshof könne nämlich die Befugnis gem. Art. 3 VO Nr. 17, Entscheidungen zur Abstellung der Zuwiderhandlung zu erlassen, ihrer Wirksamkeit beraubt sein, wenn wegen des Verhaltens des Unternehmens früher hätte eingegriffen werden müssen[100]. Daher sei die Kommission befugt, diejenigen einstweiligen Maßnahmen anzuordnen, die unerläßlich sind, um ihr die wirksame Erfüllung ihrer Aufgaben zu ermöglichen, insbesondere die praktische Wirksamkeit der Entscheidungen zu gewährleisten.

---

97   EuGH (*Johnston - Rs 222/84*) Slg. 1986, 1651 (1681 - Rn. 13 ff.).

98   EuGH (*Camera Care - Rs 792/79 R*) Slg. 1980, 119 (130 f. - Rn. 15 ff.).

99   EuGH (*Camera Care - Rs 792/79 R*) Slg. 1980, 119 (130 - Rn. 16): „Diese Bestimmung darf jedoch nicht in der Weise ausgelegt werden, daß sie die Modalitäten der Ausübung der Entscheidungsbefugnis, die den Kern des Artikel 3 darstellt, einschränkt.".

100 EuGH (*Camera Care - Rs 792/79 R*) Slg. 1980, 119 (131 - Rn. 18).

Generalanwalt Warner hielt die Verordnung Nr. 17 für abschließend und sah die Befugnis, einstweilige Maßnahmen zu erlassen, auch nicht als notwendige Folge der der Kommission im Rahmen dieser Verordnung verliehenen Aufgabe[101].

Entscheidend scheint es dem Gerichtshof darauf anzukommen, ob die Rechtsschutzerweiterung der Durchsetzung des Gemeinschaftsrechts dient. Ist dies der Fall, bedarf es keiner Rechtsschutzüberlegungen mehr.

VIII. Zusammenfassung

Die Ausdehnung des Rechtsschutzes stützt der Gerichtshof nicht auf Rechtsschutzüberlegungen, sondern vielmehr auf das Argument des effet utile[102] bzw. seinem aus Art. 164 EG-Vertrag entspringenden Auftrag, das EG-Recht zu wahren. Hierdurch machte der Gerichtshof deutlich, daß beide Argumentationen in einem funktionellen Zusammenhang zueinander stehen. Durch die Ausdehnung des individuellen Rechtsschutzes wird auch die Wirksamkeit des Gemeinschaftsrechts gefördert bzw. kann der Gerichtshof seiner Aufgabe der Wahrung des Gemeinschaftsrechts nachkommen.

Die Argumentation in *Metro*, die sich auf das Interesse an einem sachgerechten Rechtsschutz und einer ordnungsgemäßen Anwendung der Kartellrechtsnormen beruft bzw. die Argumentation in *Fediol*, die auf die Grundsätze des Art. 173 und die des Art. 164 EG-Vertrag rekurriert, weisen strukturelle Ähnlichkeiten mit obiger Argumentation auf. Auch dort bezieht sich der Gerichtshof jeweils auf eine objektive und eine subjektive Perspektive, die gemeinsam die Gewährung des Klagrechts rechtfertigen.

Der Begriff der ordnungsgemäßen Anwendung erscheint hierbei als Entsprechung des Wirksamkeitsprinzips, das bisher nur in bezug auf Handlungen von Mitgliedstaaten angewandt wurde. Es kann daher als Postulat dafür verstanden werden, daß auch die europäischen Organe das Gemeinschaftsrecht so anzuwenden haben, daß dessen Wirksamkeit nicht beeinträchtigt wird.

---

101 GA Warner (*Camera Care* - Rs 792/79 R) Slg. 1980, 119 (135 f.).
102 Der Gedanke der Wirksamkeit ist nicht nur Argumentationsmethode, sondern zugleich auch fundamentales Prinzip des Gemeinschaftsrechts, das in dem Prinzip der Funktionsfähigkeit der Gemeinschaft aufgeht.

Hierdurch kommt zum Ausdruck, daß der effet utile nicht bloß eine Auslegungsregel ist, sondern auch „ein das Gemeinschaftsrecht ausrichtender und qualifizierender Leitsatz"[103]. Dieser Leitsatz kann als das Prinzip der Sicherung der Funktionsfähigkeit der Gemeinschaften aufgefaßt werden. Die Funktionsfähigkeit kann nicht nur durch gemeinschaftswidriges Tun der Mitgliedstaaten, sondern auch durch solches von Privaten gefährdet werden. Es muß daher die wirksame Anwendung des Gemeinschaftsrechts diesen Privaten gegenüber gewährleistet werden.

C. Argumentationslinien für ein Klagerecht Dritter

Es ist zu versuchen, den oben festgestellten funktionalen Zusammenhang zwischen individuellem Rechtsschutz und Interesse am wirksamen Gemeinschaftsrecht für das Problem von Klagen verfahrensbeteiligter Dritter fruchtbar zu machen.

Die prinzipielle Zulässigkeit eines solchen Vorgehens wurde oben bereits festgestellt[104].

Zunächst ist zu fragen, inwieweit ein Interesse an der ordnungsgemäßen Anwendung der diesen Klagen zugrundeliegenden Regelungsmaterien besteht.

Daraufhin ist der Zusammenhang von Individualklagerecht und Sicherstellung der ordnungsgemäßen Anwendung dieser gemeinschaftsrechtlichen Normen zu untersuchen.

Wird das Klagerecht durch das Prinzip eines wirksamen Gemeinschaftsrechts gerechtfertigt, so ist zu fragen, ob sich der Dritte darüber hinaus auf ein dem Charakter der Nichtigkeitsklage entsprechend qualifiziertes Klagebedürfnis berufen kann.

Schließlich muß das Ergebnis auf seine Vereinbarkeit mit leitenden Prinzipien des EG-Rechts geprüft werden. Diese Prüfung gehört noch zu der Frage, ob ein Klagerecht der besseren Durchsetzung des EG-Rechts dient. Dies tut es nämlich nicht, falls es zwar für einen Teilbereich Wirksamkeit herstellt, dabei aber grundlegende Prinzipien des Gemeinschaftsrechts

---

103   Ipsen, Gemeinschaftsrecht, S. 280 - § 10 Rn. 40.
104   Vgl. 4. Kapitel/A/VI.

beeinträchtigt. Der besseren Übersicht wegen sollen diese Prinzipien separat behandelt werden.

I. Effektivitätsprinzip und das Klagerecht Dritter

Das Effektivitätsprinzip kann nur dann zur Legitimierung eines Klagerechts dienen, wenn die Klagen verfahrensbeteiligter Dritter die Effektivität von solchen gemeinschaftsrechtlichen Normen gewährleisten, an denen ein besonderes gemeinschaftsrechtliches Interesse besteht.

1. Interesse an der Wahrung des objektiven Rechts

Der EG-Vertrag hat die Wahrung des Gemeinschaftsrechts gem. Art. 164 EG-Vertrag dem Gerichtshof übertragen.

Eine grundsätzliche Zuständigkeit im Falle einer möglichen Verletzung des Gemeinschaftsrechts ist aus Art. 164 EG-Vertrag nicht abzuleiten. Hierfür sind die Art. 169 ff. EG-Vertrag als abschließende Regelungen anzusehen. In Ausnahmefällen kann es, wie wir oben sahen, zu einer Erweiterung seiner Zuständigkeit kommen[105]. Diese Ausnahmen waren jedoch besonders begründet. Jede Ausweitung der Zuständigkeit des Gerichtshofes erfordert daher ein besonderes Interesse, das über jenes an der bloßen Wahrung des objektiven Rechts hinausgeht. Für eine Auslegung des Art. 173 Abs. 4 EG-Vertrag, die sich an die Argumentation der rechtsfortbildenden Urteile zum Klagerecht Privater anlehnen will, muß entsprechendes gelten.

2. Besonderes Interesse an der Wahrung des Wettbewerbsrechts

In der oben dargestellten Judikatur wurde der Rechtsschutz insbesondere deshalb ausgeweitet, weil andernfalls gemeinschaftswidriges Verhalten der Mitgliedstaaten nicht ausreichend hätte sanktioniert werden können. Die Ausweitung des Klagerechts geschah also im Interesse der Gemeinschaft an der Durchsetzung des EG-Rechts[106]. In den Rechtsgebieten, in

---

105 Vgl. oben zur EuGH (*Zwartveld* - Rs C-2/88) Slg. 1990, I-3367.
106 Zu beachten ist, daß der Wirksamkeitsgedanke gegen Rechtsschutz sprechen kann, vgl. EuGH (*Tafelwein* - Rs C-217/88) Slg. 1990, I-2899 (I-2906 - Rn. 26) und

172

denen die Klagen verfahrensbeteiligter Dritter angesiedelt sind, fehlt es am Konflikt zwischen Gemeinschafts- und mitgliedstaatlichem Recht. Es ist einzig und allein EG-Recht einschlägig.

Möglicherweise läßt sich aber ein Gemeinschaftsinteresse aus der besonderen Natur der betroffenen Rechtsgebiete ableiten.

Die hier einschlägigen Rechtsgebiete lassen sich mit Ausnahme des Außenhandelsrechts unter den Begriff Wettbewerbsrecht fassen[107].

Das Wettbewerbsrecht soll den Rahmen für die Aufrechterhaltung einer Wirtschaftsordnung bieten, die von Konkurrenz zwischen den Wirtschaftsteilnehmern geprägt ist und die Leistungsfähigkeit als entscheidenden Faktor für den wirtschaftlichen Erfolg ansieht. Wettbewerbspolitische Theorien haben es nicht vermocht, in der gebotenen Prägnanz zu erklären, wie eine solche Wettbewerbsordnung im einzelnen beschaffen sein soll. Daher hat sich die Auffassung verbreitet, daß es bereits ausreiche zu erklären, in welchen Fällen der Wettbewerb unzulässigerweise beschränkt werde[108]. Das EG-Wettbewerbsrecht spiegelt diesen Ansatz wieder. Das Beihilfenaufsichtsrecht, die Fusionskontrolle und das Kartellrecht haben jeweils typische Beschränkungsformen des Wettbewerbes zum Gegenstand ihrer Regelungen.

Außerordentlich umstritten ist die Frage, wozu der Wettbewerb dient[109]. Die verschiedenen Ansätze lassen sich unter Inkaufnahme erforderlicher Pauschalisierung zwei Positionen zuordnen. Für die einen steht im Mittelpunkt die Freiheit des Bürgers zur wirtschaftlichen Betätigung. Für die anderen erhöht Wettbewerb das gesamtwirtschaftliche Ergebnis einer Volkswirtschaft und dient damit einem Grundanliegen wirtschaftstheoretischer Betrachtungen, nämlich der effizienten Allokation von Ressourcen und Produkten. Diese wettbewerbstheoretische Kontroverse braucht hier

---

EuGH (*Zuckerfabrik Süderdithmarschen* - verb. Rs C-143/88, 92/88) Slg. 1991, I-415 (I-543 - Rn. 30 f.): Zunächst muß Wirksamkeit des EG-Rechts sichergestellt sein, erst dann dürfen Rechtsschutzüberlegungen angestellt werden.

107 Vgl. hierzu die von Ehlermann vorgenommene Einteilung der Wettbewerbspolitik, Ehlermann, Wettbewerbspolitik, RiW 1993, 793 (794).

108 Vgl. zur Theorie der Wettbewerbsbeschränkungen Möschel, Recht der Wettbewerbsbeschränkungen, Köln 1983.

109 Vgl. hierzu den Überblick von Ciresa, Beihilfenaufsicht und Wettbewerbspolitik, S. 115 ff.

nicht entschieden zu werden. Auch der an der individuellen Freiheit orientierte Ansatz impliziert, daß die Wettbewerbsfreiheit immer zu guten ökonomischen Marktergebnissen führt[110]. Demzufolge besteht durchaus ein gesamtwirtschaftliches Interesse an der Aufhebung jeder einzelnen Wettbewerbsbeschränkung. Das Wettbewerbsrecht läßt sich demnach als ein Recht charakterisieren, das den einzelnen vor Beeinträchtigungen schützt, weil derartige Beeinträchtigungen dem Wohle der Allgemeinheit schaden.

Diese wettbewerbstheoretische Betrachtung kann noch ergänzt werden mit einer Untersuchung der Stellung des Wettbewerbsrechts im EG-Vertrag. Zur Schaffung und Aufrechterhaltung eines Gemeinsamen Marktes wird die Gemeinschaft durch Art. 3 lit. g EG-Vertrag[111] dazu ermächtigt, ein System zu errichten, das den Wettbewerb innerhalb des Binnenmarktes vor Verfälschungen schützt. Nach der neuen Fassung des Art. 3 a EG-Vertrag ist „die Tätigkeit der Mitgliedstaaten und der Gemeinschaft [...] dem Grundsatz einer offenen Marktwirtschaft mit freiem Wettbewerb verpflichtet". Damit hat das System des unverfälschten Wettbewerbs Verfassungsrang. Der Gerichtshof ordnet den Grundsatz des freien Wettbewerbs gemeinsam mit den Grundsätzen des freien Warenverkehrs und der Handelsfreiheit den allgemeinen Grundsätzen des Gemeinschaftsrechts zu, über deren Einhaltung der Gerichtshof wacht[112]. Demzufolge liegt eine Kontrolle im Fall von behaupteten Wettbewerbseinschränkungen im Interesse der Gemeinschaft.

Diese Schlußfolgerung, die auf dem Verfassungsrang des Wettbewerbsprinzips basiert, wird noch plausibler, wenn der Grund berücksichtigt wird, der zu dieser herausragenden Stellung des Wettbewerbsprinzips geführt hat. Wettbewerbsbeschränkungen schotten Märkte ab. Sie können die Schaffung bzw. Aufrechterhaltung eines Binnenmarktes ebenso beeinträchtigen

---

110 Vgl. hierzu Ciresa, Beihilfenaufsicht und Wettbewerbspolitik, S. 125 mit Verweis auf die „Non-Dilemma-Hypothese", derzufolge es keinen Zielkonflikt zwischen Wettbewerbsfreiheit des einzelnen und gesamtwirtschaftlichem Nutzen gibt, vgl. hierzu Hoppmann, Wirtschaftsordnung und Wettbewerb, S. 307 ff.: „Wenn die Wettbewerbsfreiheit und somit der Wettbewerb beschränkt wird, ergibt sich eine Verminderung der ökonomischen Vorteilhaftigkeit."

111 Früher Art. 3 lit. f EWG-Vertrag.

112 Vgl. EuGH (Altöle - Rs 240/83) Slg. 1985, 531 (540 f. - Rn. 15, 20); EuGH (Rau - Rs 133-136/85) Slg. 1987, 2289 (2238 f. - Rn. 15, 16, 19).

wie staatlich verordnete Handelsschranken[113]. Insofern werden die Wettbewerbsvorschriften als notwendige Ergänzung der Grundfreiheiten angesehen, die nur staatliche, nicht jedoch private Eingriffe in den Binnenmarkt abwehren. Sie dienen demzufolge unmittelbar der Integration[114].

Also besteht ein besonderes Interesse an der Effektivität des Kartellrechts, der Fusions- und der Beihilfenaufsicht.

Das Außenhandelsrecht - hier also das Antidumping-/Antisubventionsrecht und das Recht des Schutzes vor unerlaubten Handelspraktiken - kann nicht so einfach in das Wettbewerbsmodell des Binnenmarktes einbezogen werden.

Das außenhandelsrechtliche Schutzrecht dient in erster Linie dem öffentlichen Interesse am Schutz der heimischen Wirtschaft durch unfaire Handelspraktiken[115]. Der Schutz des Wettbewerbes als Institution[116] steht dagegen im Hintergrund. Die Funktionsfähigkeit der EU-Wirtschaft ist aber Grundlage für einen wirksamen Binnenmarkt. Insofern steht die Effektivität im besonderen Interesse der Gemeinschaft.

Ergebnis: Das Wettbewerbsrecht im engeren Sinne und das außenhandelsrechtliche Schutzrecht sind eng mit dem Binnenmarktkonzept und damit mit dem Integrationsprogramm der Gemeinschaft verbunden. Dementsprechend besteht ein besonderes Interesse an der ordnungsgemäßen Anwendung der einschlägigen EG-Normen.

3. Individualklage und Gemeinschaftsinteresse

Die Klage des Dritten muß erforderlich und geeignet sein, die Effektivität des Wettbewerbsrechts sicherzustellen.

---

113 Ehlermann, Wettbewerbspolitik, RiW 1993, 793; vgl. auch EG Kommission, XXII. Bericht über die Wettbewerbspolitik (1992) S. 41, 1. Teil, III. § 1, Rn. 69; Dauses/Fugmann, Europäische Fusionskontrolle: wettbewerbspolitisches Instrument zur Verwirklichung des Binnenmarktes, ZfRV 1993, 177.
114 EG Kommission, XXII. Bericht über die Wettbewerbspolitik (1992) S. 41 Rn. 69.
115 Rolf, Rechtsstellung Betroffener, S. 44.
116 Kurz- u. mittelfristiges Dumping ist auf die Reduzierung oder Beseitigung der heimischen Konkurrenzhersteller gerichtet, um nach Verstärkung der Marktposition Preise wieder anzuheben.

a)   Kontrollbedarf

Einer Individualklage verfahrensbeteiligter Dritter zur Wahrung der Effektivität des Gemeinschaftsrechts bedürfte es nicht, wenn der Gerichtshof auch ohne eine solche in die Lage versetzt wäre, die Einhaltung des Wettbewerbsrechts zu kontrollieren.

Nun ist es aber die Kommission, die die hier streitgegenständlichen Maßnahmen vornimmt. Demnach kann sie nicht mehr die ihr in Art. 155 EG-Vertrag zugesprochene Rolle als „Hüterin der Verträge" ausüben.

Der Rat besitzt zwar ein privilegiertes Klagerecht gem. Art. 173 Abs. 2 EG-Vertrag, ihm ist aber nicht durch EG-Vertrag auferlegt, das Handeln der Kommission zu überwachen. Seiner Stellung im Gefüge der europäischen Organe würde eine solche Aufgabe nicht gerecht. Im Antidumpingrecht und Beihilfeaufsichtsrecht ist der Rat in der Entscheidungsfindung zumindest als letzte Instanz involviert[117]. Er ist dem Lager der Kommission zuzurechnen.

Die Mitgliedstaaten wären damit überfordert, eine angemessene Kontrollfunktion hinsichtlich der zahllosen Fälle von Wettbewerbsbeschränkungen auszuüben. Zudem fehlt ihnen oft ein Interesse hieran.

Demzufolge besteht ein Bedürfnis, Individualklagen Dritter zuzulassen, um damit dem Gerichtshof die Kontrolle der wettbewerbsrechtlich einschlägigen Handlungen zu ermöglichen.

b)   Klageziel und Gemeinschaftsinteresse

Die Individualklage Dritter wäre nur dann vom besonderen Interesse des Gemeinschaftsrechts an der Effektivität des Wettbewerbsrechts umfaßt, wenn das Klageziel geeignet ist, diesem Interesse gerecht zu werden.

Ein verfahrensbeteiligter Dritter, der gegen eine kartellrechtliche Wettbewerbsbeschränkung seines Zulieferers oder Konkurrenten vorgeht, verfolgt dabei eigene Interessen. Wird durch die Klage eine tatsächliche Wettbewerbsbeschränkung beseitigt, so kommt das auch der Allgemeinheit zugute. Oben wurde bereits beschrieben, auf welche Weise sich in einer von Wettbewerb geprägten Ordnung Individualinteresse und Allgemeininteresse ergänzen.

---

117   Art. 12 AntidumpingVO; Art. 93 Abs. 2 u. Abs. 3 EG-Vertrag.

Klagen der in der Judikatur bisher behandelten Dritten haben daher nicht nur die wichtige Wirkung, die Wahrung des objektiven Rechts sicherzustellen. Ihr Erfolg dient vielmehr unmittelbar dem besonderen Interesse an der Wahrung einer ordnungsgemäßen Anwendung gerade des Wettbewerbsrechts.

c) *Besonderes Interesse an Klagerecht zur Wahrung institutionellen Gleichgewichts*

Ein besonderes Interesse an dem Klagerecht könnte bereits deshalb bestehen, weil andernfalls das institutionelle Gleichgewicht bedroht wäre.

Die Untersuchungsverfahren sind dadurch geprägt, daß sie die Beurteilung zuweilen sehr komplexer wirtschaftlicher Sachverhalte erfordern. Die Kommission hat ein bestimmtes Marktgeschehen zu analysieren, was jedoch voraussetzt, diesen Markt von anderen Märkten abzugrenzen und Prognosen über die weitere Entwicklung dieses Marktes aufzustellen. Beides erfolgt durch Wertungen hinsichtlich der Wichtigkeit oder Unwichtigkeit bestimmter Faktoren. Erschwert wird diese Analyse und Bewertung dadurch, daß die der dabei der Kommission vorgegebenen Maßstäbe erst durch Auslegung konkretisiert werden müssen. Der Kommission muß demzufolge in diesem Bereich ein großer Ermessens- bzw. Beurteilungsspielraum eingeräumt werden[118]. Anders könnte sie ihre Aufgabe nicht erfüllen.

Auf der anderen Seite wäre es nicht mit Art. 164 EG-Vertrag vereinbar, auf richterliche Kontrolle in diesem Bereich gänzlich zu verzichten. Weil es jedoch wegen der Komplexität der zu beurteilenden Sachverhalte nicht möglich ist, der Kommission materiellrechtliche Vorgaben zu machen, muß der Gerichtshof sich darauf beschränken, die Einhaltung von Verfahrensgarantien und die Ausübung des Ermessens zu kontrollieren[119]. Die jüngste Rechtsprechung des Gerichtshofes zeigt den direkten Zusammenhang zwischen einem der Kommission eingeräumten großen Ermessensspielraum und der Kontrolle einer Einhaltung von Verfahrensgarantien[120].

---

118 Vgl. für den Zusammenhang von „wirtschaftspolitischen Entscheidungen" und der richterlichen Kontrolldichte Schmid-Lossberg, Kontrolldichte, S. 33 ff.

119 Vgl. hierzu Schwarze, Funktionaler Zusammenhang, S. 38: bezüglich deutscher Fusionskontrolle.

120 So Schwarze, Droit administratif commun, RTDeur 1993, 235 (238); vgl. EuGH (*TU-München* - Rs C-269/90) Slg. 1991, I-5495 (I-5501 - Rn. 24).

Diese Kontrolle setzt die ernsthafte Beteiligung von Dritten voraus. Eine solche Beteiligung wird dadurch gefördert, daß diesen Dritten ein Klagerecht zusteht.

Gleichzeitig ermöglicht dieses Klagerecht erst die vom Gerichtshof im Rahmen seines Auftrags durchzuführende Kontrolle der Kommission.

d) Klagerecht zur Förderung der Verfahrensbeteiligung

Schließlich ist noch auf das Interesse der Gemeinschaft hinzuweisen, durch die Existenz des Klagerechts möglichst viele kompetente Dritte zu motivieren, sich am Verfahren zu beteiligen.

Die Einbindung von privaten Dritten in solche Entscheidungsprozesse hat zwei Aspekte. Zum einen dient sie dazu, Grundlagen für die vorzunehmende Analyse und Bewertung zu liefern. Die drittbetroffenen Marktteilnehmer sind besonders kompetent, bezogen auf die zu untersuchenden wirtschaftlichen Fragen. Diese Kompetenz macht sich die Kommission daher zunutze. Eine durch die spätere Kontrollmöglichkeit motivierte Beteiligung würde allein schon deshalb im Interesse der Kommission liegen.

Darüber hinaus fungieren Dritte als Seismographen für mögliche Wettbewerbsbeschränkungen. Dies gilt insbesondere in den Bereichen, in denen wegen fehlender Anmeldungs- bzw. Notifizierungspflicht die Kommission andernfalls auf eine eigene Kontrolle des Marktgeschehens angewiesen ist. Schließlich bezweckt das Wettbewerbsrecht, einzelne Beschränkungen des Wettbewerbs zu unterbinden. Die Opfer einer etwaigen Wettbewerbsbeschränkung sind damit die natürlichen Verbündeten der Kommission bei ihrer Aufgabe, die ordnungsgemäße Anwendung des Wettbewerbsrechts sicherzustellen.

Alles in allem lassen sich die Beteiligten als Mitwirkende an der Gemeinwohlkonkretisierung (hier die Sicherung einer wirksamen Wettbewerbsordnung) beschreiben[121]. Diese Mitwirkung kann nur dann erfolgreich unternommen werden, wenn ihr auch von seiten der Kommission das nötige Gewicht beigemessen wird. Dies erreicht bereits die Möglichkeit des Dritten, Klage zu erheben.

---

121 Schmitt Glaeser, Bürger als Beteiligte, S. 53 ff.

4. Zusammenfassung

Das Wettbewerbsrecht ist ein Pfeiler des Binnenmarktes. Deshalb besteht an dessen Einhaltung ein besonderes Interesse.

Das Klagerecht des Dritten kann deshalb eine ordnungsgemäße Anwendung sicherstellen, weil das individuelle Klageziel dem Zweck des Wettbewerbsrechts entspricht.

Darüber hinaus kann ein Klagerecht allein durch seine Existenz gewährleisten, daß es Dritte zur Beteiligung motiviert. Eine Beteiligung gewährleistet sowohl eine ausreichende Grundlage für die von der Kommission zu treffende Entscheidung als auch die Möglichkeit, den Ablauf des Entscheidungsverfahrens nachträglich durch den Gerichtshof kontrollieren zu lassen.

Alles in allem handelt der seine Individualinteressen verfolgende Dritte aus einer am Wirksamkeitsgedanken orientierten Sicht als Anwalt des Gemeinschaftsinteresses.

Auf einen solchen Funktionswandel der Nichtigkeitsklage haben bereits Zuleeg und Schwarze aufmerksam gemacht, ohne allerdings die Bedingungen näher zu analysieren, unter denen der Kläger diese Funktion ausübt[122].

II. Schutzwürdiges Interesse

Auch wenn der Dritte aus der Sicht des EG-Rechts die Funktion eines Anwaltes des Gemeinschaftsinteresses haben kann, ändert das nichts daran, daß ein Klagerecht sich mit der Konzeption der Nichtigkeitsklage vereinbaren lassen muß. Oben wurde bereits der Charakter dieser Klage als Interessentenklage herausgearbeitet. Es muß daher ein ausreichendes Interesse an der Klageerhebung bestehen, das nicht durch andere Rechtsschutzmöglichkeiten schon ausreichend befriedigt ist. Dieses ist - wie sich aus dem obigen ergibt - zwar keine hinreichende, aber eine notwendige Bedingung für die Gewährung der Klagebefugnis.

---

122 Schwarze, Rechtsschutz des Konkurrenten, S. 819 (848); Zuleeg, Subventionskontrolle durch Konkurrentenklage, Frankfurt 1974, S. 59 ff., S. 96.

1. Interessen

Ein Rechtsschutzbedürfnis könnte sich aus der Beeinträchtigung der wirtschaftlichen Interessen der drittbetroffenen Unternehmen ergeben. Worin besteht dieses wirtschaftliche Interesse?

Grundsätzlich sind Unternehmen daran interessiert, Profit zu machen. Dieses Interesse allein ist aber noch nicht schützenswert, denn es schließt Profitmaximierung auf Wegen, die der Gemeinschaftswirtschaftsverfassung abträglich sind, nicht aus. Schützenswert ist daher nur das Interesse, welches das Gemeinschaftsrecht anerkennt.

Eine Anerkennung bestimmter Interessen Dritter hat durch die Ausgestaltung der Untersuchungsverfahren stattgefunden[123].

Das Kartell-[124] und das Fusionskontrollverfahren[125] gewähren demjenigen eine Beteiligungsmöglichkeit, der sich auf ein „berechtigtes Interesse" stützen kann. Das gleiche gilt im Außenhandelsrecht für denjenigen, der einen Wirtschaftszweig der Gemeinschaft vertritt und glaubhaft machen kann, daß ein Dumping, eine Subvention oder eine unerlaubte Handelspraktik diesen Wirtschaftszweig schädigt oder zu schädigen droht[126]. Auch das Beihilfenaufsichtsrecht bindet Beteiligte (in der englischen Fassung: concerned/ in der französischen Fassung: intéressé), nach allgemeiner Auffassung auch Drittbeteiligte, gem. Art. 90 Abs. 2 EG-Vertrag in das Verfahren ein.

Derjenige, dessen Interessen derart durch eine gemeinschaftsrechtliche Verordnung geschützt sind, hat die notwendige Voraussetzung eines Klagerechts, nämlich über ein schutzwürdiges Interesse zu verfügen, erfüllt. Im Gegensatz zum Konzept Anspruch auf fehlerfreie Ermessensentscheidung genügt es, wenn diese Verfahrensrechte dokumentieren, daß diese Interessen von der EG-Rechtsordnung nicht mißbilligt werden. Auf eine besondere Akzeptanz durch das Gemeinschaftsrecht kommt es nicht an.

---

123 Vgl. zum Begriff „berechtigtes Interesse" und seine Ausgestaltung im Kartellrecht Temple Lang, The Position of Third Parties in EEC Competition Cases, ELRev 1978, 177 ff.
124 Kartellrecht: Art. 3 Abs. 2 lit. b VO Nr. 17/62 für das Antragsrecht, im Zusammenhang mit der Anhörung wird ein ausreichendes Interesse verlangt.
125 Fusionskontrollrecht: Motive zur VO Nr. 4064/89 Anmerkung Nr. 19, das Anhörungsrecht gem. Art. 18 Abs. 4 stellt auf ein hinreichendes Interesse ab.
126 Vgl. Art. 5 Abs. 1, Abs. 2 AntidumpingVO.

2. Anderweitige Rechtsschutzmöglichkeit

Ein Klagerecht könnte deshalb nicht bestehen, weil dem verfahrensbeteiligten Dritten bereits in ausreichender Weise anderweitige Klagemöglichkeiten eingeräumt sind, um sich vor einer Beeinträchtigung seines Interesses zu schützen.

Im einzelnen ist umstritten, inwieweit eine Klagemöglichkeit vor nationalen Gerichten eine Klage vor dem EuGH von vornherein ausschließen soll[127]. Hierbei spielt zunächst eine Rolle, daß die EU eine föderale Struktur hat, was sich auch auf die Zulässigkeitsvoraussetzungen der Nichtigkeitsklage auswirkt[128]. Zum anderen stellt sich die Frage, ob der mitgliedstaatliche Rechtsschutz ausreicht, um das Interesse des Klägers in angemessener Weise zu schützen. Es gibt jedoch auch die Auffassung, daß die möglichen innerstaatlichen Klagemöglichkeiten für die Frage des EG-Rechtsschutzes ganz und gar unbeachtlich seien[129]. Für eine rechtsschutzorientierte Betrachtung wird es indessen immer erheblich sein, ob dem Kläger bereits ein anderer EG-Klageweg offensteht.

Hier ist nicht der Raum, diese Kontroverse in angemessener Weise nachzuzeichnen. Sie wäre dann nicht von Bedeutung, wenn der verfahrensbeteiligte Dritte ohnehin nicht auf einen adäquaten innerstaatlichen bzw. gemeinschaftsrechtlichen Rechtsschutz zurückgreifen könnte. Dies würde zwar nicht zwingenderweise eine Klagebefugnis begründen, sie jedenfalls aber nicht von vornherein ausschließen.

a) Untätigkeitsklage

Kann der Drittbetroffene sein schutzwürdiges Interesse mittels einer Untätigkeitsklage gem. Art. 175 EG-Vertrag verfolgen?

---

127 EuGH (*Sermes* - Rs 279/86) Slg. 1987, 3109 (3115 - Rn. 20): Fehlende Klagemöglichkeit von unabhängigen Importeuren soll Rechtsschutzsystem der Gemeinschaft entsprechen, da ein innerstaatlicher Rechtsweg zur Verfügung steht; v.Danwitz, Rechtsschutz, NJW 1109 (1112) m.w.N. zu Art. 19 IV GG: Kein Rechtsschutzdefizit, solange Art. 184 oder Art. 177 EG-Vertrag möglich; a.A.: GA Reischl EuGH (*Roquette Frère* - Rs 138/79) Slg. 1980, 3333 (3367): Zulässigkeit der Nichtigkeitsklage ist nicht von anderweitigem Rechtsschutz abhängig.

128 Vgl. hier Urteile zu an Mitgliedstaaten gerichtete Entscheidungen im 2. Kapitel/II.

129 v.Burchard, Der Rechtsschutz natürlicher und juristischer Personen gegen EG-Richtlinien gemäß Artikel 173 Abs. 2 EWGV, in EuR 1991, 140 (159) (fortan: v.Burchard, EuR 1991, 140).

Die Klage scheidet aus, wenn der Dritte gegen an den anderen Marktteilnehmer gerichtete wettbewerbsrechtliche Maßnahmen vorgehen will. In diesen Fällen verdrängt die Nichtigkeitsklage die Untätigkeitsklage. Es bleiben die Fälle der Nichteröffnung eines Untersuchungsverfahrens bzw. der Einstellung eines solchen.

Mit der Untätigkeitsklage kann der Kläger rügen, daß der Gerichtshof es versäumt habe, einen „Akt" an ihn zu richten.

Die vom Dritten begehrten wettbewerbsrechtlichen Maßnahmen der Kommission richten sich indessen grundsätzlich an den Störer der Wettbewerbsordnung.

Es gibt Stimmen in der Literatur[130], die davon abgehen wollen, daß der unterbliebene Akt sich an den Kläger hätte richten müssen. Vielmehr soll der Dritte bereits dann Untätigkeitsklage erheben können, wenn der unterbliebene Akt ihn individuell und unmittelbar betroffen hätte. Hier würde sich aber das Problem der Ausfüllung dieser Begriffe lediglich auf die Untätigkeitsklage übertragen.

Gewisse an den Kläger gerichtete Akte, wie beispielsweise die Mitteilung der Einstellungsgründe gem. Art. 6 VO Nr. 99/63, sollen mit der Untätigkeitsklage nach neuerer Rechtsprechung einklagbar sein. Eine solche Klage ist aber noch nicht gleichbedeutend mit einer Klage gegen die endgültige Einstellungsentscheidung. Nach allgemeiner Ansicht muß diese mit der Nichtigkeitsklage angegriffen werden. Die Untätigkeitsklage wäre daher nur dann ein erster Schritt im Rechtsschutz, wenn eine Nichtigkeitsklage gegen den erstrittenen Akt nachgeschoben werden könnte[131].

Ergebnis: Die Untätigkeitsklage bietet dem Dritten auch im Falle der Nichteröffnung bzw. Einstellung eines Untersuchungsverfahrens keine Alternative zur Nichtigkeitsklage.

b) *Mitgliedstaatlicher Rechtsschutz*

Mitgliedstaatlicher Rechtsschutz kann deshalb in Betracht kommen, weil die Mitgliedstaaten in der Regel die „ausführende Gewalt" in der EU darstellen. Das gilt in bezug auf die hier untersuchten Verfahren aber nur

---

130 Vgl. nur Steindorff, ZHR 1986, 222 (230 f.) m.w.N.
131 Vgl. für das Kartellrecht Forster, Procedural Possibilities, ECLR 1993, 256 (261).

für das Antidumping-Verfahren. Nur dort erlassen die Mitgliedstaaten Rechtsakte, die EG-Maßnahmen umsetzen.

Zu berücksichtigen ist aber, daß im Falle der Beihilfe der Mitgliedstaat selbständig handelt, wenn auch mit dem Placet der Kommission. Bezüglich des Kartellrechts und des Fusionskontrollrechts könnten nationale Normen unabhängig vom EG-Recht den Schutz der Interessen des Dritten gewährleisten. Darüber hinaus gelten einige EG-Vertragsnormen unmittelbar und können daher auch vor innerstaatlichen Gerichten angefochten werden.

Es werden nachfolgend nur solche Fallkonstellationen untersucht, wie sie aus der Judikatur zu verfahrensbeteiligten Drittbetroffenen bekannt sind. Entweder will der Dritte geltend machen, daß gegen ein wettbewerbswidriges Verhalten vorgegangen werden müßte oder er rügt, daß die erlassenen Maßnahmen unzureichend seien.

aa) Kartellrecht

Falls die Kommission gegen ein wettbewerbsbeschränkendes Verhalten nichts unternimmt, ein Negativattest erteilt oder dem Dritten einen „comfort letter" schickt, so gilt das vor innerstaatlichen Gerichten unmittelbare Verbot aus Art. 85 Abs. 2 EG-Vertrag. Wie nähere Untersuchungen aber zeigen, ist dieser nationale Rechtsschutz nur mangelhaft entwickelt[132].

Prinzipiell bleibt bei solch einem Fall auch ein nationales Kartellrecht anwendbar. Nationales Recht kann angewandt werden, wenn es strengere Normen aufweist als das Gemeinschaftsrecht[133].

Jedoch fehlt es dem Dritten an innerstaatlichem Rechtsschutz immer dann, wenn wegen des Vorranges des Gemeinschaftsrechts die nationale Behörde die Bewertungen der Kommission nicht angreifen kann. Folglich sind die Klagemöglichkeiten im Falle einer Duldung der Kommission bereits sehr beschränkt.

Überhaupt kein Rechtsschutz besteht, wenn die Kommission nach Art. 85 Abs. 3 EG-Vertrag freistellt. Direkt kann der Dritte diese Erklärung innerstaatlich nicht anfechten, weil es an einem hoheitlichen Handeln des

---

132 Vgl. hierzu die sehr umfassende Darstellung von Fischer, Dritte im Wettbewerbsverfahren, S. 45 ff.
133 Vgl. hierzu GTE-Schröter Rn. 132 zu Vorbemerkung Art. 85 u. 89.

jeweiligen Mitgliedstaates fehlt. Der Weg über das nationale Kartellrecht bleibt ihm gleichfalls verwehrt, weil Maßnahmen nationaler Kartellbehörden die Wirksamkeit des Gemeinschaftsrechts nicht beeinträchtigen dürfen[134]. Das heißt, daß das nationale Kartellrecht die von der Kommission vorgenommenen Bewertungen des wirtschaftlichen Sachverhaltes akzeptieren muß.

Ergebnis: Gegen Freistellungsentscheidungen kann sich der Dritte überhaupt nicht, gegen Duldungen der Kommission nur beschränkt innerstaatlich wehren.

bb) Außenhandelsrecht

Auf die Einführung eines Antidumpingzolles oder einer außenhandelsrechtlichen Schutzmaßnahme kann der Dritte wegen der fehlenden Passivlegitimation des Mitgliedstaates nicht innerstaatlich klagen. Für den Erlaß solcher Maßnahmen sind ausschließlich die Organe der Gemeinschaft zuständig.

Ebensowenig kann ein Dritter innerstaatlich gegen eine erlassene AntidumpingVO bzw. Schutzmaßnahme, die ihm zu schwach erscheint, vorgehen. Da er nämlich nicht Adressat der innerstaatlichen Vollziehungsakte ist, bleibt ihm verwehrt, die Gültigkeit der Rechtsgrundlagen inzident über ein Vorabentscheidungsverfahren gem. Art. 177 EG-Vertrag prüfen zu lassen.

cc) Fusionskontrollrecht

Gegen eine ausdrücklich oder, im Falle von Untätigkeit, fiktiv genehmigte Fusion kann der Drittbetroffene innerstaatlich nicht vorgehen, weil es hier an einem Handeln eines nationalen Organs fehlt. Er kann auch nicht ein innerstaatliches Handeln mittels nationalen Kartellrechts einklagen, weil Art. 21 Abs. 2 FusionskontrollVO zufolge Zusammenschlüsse von gemeinschaftsweiter Bedeutung nicht nationalem Wettbewerbsrecht unterworfen werden dürfen[135].

---

134 Vgl. hierzu GTE-Schröter Rn. 130 zu Vorbemerkung Art. 85 u. 89.
135 Vgl. hierzu Koch, Unternehmenszusammenschlüsse, EWS 1990, 65 (71).

dd) Beihilfenaufsichtsrecht

Die Subventionierung eines Konkurrenten könnte der Drittbetroffene, soweit es das nationale Recht zuläßt, innerstaatlich gerichtlich angreifen. Die Subventionierung ist eine innerstaatlich hoheitliche Maßnahme. Eine bereits erfolgte Genehmigung[136] der Beihilfe muß das nationale Gericht natürlich respektieren. Sie kann daher nicht mehr mit der Behauptung angegriffen werden, daß sie gemeinschaftsrechtswidrig sei. Untätig kann die Kommission im Beihilfenaufsichtsverfahren übrigens nicht bleiben, weil sie wegen Art. 93 Abs. 3 S. 3 EG-Vertrag verpflichtet ist, sich zur Beihilfe zu äußern.

ee) Zusammenfassung

Bezogen auf die hier untersuchten Fallkonstellationen (Kommission handelt/Kommission bleibt untätig) kommt eine Klage vor innerstaatlichen Gerichten nur im Kartellrecht in Betracht. Dort ist sie jedoch nur in beschränktem Rahmen möglich.

c)   Vorabentscheidung gem. Art. 177 EG-Vertrag

Zur Vorabentscheidung gem. Art. 177 EG-Vertrag kommt es erst dann, wenn der Drittbetroffene ein innerstaatliches Klagerecht hat. In Betracht kommen hier also nur Klagen wegen kartellrechtlicher Beeinträchtigungen.

Gegenüber einer direkten Nichtigkeitsklage hat das Vorlageverfahren folgende Nachteile:

Es gibt bisher zumindest im deutschen Recht noch keine prozessuale Handhabe, eine Vorlage an den EuGH zu erzwingen.

Es ist lediglich die letzte Instanz verpflichtet vorzulegen. Insofern ist eine Beschränkung auf Art. 177 EG-Vertrag sehr zeitintensiv.

Das Vorabentscheidungs-Verfahren kann daher das Klagebedürfnis im Kartellrecht nur unzureichend befriedigen.

---

136   Eine förmliche Genehmigung ist im Beihilfenaufsichtsrecht nicht vorgesehen, vgl. Dauses-Götz Rn. 57 H III; die Erklärung, keine Einwände zu erheben, kann aber als eine solche aufgefaßt werden.

d)   Inzidente Rechtmäßigkeitskontrolle gem. Art. 184 EG-Vertrag

Art. 184 EG-Vertrag gewährt keine zusätzliche Klagemöglichkeit. Diese Vorschrift ermöglicht lediglich, im Rahmen eines bei dem EuGH anhängigen Rechtsstreits sich auf die Gemeinschaftsrechtswidrigkeit von Verordnungen[137] oder anderen Rechtsakten[138] eines europäischen Organes zu berufen.

Drittbetroffene haben indessen keine Möglichkeit, noch andere Rechtsstreitigkeiten beim Gerichtshof anhängig zu machen, um auf diese Weise inzident überprüfen zu lassen, ob die sie belastenden Maßnahmen (hier also Antidumpingzollverordnungen, die den Dritten als zu mild erscheinen) gemeinschaftsrechtskonform sind.

Die inzidente Prüfung nach Art. 184 EG-Vertrag spielt als Klagealternative für verfahrensbeteiligte Dritte keine Rolle.

e)   Schadensersatzklage nach Art. 185, 215 EG-Vertrag

Private können gegen die Kommission gem. Art. 215 i.V.m. Art. 185 EG-Vertrag Schadensersatzklage erheben.

Es ist nicht erforderlich, daß zuvor Nichtigkeitsklage erhoben wurde[139]. Auch muß der Kläger nicht nationale Ersatzmöglichkeiten ausschöpfen[140].

Die Klage ist begründet, wenn der Erlaß der drittbetreffenden Maßnahme (z.B. die kartellrechtliche Freistellung oder die Genehmigung der mitgliedstaatlichen Beihilfe) bzw. die Einstellung des Verfahrens, ohne eine endgültige Maßnahme zu erlassen, rechtswidrig war und dadurch den Kläger geschädigt hat. Rechtswidrig ist das Handeln indessen nur, wenn die Kommission eine Schutznorm verletzt hat, eine Norm also, die auch dem Interesse des einzelnen dient. Auch gegen Normen sind Schadensersatzklagen möglich.

Problematisch könnte für den klagenden Dritten schon sein, die Kausalität zwischen Handlung bzw. Untätigkeit der Kommission und einem erlitte-

---

137   Vgl. Wortlaut von Art. 184 EG-Vertrag.
138   Vgl. Geiger, EG-Vertrag, Rn. 4 zu Art. 184.
139   Ständige Rspr. so schon EuGH (*Schöppenstedt* - Rs 5/71) Slg. 1971, 975 (983 - Rn. 3).
140   Leibrock, Rechtsschutz im Beihilfenaufsichtsverfahren, EuR 1990, 20 (43) m.w.N.

nen Schaden nachzuweisen[141]. Hier ist daran zu denken, daß der wirtschaftliche Erfolg oder Mißerfolg eines Unternehmens auf vielen Faktoren beruht, die wegen der Komplexität wirtschaftlicher Prozesse schwer voneinander unterschieden werden können.

Darüber hinaus stellt die Schadensersatzklage keine adäquate Alternative zu einer Nichtigkeitsklage dar. Dem Unternehmen kann nicht zugemutet werden, sich einer Gefährdung seiner wirtschaftlichen Existenz auszusetzen[142]. Der Schadensersatz kann in vielen Fällen der Wettbewerbsbeschränkungen oder auch des Dumpings zu spät kommen.

f) Ergebnis

Es bestehen für den Dritten keine adäquaten Alternativen zur Nichtigkeitsklage. Er kann deshalb das für die Klage erforderliche schutzwürdige Interesse aufweisen.

III. Konformität mit leitenden Prinzipien des EG-Rechts

Festzustellen ist bisher, daß es einerseits seitens der Gemeinschaft ein Interesse daran gibt, wegen des besonderen Charakters der einschlägigen Rechtsgebiete Individualklagen zuzulassen. Andererseits besteht auf Seiten der Dritten das Bedürfnis, mit einer Klage ihre legitimen Interessen zu verfolgen.

Eine Auslegung des Klagerechts darf aber nicht nur das besondere Gemeinschaftsinteresse an der ordnungsgemäßen Anwendung bestimmter Regelungsmaterien und das schutzwürdige Interesse des Klägers berücksichtigen. Sie muß zugleich Sorge dafür tragen, daß ein solches Klagerecht nicht im Widerspruch zu den übrigen Prinzipien des Gemeinschaftsrechts steht.

---

141 Vgl. in bezug auf Untätigkeit, Steindorff, ZHR 1986, 222 (252).
142 Pijnacker Hordijk, Judicial Protection, LIEI 1985, 67 (95): spricht von „kamikaze proceedings".

1. Keine Störung der Funktionsfähigkeit der Verwaltung

Der Gerichtshof hat neben Rechtsschutzüberlegungen immer berücksichtigt, ob ein Klagerecht die Funktionstüchtigkeit der Verwaltung beeinträchtigen würde. Es fragt sich, ob dies lediglich Zweckmäßigkeitsüberlegungen sind. Funktionstüchtigkeit an sich stellt kein schützenswertes Rechtsgut dar. Die Kommission hat jedoch die Ziele der Gemeinschaftsverträge zu verwirklichen. Eine Beeinträchtigung ihrer Funktionsfähigkeit würde sie in dieser Aufgabe beschränken[143]. Hierüber kommt der Funktionstüchtigkeit eine Bedeutung zu, die auch der Gerichtshof zu beachten hat.

Im Zusammenhang mit Klagen gegen belastende Verfahrenshandlungen der Kommission ist eine Konsequenz der Beachtung der Funktionsfähigkeit der Verwaltung, daß die angegriffene Maßnahme der Kommission eine endgültige zu sein hat[144]. Es belastete nämlich die Arbeit der Verwaltung außerordentlich, wenn bereits vorbereitende Maßnahmen Gegenstand richterlicher Kontrolle wären. Der Gang des Verwaltungsverfahrens würde dadurch erheblich behindert. Prozesse würden geführt, die möglicherweise überflüssig sind, weil die Verwaltung von selbst noch anders entschieden hätte.

Das gilt natürlich auch für verfahrensbeteiligte Dritte[145]. Insofern wäre ein Klagerecht erst zu gewähren, wenn die Kommission abschließend entschieden hat. Diese Anforderung spricht jedoch nicht grundsätzlich gegen ein Klagerecht. In den Bereichen, wie im Kartellrecht, in denen es der Kommission nach bisheriger Rechtsprechungspraxis überlassen ist, ob sie im Falle der Verfahrenseinstellung eine endgültige Entscheidung erlassen will, müßte das Klagerecht durch eine entsprechende Verpflichtung der Kommission sichergestellt werden.

Der von Wegmann[146] diskutierte Einwand, eine Klagebefugnis beeinträchtige Stabilität und Vertrauen in die Verwaltung, braucht hier nicht erörtert zu werden. Der Gerichtshof hat immer deutlich gemacht, daß die

---

143 Vgl für das Kartellrecht Art. 87 Abs. 2 lit. b EG-Vertrag.

144 So z.B. in EuGH (*IBM* - Rs 60/81) Slg. 1981, 2639 (2654 - Rn. 20).

145 EuGH spricht sich u.a. aus diesem Grund für die Unzulässigkeit einer Klage gegen die Mitteilung der Gründe für die Einstellung des Kartellverfahrens gem. Art. 6 VO Nr. 99/63 aus. Dieser Akt sei noch nicht die endgültige Entscheidung der Kommission.

146 Wegmann, Nichtigkeitsklage, S. 181.

EG rechtsstaatlichen Charakter habe[147]. In einem Rechtsstaat ist Rechtsschutz aber ein konstitutives Merkmal und die Maßnahmen der Verwaltung nicht unangreifbarer Ausdruck des Staatswohles.

Auch der zusätzliche Verwaltungsaufwand, den eine Klagemöglichkeit bewirken würde, kann deshalb kein Argument gegen ein Klagerecht sein.

Näher zu prüfen ist hier lediglich, inwieweit die aus der Klagemöglichkeit entspringende Verpflichtung der Kommission, die Verfahrensgarantien genauestens einzuhalten und alle relevanten Gesichtspunkte sorgfältig und unparteiisch zu prüfen, die Leistungsfähigkeit der Verwaltung beeinträchtigt, weil personelle Kapazitäten gebunden wären und nicht woanders zur Verfügung stünden.

Die Leistungsfähigkeit der Verwaltung wird im Rahmen des Grundsatzes der Funktionsfähigkeit der Gemeinschaft berücksichtigt[148].

Sie führt im Rahmen wirtschaftslenkender Rechtsetzungsakte zu einer Herabstufung der gerichtlichen Kontrolldichte[149]. Wirtschaftslenkende Rechtsetzungsakte bedürfen nämlich eines hohen Grades an Flexibilität und Praktikabilität.

Der hohe Stellenwert einer wirksamen Wettbewerbsordnung verbietet es, der Kommission willkürliche Vorgehensweise zu gestatten. In dieser Hinsicht kann demnach keine Verminderung der Kontrolldichte gestattet werden. Die Kommission muß also immer sorgfältig handeln, auch wenn das zu Bindung personeller Kapazitäten führt.

Dem steht jedoch nicht entgegen, aus Gründen der Funktionsfähigkeit der Kommission ein Ermessen darüber einzuräumen, wann sie tätig werden will. Die Kommission kann danach Prioritäten setzen, wie sie ihre knappen Ressourcen effektiv einsetzt[150]. Damit wäre die Funktionsfähigkeit gewährleistet.

---

147 Vgl. hierzu EuGH (*Granaria* - 101/78) Slg. 1979, 623 (637 - Rn. 5): „Grundsatz der Rechtsstaatlichkeit".

148 Vgl. hier Schmid-Lossberg, Kontrolldichte, S. 252; Schwarze, Allgemeine Verwaltungsrechtsgrundsätze, NJW 1986, 1067 (1068).

149 Schwarze, Funktionen des Rechts in der Europäischen Gemeinschaft in Schwarze (Hg.), Gesetzgebung in der EG, S. 21 f.

150 Vgl. dazu die neueste Rspr. EuG (*Automec-II* - Rs T-24/90) Slg. 1992, II-2223 (II-2278 - Rn. 86).

Ergebnis: Die Funktionsfähigkeit der Verwaltung wäre durch Klagen in den hier interessierenden Rechtsgebieten nicht beeinträchtigt. Sie kann durch Einräumung eines speziellen Ermessensspielraumes gewährleistet werden.

2. Keine Störung des föderativen Gleichgewichts

Das Gemeinschaftsrecht sieht ein ausgeklügeltes System für die Beziehung von Mitgliedstaaten und den europäischen Organen vor. Nach wie vor handelt es sich bei Kompetenzen der Gemeinschaft um begrenzte Einzelermächtigungen, die nur über einstimmigen Beschluß der Mitgliedstaaten gem. Art. 235 EG-Vertrag erweitert werden können. Tendenzen in der Rechtsprechung, ungeschriebene Kompetenzen festzustellen, bezogen sich immer nur auf bestehende Kompetenzen, deren wirksame Ausübung durch eine Ausweitung sichergestellt wurde[151].

Hinsichtlich des Rechtsschutzsystems macht sich die noch starke Stellung der Mitgliedstaaten bereits an der Tatsache bemerkbar, daß der EuGH keine oberste Appellationsinstanz aller innerstaatlichen Gerichte darstellt. Er ist auf die Auslegung des Gemeinschaftsrechts beschränkt. Für die Anwendung des innerstaatlichen Rechts sind die mitgliedstaatlichen Gerichte allein zuständig. Darüber hinaus wenden sie unmittelbar geltendes Gemeinschaftsrecht an.

Ein Recht des Dritten, Nichtigkeitsklage erheben zu können, würde, wie oben gezeigt, nur in vereinzelten Fällen einen innerstaatlichen Rechtsweg eröffnen. Daher bleibt das föderative Gleichgewicht vom Klagerecht Dritter unberührt.

3. Keine Störung des institutionellen Gleichgewichts

Der gemeinschaftsrechtliche Topos des „institutionellen Gleichgewichts" entspricht ungefähr dem staatsrechtlichen Begriff der Gewaltenteilung[152]. Hier geht es zunächst um die Beziehungen Rat - Kommission, Parlament -

---

151 Vgl. EuGH (*AETR* - Rs 22/70) Slg. 1971, 263 (274 - Rn. 15 ff.) Parallelität von Innen- und Außenkompetenz.

152 Vgl. Rodriguez Iglesias, Gil Carlos: EuGH als Verfassungsgericht, EuR 1992, 225 (229).

Rat/Kommission. Das sind die klassischen Organstreitigkeiten. Kernfrage ist zumeist, ob die Organe ihren Kompetenzen entsprechend an der Entscheidungsfindung von Rechtsakten beteiligt wurden.

In unserem Zusammenhang geht es ausschließlich um das Verhältnis zwischen EuGH auf der einen und Rat und Kommission auf der anderen Seite. Der Gerichtshof soll diese beiden Organe kontrollieren. Kernfrage ist hier, wie umfassend er das tun kann, ohne in die ihnen eingeräumten Handlungsspielräume einzugreifen.

Klagen Drittbetroffener können die Organe zum einen als Legislative treffen, d.h. in ihrer Eigenschaft, generelle Rechtsakte zu erlassen (Antidumpingverordnungen) oder als Exekutive (Entscheidungen).

Im Rahmen der hier interessierenden Sachverhalte tritt die Kommission bzw. der Rat in einer Fallgruppe als Gesetzgeber (Antidumping-Zollverordnungen), in allen anderen Fällen aber als Verwaltung auf.

a) Legislative

Die fehlende Anfechtungsmöglichkeit von Verordnungen wird sowohl mit dem legislativen Gestaltungsspielraum, der jedem Gesetzgeber zustehen müsse, als auch mit dem Demokratieprinzip begründet. Auch wird vorgebracht, daß schließlich auch in einigen Mitgliedstaaten verwaltungsgerichtliche Klagen gegen Parlamentsgesetze unzulässig seien[153].

Die Berufung auf das Demokratieprinzip gelingt im Gemeinschaftsrecht nur rudimentär. Die Kommission als Verordnungsgeber ist demokratisch überhaupt nicht legitimiert. Der Rat ist nur indirekt über die Regierungen der Mitgliedstaaten legitimiert, die ihrerseits nur mittelbar über die Abgeordneten der Parlamente gerechtfertigt sind. Unter diesem Aspekt sind gemeinschaftsrechtliche Rechtsakte nicht besonders legitimiert. Es kann sogar der Umkehrschluß gezogen werden. Gerade, weil die Verfassung der Gemeinschaft ein Demokratiedefizit aufweist, muß durch eine Klagemöglichkeit des Souveräns - nämlich des Marktbürgers - ein Ausgleich geschaffen werden[154].

---

153 Wegmann, Nichtigkeitsklage, S. 187.
154 v.Danwitz, Rechtsschutz, NJW 1993, 1109 (1112); Petersmann, EG-Wirtschaftsverfassung, EuZW 1993, 593 (596).

191

Genauer ist zu untersuchen, inwiefern eine Klagemöglichkeit Drittbetroffener in den legislativen Gestaltungsspielraum der Kommission eingriffe.
Dem Rat und der Kommission kommen die Aufgabe zu, die im EG-
Vertrag zuweilen sehr abstrakt definierten Ziele der Wirtschaftsgemeinschaft umzusetzen. Hierbei muß der gemeinschaftsrechtlichen Legislative
sowohl hinsichtlich einer Konkretisierung der Ziele als auch, was den dabei einzuschlagenden Weg betrifft, ein Handlungsspielraum eröffnet werden. Der Gerichtshof darf nicht in das „normausfüllende Gestaltungser-
messen" der politischen Organe eingreifen[155]. Zu berücksichtigen ist
nämlich, daß politisches Handeln immer von Interessenausgleich und
Kompromiß gekennzeichnet ist[156]. Diese politischen Lösungen könnten
durch die richterliche Kontrolle gestört werden.

Dem Gesichtspunkt des einem Gesetzgeber zukommenden Gestaltungser-
messens ist jedoch die Analyse von Wegmann entgegenzuhalten. Er hat
gezeigt, daß die meisten Verordnungen mit Parlamentsgesetzen zwar die
generelle Geltung gemeinsam haben, ihnen jedoch nicht der Stellenwert
nationaler Gesetze zukommt. Die große Masse von Verordnungen werde
nämlich nicht von Normen gebildet, die grundsätzliche Ordnungen schaf-
fen, wie etwa die Agrarmarktordnungen, sondern von den Kommis-
sionsverordnungen, die technische Details regeln oder aber Basisverord-
nungen an die wirtschaftliche Lage anpassen[157]. Die Verordnungen haben
auch aus Sicht des EG-Vertrages, der vieles selbst eher wie ein Wirt-
schaftsgesetz als wie eine Verfassung regelt, den Charakter einer Durch-
führungsbestimmung bzw., wie der deutsche Jurist sagen würde, den einer Verordnung[158]. Somit entfällt auch die Berufungsmöglichkeit auf den
generellen legislativen Charakter einer Verordnung[159].

---

155 Schmid-Lossberg, Kontrolldichte, S. 247.
156 Vgl. Rasmussen, Why is Article 173 Interpreted against Private Plaintiffs? in:
     ELRev. 1980, 112 (120) zum „political compromise argument".
157 So Wegmann, Nichtigkeitsklage, S. 189.
158 Wegmann, Nichtigkeitsklage, S. 188.
159 Wegmann, Nichtigkeitsklage, S. 191: Eine Unterscheidung zwischen legislatori-
     schen und administrativen Verordnungen soll an der das Prinzip der Rechts-
     sicherheit beeinträchtigenden Unmöglichkeit scheitern, klare Abgrenzungskriteri-
     en zu gewinnen. Zu den Versuchen der Abgrenzung via Ermächtigungsgrundlage
     bzw. nach erlassendem Gemeinschaftsorgan vgl. S. 191 ff.; vgl. hierzu auch
     v.Danwitz, Rechtsschutz, NJW 1993, 1109 (1112).

Diese Ausführungen gelten erst recht für das hier interessierende Anti-dumpingrecht. Die Antidumping-Zollverordnungen zielen auf einen bestimmten wirtschaftlichen Sachverhalt. Das hat der Gerichtshof anerkannt, indem Hersteller/Exporteure als auch auch Importeure, die mit dem Hersteller oder Exporteur wirtschaftlich verbunden sind, berechtigt sind, Klage zu erheben. Einen politischen Charakter erhalten sie lediglich über ihren außenpolitischen Bezug, insbesondere, wenn von Drittstaaten gewährte Subventionen Gegenstand des Verfahrens bilden. Inwieweit das Gericht aber die in diesem Zusammenhang der Kommission zustehende Berufung auf das Gemeinschaftsinteresse prüft, ist eine Frage der Begründetheit. Es gibt sehr viele Fallkonstellationen, in denen der Drittbetroffene nicht dieses politische Element der Entscheidungsfindung rügt, sondern die eher technischen Fragen der Ermittlung des Dumpings und des Gemeinschaftsschadens.

Darüber hinaus ist weiter anzuführen, daß der Begriff institutionelles Gleichgewicht natürlich ein zweidimensionales Denken voraussetzt. Dem Gestaltungsspielraum der Kommission steht die auf Art. 164 EG-Vertrag gründende Kontrollaufgabe gegenüber. Es ist hier zu berücksichtigen, daß kein Handeln eines europäischen Organes gänzlich der Kontrolle der Kommission entzogen sein darf. Hätten Drittbetroffene nicht die Möglichkeit, Klage zu erheben, gäbe es de facto keine Chance, Fälle zu kontrollieren, in denen die Kommission zu einer für die unter dem Dumping-bzw. Subventionsverdacht günstigen Entscheidung kommt. Die Mitgliedstaaten entfallen als Kontrolleure, da sie in der Regel nicht daran interessiert sind, gegen Handlungen zu klagen, an denen sie zuvor mitgewirkt haben[160].

Ein Klagerecht Dritter gefährdet demnach nicht das institutionelle Gleichgewicht (kein Eingriff in den Gestaltungsspielraum des Gesetzgebers), sondern trägt zu seiner Sicherung bei (Wahrung der Kontrollaufgabe des Gerichtshofes).

b) Exekutive

Was die übrigen hier untersuchten Maßnahmen betrifft, so handelt es sich zweifelsohne um adminstrative Maßnahmen. Weder die Berufung auf das

---

160 Rasmussen, Why is Article 173 interpreted against Private Plaintiffs? in: ELRev. 1980, 112 (120).

Demokratieprinzip noch das auf die besondere Schutzwürdigkeit von Ge-
setzesakten kann hier gelingen. Hier greift allein der Aspekt, daß der
Verwaltung ein gewisser Handlungsspielraum zustehen muß. Für die
Feststellung von Wettbewerbsbeschränkungen bedarf es Bewertungen des
teilweise sehr umfassenden Tatsachenmaterials und Prognosen über die
Marktentwicklung. Letzte Sicherheiten lassen sich dabei nicht erreichen,
denn der Wirtschaftsprozeß ist ein hochkomplexes Gebilde, das sich bisher nicht monokausal und abschließend beschreiben läßt. Demnach obliegt
es der Kommission, die erforderlichen Bewertungen des ihr vorliegenden
Sachverhaltes vorzunehmen.

Entscheidend ist jedoch, daß die Frage nach der Reichweite der Kontrolle
zur Prüfung der Begründetheit gehört und nicht zu der der Zulässigkeit.
Der im wirtschaftspolitischen Bereich der Kommission einzuräumende
Ermessensspielraum kann in der Prüfung der Begründetheit berücksichtigt
werden. Wie oben erwähnt wurde, muß die Kommission eine Rahmen-
kontrolle ihres Handelns wegen des für die Gemeinschaft konstituierenden
Charakters des Wettbewerbsrechts erdulden.

Ergebnis: Weder der Gestaltungs- noch der Ermessensspielraum würde
durch ein Klagerecht Dritter notwendigerweise beeinträchtigt. Es kann
sogar das Gegenteil behauptet werden. Das institutionelle Gleichgewicht
wäre gestört, falls gewisse Handlungen der Kommission der Kontrolle des
Gerichtshofes gänzlich entzogen wären.

4. Kein Richterrecht gegen Willen des Gesetzgebers

Richterrechtliche Rechtsfortbildung kann nicht gegen den offensichtlichen
Willen des Gesetzgebers betrieben werden.

Durch den Unionsvertrag wurde auch der Art. 173 in einigen Teilen re-
formiert. So ist dem Parlament nun ausdrücklich Passiv- und Aktivlegitimation gewährt worden[161]. Dasselbe gilt für die zu errichtende Europäische Zentralbank. Der Art. 173 Abs. 2 wurde aber unverändert als Abs. 4
übernommen. Insofern ist zu überlegen, inwiefern eine mangelnde Reformierung gegen eine extensive Auslegung resp. richterliche Rechtsfort-

---

161 Vgl. Abs. 1 und Abs. 3 des neuen Art. 173 EG-Vertrag.

bildung spricht. Immerhin gab es in der Vergangenheit durchaus Vorschläge dafür, die Klagebefugnis des einzelnen de lege lata auszudehnen[162].

Zu bedenken ist jedoch, daß hier eine Auslegung der Voraussetzungen eines Klagerechts intra legem versucht wird. Lediglich die dabei eingenommene Perspektive entstammt rechtsfortbildender Judikatur. Was aber zur Begründung einer Rechtsfortbildung ausreicht, dürfte erst recht im Rahmen einer Auslegung offener Tatbestandsmerkmale verwendbar sein.

Der hier angeführte Einwand gilt indessen hinsichtlich der Klagebefugnis verfahrensbeteiligter Dritter im Antidumpingrecht zumindest dann, wenn der Dritte gegen eine Antidumping-Zollverordnung vorgehen will, weil sie ihm nicht streng genug erscheint. Eine solche Klagebefugnis ist indessen in einer Rechtsmaterie angesiedelt, in der der EuGH seit langem schon Klagen gegen Verordnungen zuließ, indem er von der Normperspektive zur Betroffenenperspektive wechselte[163]. Diese Rechtsprechung hätte durch eine Neufassung des Art. 173 Abs. 4 EG-Vertrag korrigiert werden können, was jedoch nicht geschah.

5. Rechtssicherheit

Klagen Dritter führen natürlich dazu, daß die gegen den Betroffenen erlassenen, aus seiner Sicht begünstigenden Rechtsakte der Gefahr der Aufhebung ausgesetzt werden. Es fragt sich, ob hier das Interesse des Betroffenen an der Aufrechterhaltung des Aktes und damit an Rechtssicherheit sich nicht gegenüber der Ausweitung der Klagebefugnis Drittbetroffener durchsetzt.

---

162 Vgl. Art. 43 des Entwurfs des Europäischen Parlaments eines Vertrages zur Gründung der Europäischen Union, Abl. 1984 C 77/33 ff., nach dem Private gegen Akte der Union, die sie beschweren, klagen können. Tindemann-Bericht Beil. 1/76 zum Bulletin der EG, S. 29; des weiteren die frühen deutschen Reformbestrebungen des 46. Deutschen Juristentages, Ule, Gutachten für den 46. Deutschen Juristentag, in: Verhandlungen des 46. Deutschen Juristentages, Bd. 1 Teil 4 „Empfiehlt es sich, die Bestimmungen des europäischen Gemeinschaftsrechts über den Rechtsschutz zu ändern und zu ergänzen?"; Rabels, „Empfiehlt es sich, die Bestimmungen des europäischen Gemeinschaftsrechts über den Rechtsschutz zu ändern und zu ergänzen?" - Bericht über die Verhandlungen der europarechtlichen Arbeitsgemeinschaft des 46. Deutschen Juristentages, EuR 1966, 367 ff.

163 Vgl. Rechtsprechungsanalyse im 2. Kapitel/A/I.

Die Rechtssicherheit ist ein anerkannter allgemeiner Rechtsgrundsatz im EG-Recht[164]. Danach muß die Anwendung des Rechts auf einen bestimmten Sachverhalt vorhersehbar sein[165]. Hierunter fällt auch der Schutz wohlerworbener Rechte und der Vertrauensschutz.

Durch wettbewerbsrechtliche Entscheidungen der Kommission erwirbt der Adressat einer solchen Entscheidung keine Rechte.

Jedoch könnte der Vertrauensschutz des Adressaten der wettbewerbsrechtlichen Maßnahme tangiert sein, wenn die Maßnahme noch lange nach Erlaß durch den Gerichtshof aufgehoben werden könnte. Zwei Aspekte sind in diesem Zusammenhang näherer Erörterung wert: Die Unsicherheit aufgrund der Klagefristen und die aufgrund langer Anhängigkeit des gerichtlichen Verfahrens.

a) Anhängigkeit der Klage

Die Unsicherheit über die Gemeinschaftsrechtskonformität eines bestimmten wirtschaftlichen Verhaltens während einer vom Dritten anhängig gemachten Klage kann das betroffene Unternehmen erheblich beeinträchtigen.

Eine derartige Unsicherheit besteht aber schon unabhängig von einem dem Dritten einzuräumenden Klagerecht. Insbesondere im Kartellrecht nimmt ein Freistellungsverfahren oder die Erteilung eines Negativattestes erhebliche Zeit in Anspruch, in der das betroffene Unternehmen nicht weiß, ob es sein Verhalten wird fortführen können oder nicht[166]. Der deshalb von den Unternehmen beanspruchte comfort letter entfaltet nur einen begrenzten Vertrauensschutz[167].

Im Beihilfenaufsichtsrecht kann das subventionierte Unternehmen ohnehin nicht damit rechnen, daß die zustimmende Entscheidung der Kommission unangefochten bleibt. Hierfür ist die Gewährung von Beihilfen ein zu großes Politikum, das grundsätzlich immer Widerstände auslösen wird.

---

164 EuGH (*Bosch I - 13/61*) Slg. 1962, 99 (113): „Der allgemeine Rechtsgrundsatz der Rechtssicherheit".

165 Für einen Überblick über die Ausprägungen dieses Prinzips vgl. Schermers/Walbroek, Judicial Protection, S. 52 ff. §§ 86 ff.

166 Zur Langsamkeit des kartellrechtlichen Verfahrens zuletzt Ehlermann, VO Nr. 17, WuW 1993, 997 (999).

167 Zu dieser Problematik: Bechtold, Unternehmen im Kartellverfahren, EuR 1992, 41 (44 ff.).

Eine Bedeutung erlangt der Vertrauensschutzgedanke allein im Fusions-kontrollrecht, weil dort schon durch das Verfahren gewährleistet wurde, daß die betroffenen Unternehmen in sehr kurzer Zeit über die Rechtmäßigkeit ihres Vorhabens informiert sind. Eine zusätzliche Klagemöglichkeit würde diesen Vorteil des neuen Rechts beeinträchtigen.

Nach dem hier vertretenen Ansatz soll auch eine Entscheidung gegen eine Fusionskontrollentscheidung möglich sein[168].

Eine Abwägung der Interessen der betroffenen und der drittbetroffenen Unternehmen würde sicherlich nicht zu einem eindeutigen Ergebnis führen. Zu berücksichtigen ist aber, daß an der ordnungsgemäßen Anwendung des Fusionskontrollrechts ein besonderes Gemeinschaftsinteresse besteht. Wegen der großen politischen Brisanz gemeinschaftsweiter Zusammenschlüsse und dem damit verbundenen politischen oder verbandsgesteuerten Druck auf die Entscheidung der Kommission kann dieses Interesse nur gewahrt werden, wenn die betroffenen Dritten eine gerichtliche Kontrolle herbeiführen können[169]. Der Gedanke des Vertrauensschutzes muß dahinter zurücktreten.

b) Lauf der Klagefristen

Zu erörtern bleibt, ob nicht die Klagfristen, auf die sich ein Dritter stützen könnte, zu Rechtsunsicherheit führen könnten und damit das berechtigte Vertrauen des betroffenen Unternehmens beeinträchtigten.

Dies wäre dann der Fall, wenn wegen fehlender Bekanntgabe gem. Art. 173 Abs. 5 EG-Vertrag die Frist erst mit Kenntnis des Klägers anzulaufen beginnt und daher noch Monate und Jahre nach dem Erlaß der streitgegenständlichen Entscheidung angefochten werden kann.

Im Außenhandelsrecht werden die erlassenen Maßnahmen im Amtsblatt veröffentlicht. Damit besteht für den Beginn des Fristlaufs ein von der Kenntnis des Dritten unabhängiger Termin[170].

---

168 Hierzu näheres im 5. Kapitel.
169 Diesen Sachverhalt faßt Immenga unter den Begriff „Privatklagen gegen Politisierung", vgl. Immenga, Fusionskontrolle im wettbewerbspolitischen Kräftefeld, S. 37.
170 Beginn der Frist am 15. Tag nach Veröffentlichung, vgl. Art. 81 § 1 EuGH-Verfahrensordnung.

Auch im Bereich der Beihilfenaufsicht werden von der Kommission alle für Dritte maßgeblichen Verfahrensschritte im Amtsblatt veröffentlicht. Dies gilt mittlerweile auch für die Einstellung der Vorprüfungsverfahren. Die Kommission erklärt in diesen Bekanntmachungen, keine Einwände gegen das angemeldete Beihilfenvorhaben zu haben[171].

Im Falle des Kartellrechts müssen gem. Art. 21 KartellVO Negativatteste, Abstellungsentscheidungen und Freistellungsentscheidungen veröffentlicht werden. Von der Veröffentlichungspflicht sind die sog. „comfort letters" ausgenommen. Diese erwachsen aber ohnehin nicht in Rechtskraft, denn jeder Dritte bleibt ungehindert, einen Antrag auf Einleitung eines Untersuchungsverfahrens zu stellen. Hierauf hat sich der Empfänger eines „comfort letters" einzustellen. Entweder ist also im Kartellrecht der Fristbeginn durch eine Veröffentlichung gewährleistet oder es besteht überhaupt kein schutzwürdiges Vertrauen seitens des Adressaten der Entscheidung[172].

Auch im Fusionskontrollrecht werden alle entscheidenden Schritte des Verfahrens im Amtsblatt bekanntgemacht. Das beginnt mit der Anmeldung und endet mit der Genehmigung bzw. der Untersagung des Zusammenschlusses. Problematisch erscheint nur die fingierte Genehmigung gem. Art. 10 Abs. 6 FusionskontrollVO. Diese ergeht aufgrund Untätigkeit der Kommission; dementsprechend gibt es seitens der Kommission auch keine Bekanntmachung. Es bietet sich jedoch an, in diesem Fall an die Veröffentlichung der Anmeldung anzuknüpfen und die zulässige Klagefrist entsprechend zu verlängern.

Es ist festzuhalten, daß in allen Verfahren die für Dritte maßgeblichen Maßnahmen der Kommission im Amtsblatt veröffentlicht werden. Der Tag der jeweiligen Bekanntmachung wäre daher als Beginn des Klagefristlaufs geeignet. Aus Gründen der Rechtssicherheit darf hierbei keine Rolle spielen, ob der Dritte auch tatsächlich die Bekanntmachung im Amtsblatt gelesen hat.

Ergebnis: Klagen Dritter führen nicht zu einer Beeinträchtigung der Rechtssicherheit, solange für die Klagefrist an die Veröffentlichungen im Amtsblatt angeknüpft wird.

---

171 Vgl. hierzu Niemeyer, EC State Aid Law, EuZW 1993, 273 (275).
172 Bechtold, Stellung Kommission und Unternehmen, EuR 1992, 41 (44).

6. Keine Popularklage

Die Nichtigkeitsklage ist nicht als Popularklage ausgestaltet. Eine Auslegung, die im wesentlichen auf dem Wirksamkeitsgedanken basiert, darf jedoch nicht die Anforderungen des Art. 173 Abs. 4 EG-Vertrag an die Beschaffenheit des zu schützenden Interesses aus dem Blick verlieren. Wie diese Auslegung im einzelnen mit den Tatbestandsmerkmalen der unmittelbaren und individuellen Betroffenheit zu vereinbaren ist, wird im nächsten Kapitel untersucht.

5. Kapitel:

Modell „Klagerecht verfahrensbeteiligter Drittbetroffener"

Nachdem im obigen Kapitel die wesentlichen Gesichtspunkte einer Ausweitung des Klagerechts auf Drittbetroffene erörtert wurden, gilt es nun, daran anknüpfend eine dogmatische Konzeption für die Klagebefugnis verfahrensbeteiligter Dritter zu präsentieren.

A. Das Argument: Kläger als Anwalt des öffentlichen Interesses

Zentraler Gedanke dieses Modells ist folgender: Die Berechtigung zur Klage gründet weder auf einer formalen Individualisierung wie in der Rechtsprechung zu Adressaten-Klagen noch auf der Verletzung eines subjektiven (Grund-) Rechts, sondern vielmehr auf der Funktion des klagenden Dritten, als Anwalt des Gemeinschaftsinteresses zu fungieren.

Diese Funktion ergibt sich in solchen Rechtsstreitigkeiten, in denen der individuelle Nachteil gleichzeitig einen Nachteil für die EU darstellt.

Dieser Ansatz ist nicht als Alternative zur Rechtsschutzgarantie zu verstehen. Er stellt vielmehr eine Ergänzung dar, denn er gewährt das Klagerecht unabhängig vom Nachweis der Verletzung eines subjektiven Rechts. Demnach kann Rechtsschutz, genauer formuliert: Schutz berechtigter Interessen, frühzeitiger einsetzen.

Ein solches Modell für Klagen Privater stimmt mit der dogmatischen Konzeption der Nichtigkeitsklage als Interessentenklage überein. Es findet sich zudem in einigen Rechtsordnungen der Mitgliedstaaten wieder[1].

Ein solches Modell harmoniert mit der Rechtsprechung des Gerichtshofes zum Rechtsschutz der einzelnen. Das Klagerecht Privater wurde schon in vielen Fällen als für den Integrationsprozeß nützlich angesehen. Der Gerichtshof hat damit zum Ausdruck kommen lassen, daß auch der Marktteilnehmer Hüter der Gemeinschaftsziele sein kann.

---

1   Vgl. 3. Kapitel/B/V/2/a/aa.

Das Gemeinschaftsrecht enthält nirgendwo den Grundsatz, daß die Rolle des Anwalts gemeinschaftsrechtlicher Interessen lediglich von den Organen und den Mitgliedstaaten wahrgenommen werden kann[2]. Es schadet dem Rechtsschutzsystem nicht, wenn Private neben ihrem eigenen Interesse als Sachwalter des öffentlichen Interesses wirken. Die Kontrolle der Mitgliedstaaten ist aus vielerlei Gründen unzureichend[3]. Die Kommission kommt in den hier untersuchten Fällen als „Hüterin der Verträge"[4] nicht in Betracht, weil Gegenstand der Kontrolle Handlungen der Kommission sind. Folglich besteht noch ein zusätzliches Interesse daran, auch Marktteilnehmern die Rolle von Hütern der Verträge zukommen zu lassen. Andernfalls wäre de facto eine gerichtliche Kontrolle in gewissen Tätigkeitsbereichen der Kommission nicht mehr gewährleistet, was sowohl gegen das Rechtsstaatsprinzip verstößt als auch das System der „checks and balances" der europäischen Organe aus dem Gleichgewicht bringen würde.

Verfahrensbeteiligung und Klagebefugnis sind als Einheit zu begreifen. Die Verfahrensbeteiligung Dritter ist erforderlich, damit die Kommission ihre Aufgaben in den wettbewerbsrechtlichen Verfahren auf angemessene Weise erfüllen kann. Sie dient einem öffentlichen Interesse. Die Klagebefugnis dieser Verfahrensbeteiligten gewährleistet, daß die Kommission ihrer gemeinwohlkonkretisierenden Aufgabe auch gerecht wird. Eine Verfahrensbeteiligung ohne Klagerecht würde die Beteiligung entwerten. Die Kommission wäre nicht gezwungen, auf die Einhaltung der Verfahrensgarantien zu achten und alle vorgebrachten Informationen sorgfältig und unparteiisch zu prüfen.

Festzustellen ist also, daß es dem Gemeinschaftsinteresse entspricht, den privaten Kläger als Anwalt des Gemeinschaftsinteresses anzusehen, wenn dies erforderlich ist, um eine notwendige Kontrolle des Gerichtshofes über die Handlungen der Kommission zu gewährleisten.

Im folgenden ist zu fragen, in welchen Fällen der klagende Private als ein derartiger Anwalt des Gemeinschaftsinteresses fungiert.

---

2   Vgl. Wegmann, Nichtigkeitsklage, S. 182.
3   Vgl. hierzu Wegmann, Nichtigkeitsklage, S. 153 ff. in bezug auf Kontrolle von Verordnungen.
4   Vgl. Art. 155 EG-Vertrag.

I. Anforderungen an die jeweilige Rechtsmaterie

Ein Interesse der Gemeinschaft an der Wahrung des Rechts besteht für die Rechtsmaterien, in denen die Verletzung des Rechts unmittelbar an den Grundlagen der Gemeinschaft rührt.

Grundlage der Gemeinschaft ist das Ziel der Integration, das beim momentanen Stand des EU-Rechts in der Errichtung und Wahrung eines Gemeinsamen Marktes und der Schaffung einer Wirtschafts- und Währungsunion zu sehen ist[5]. Da das gesamte Gemeinschaftsrecht auf diesen Zweck ausgerichtet ist, besteht also potentiell immer ein öffentliches Interesse an dessen Wahrung.

Weil aber durch den Art. 173 Abs. 4 EG-Vertrag die Popularklage ausgeschlossen ist, ist die Zuerkennung eines Klagerechts davon abhängig, daß der Kläger einen individuellen Nachteil erlitten hat. Anwalt des Gemeinschaftsinteresses kann dieser Kläger demzufolge nur dann sein, wenn die streitgegenständliche Regelungsmaterie schon aus öffentlichem Interesse einen solchen individuellen Nachteil verhindern will.

Die einschlägige Rechtsmaterie muß daher an diesen individuellen Nachteil unmittelbar anknüpfen. Hierzu müssen individueller und kollektiver Nachteil deckungsgleich sein.

Die Schnittmenge zwischen integrationsbedeutsamen und auf den individuellen Nachteil abstellenden Regelungen ist die Regelungsmaterie, in denen der Private als Anwalt des öffentlichen Interesses auftreten kann.

Oben wurde bereits analysiert, inwiefern das Wettbewerbsrecht konstituierend für das Ziel der Integration ist. Zudem deutet der Begriff der Wettbewerbsbeschränkung auf die individuellen Nachteile des jeweiligen Konkurrenten. Diese Nachteile berühren auch das allgemeine Interesse an der Aufrechterhaltung eines wirksamen Wettbewerbs.

An dieser individuellen Ausrichtung fehlt es beispielsweise in der Handelspolitik. Die Gemeinsame Handelspolitik ist eine wesentliche Grundlage für die Schaffung eines Gemeinsamen Marktes[6]. Insofern ist ein öffentliches Interesse an Kontrolle der diesbezüglichen Handlungen der Kommission vorhanden. Nicht jeder Nachteil eines Marktteilnehmers stellt

---

5 Art. 2 EG-Vertrag.
6 Vgl. Art. 3 lit. b EG-Vertrag.

jedoch eine Gefährdung dieser Gemeinsamen Politik dar. So kann die Kommission nach der VO betreffend die gemeinsame Einfuhrregelung[7] gem. Art. 15 ff. Schutzmaßnahmen gegen Einfuhren von Drittstaaten ergreifen. Die daraus entstehenden Nachteile für Importeure oder auch Exporteure (im Falle von handelspolitischen Reaktionen des Drittstaates) beeinträchtigen nicht das Ziel der Schaffung und Aufrechterhaltung eines Gemeinsamen Marktes. Der Freihandel mit Drittstaaten kann zwar dem wirtschaftlichen Interesse der Gemeinschaft dienen. Er stellt aber kein für die Integration konstitutives Merkmal dar.

Einen Grenzfall bildet das Antidumpingrecht. Hier stellt die AntidumpingVO nicht auf den individuellen Schaden des einzelnen Unternehmens ab, weil Zweck dieses Instrumentariums allein ist, einen Zweig der Gemeinschaftsindustrie in seiner Existenz als ganzes, nicht aber in seiner konkreten Zusammensetzung zu schützen. Dieses sich bereits in der Antragsbefugnis verkörpernde Gemeinschaftsinteresse beschränkt die Klagebefugnis auf diejenigen Personen, die im Namen des betroffenen Wirtschaftszweiges handeln. Eine Ausnahme ist nur dann zu machen, wenn ein einzelnes Unternehmen einen wesentlichen Teil dieses Wirtschaftszweiges selbst verkörpert[8].

II. Anforderungen an den Gegenstand der Klage

Der Anfechtungsgegenstand muß eine abschließende Maßnahme der Kommission sein. Eine Klagemöglichkeit gegen lediglich vorbereitende Maßnahmen würde die Funktionsfähigkeit der Verwaltung erheblich einschränken[9].

Für die Fälle der Verfahrenseinstellungen ist demnach ein Bescheid der Kommission erforderlich, aus dem eine endgültige Entscheidung über die Verfahrenseinstellung hervorgeht.

Problematisch ist dabei, daß die Kommission in einigen Untersuchungsverfahren nicht gezwungen ist, einen solchen abschließenden Bescheid zu erteilen. Im Kartellrecht muß die Kommission lediglich eine der endgülti-

---

7   VO Nr. 288/82 ABl 1982 Nr. L 35/1 ff.
8   So wie der Uhrenhersteller *Timex*, vgl. EuGH (*Timex* - Rs 264/82) Slg. 1985, 849.
9   Vgl. 4. Kapitel.

gen Verfahrenseinstellung vorausgehende Mitteilung der Einstellungsgründe mit der Aufforderung zur Stellungnahme an den Antragsteller
richten[10]. Im Beihilfenaufsichtsverfahren kommt, wie oben gezeigt, nur
die an den Mitgliedstaat zu richtende „Genehmigung" der Beihilfe als
Klagegegenstand in Betracht[11]. Im Vorverfahren ist die Kommission indessen nicht verpflichtet, ihre Zustimmung ausdrücklich dem Mitgliedstaat mitzuteilen[12]. Nach zwei Monaten tritt die Sperrwirkung des Art. 93
Abs. 2 EG-Vertrag außer Kraft[13]. Die Untätigkeit der Kommission hat
damit die Wirkung einer ausdrücklichen Feststellung, keine Einwände gegen das Beihilfevorhaben zu erheben.

In solchen Fällen hat der Gerichtshof in Abstimmung mit der Eigenart des
jeweiligen Verfahrens Regeln herauszuarbeiten, nach denen sich entscheiden läßt, gegen welche Handlung der Dritte zu klagen hat. Im Kartellrecht
bietet sich an, dem Kläger ein Recht auf Mitteilung der abschließenden Entscheidung zu gewähren, wenn er dies verlangt[14]. Im Fusionskontroll- und
Beihilfenaufsichtsrecht ist als Klagegegenstand auch die durch Untätigkeit
der Kommission entstandene fiktive Entscheidung anzusehen[15].

III. Anforderungen an den Kläger als Anwalt des Gemeinschafts-interesses

Es ist nun zu untersuchen, welche Anforderungen an den Kläger zu stellen sind, um zu gewährleisten, daß er seiner Funktion als Anwalt des
Gemeinschaftsinteresses und gleichzeitig dem Erfordernis, in schützens-
werten Interessen verletzt zu sein, gerecht wird. In der Terminologie des

---

10 Vgl. Art. 6 VO Nr. 99/63 und die neueste Rspr. hierzu EuG (*Asia* - Rs T-28/90) Slg. 1992, II-2285 (II-2998 - Rn. 29).

11 Vgl. hierzu auch Bast/Blank, Beihilfen und Rechtsschutz, WuW 1993, 181 (184) mit Hinweis auf Rs 84/82 Slg. 84, 1451.

12 Bast/Blank, Beihilfen und Rechtsschutz, WuW 1993 (184): Eine solche Mittei-lung entspreche aber einem „guten Verwaltungsstil" mit Hinweis auf EuGH (*Lorenz* - Rs 120/73) Slg. 73, 1471 (1482 - Rn. 5).

13 Ständige Rspr. vgl. EuGH (*Lorenz* - Rs 120/73) Slg. 1973, 1471 (1481 - Rn. 4 f.); Mitteilung der Kommission ABl. C Nr. 318/3 v. 24. November 1983.

14 Forster, Procedural Possibilities for an Applicant, ECLR 1993, 256; jetzt schon gängige Praxis der Kommission; vgl. EuGH (*Demo-Studio Schmidt* - Rs 210/81) Slg. 1983, 3045.

15 Vgl. hierzu Karl, Rechtsstellung Dritter, S. 72 m.w.N.

Art. 173 Abs. 4 EG-Vertrag gesprochen, bedarf es eines individuellen und unmittelbaren Betroffenseins. Das hat auch eine am Gemeinschaftsinteresse orientierte Begründung der Klagebefugnis zu beachten.

1. Objekt einer Wettbewerbsbeschränkung

Das Wettbewerbsrecht ist dadurch charakterisiert, daß es immer dann eingreift, wenn eine Beschränkung des Wettbewerbes vorliegt. Eine solche Beschränkung manifestiert sich an der Verschlechterung der Marktposition von Wirtschaftsteilnehmern. Die Deckungsgleichheit von Individual- und Kollektivinteresse besteht also dann, wenn der Kläger Objekt einer Wettbewerbsbeschränkung geworden ist.

Die Maßnahme der Kommission, die die angebliche Wettbewerbsbeschränkung nicht unterbindet, betrifft den Dritten deshalb unmittelbar.

Nach diesem Modell scheiden solche Dritte als klagebefugt aus, die zwar einen Nachteil durch Wettbewerbsbeschränkungen erleiden, wie z.B. Verbraucher, deren Nachteil aber erst dadurch entsteht, daß ein anderer in seiner wirtschaftlichen Entfaltungsmöglichkeit eingeschränkt wird, sie also nicht selbst Objekt einer Wettbewerbsbeschränkung geworden sind. In der Rechtssache *Zunis* hatte der Gerichtshof die Klagebefugnis von Aktionären eines übernommenen Unternehmens verneint[16]. Ein anderes Ergebnis hätte indessen die Klage eines Unternehmens, das durch feindliche Übernahme zur Fusion gezwungen würde[17]. Solche Unternehmen sind indessen als Betroffene, nicht als Drittbetroffene anzusehen.

a) Typisierte Opfer

Im Kartellrecht gibt es durch die in Art. 85 EG-Vertrag beispielhaft aufgezählten Arten von Wettbewerbsbeschränkungen und die durch die Rechtsprechung im Rahmen der Auslegung von Art. 85 und 86 EG-Vertrag erfolgten Konkretisierungen typisierte Opfer von Wettbewerbsbe-

---

16   EuG (*Zunis* - T-83/92) Urteil v. 28. Okober 1993, noch nicht veröffentlicht, vgl. Tätigkeitsbericht Nr. 30/93 und Kurzkommentar von Dirk Schroeder, WuW 1993, 1085 f.: Danach gehören Aktionäre grundsätzlich nicht zu denen, deren rechtliche oder tatsächliche Position durch die fusionsrechtliche Kommissionsentscheidung hätte beeinflußt werden können.

17   Bos/Stuyck/Wytinck, Concentration Control, S. 327 (Rn. 4-365).

schränkungen. Typisierte Opfer von Wettbewerbsbeschränkungen sind beispielsweise Handelspartner, die sich selektiven Vertriebssystemen unterwerfen müssen, um beliefert zu werden. Folgerichtig hat der Gerichtshof
gar nicht erst geprüft, ob und wie groß der individuelle Nachteil bzw. die
Beeinträchtigung berechtigter Interessen des Klägers jeweils war[18]. Die
Weigerung, den Handelspartner in das Vertriebssystem aufzunehmen, sei
nämlich grundsätzlich geeignet, die Interessen des Klägers zu verletzen[19].

Im Antidumping- Antisubventionsrecht sind typische Opfer Angehörige
des Zweiges der Gemeinschaftsindustrie, die vom Dumping bzw. der
Subvention betroffen sind[20].

Typisierte Opfer von Wettbewerbsbeschränkungen müssen demzufolge
nicht im einzelnen belegen, inwieweit sie unmittelbar von der Wettbewerbsbeschränkung berührt werden.

b) Einzelprüfung

Ob der Kläger einen individuellen Nachteil erleidet, der von einer Wettbewerbsbeeinträchtigung verursacht wurde, muß im Beihilfenaufsichts-
und Fusionskontrollrecht im Einzelfall geprüft werden.

Im Gegensatz insbesondere zum Kartellrecht fehlt es hier an typisierten
Tatbeständen für die Feststellung einer beherrschenden Stellung, durch
die wirksamer Wettbewerb behindert[21] oder verfälscht[22] wird.

Der Dritte muß deshalb nachweisen, daß er in Wettbewerbsbeziehung zu
dem fusionierenden Unternehmen bzw. dem subventionierten Unternehmen steht und daß seine Marktposition durch diese Maßnahme nicht unerheblich beeinträchtigt werden kann[23].

---

18   Vgl. EuGH (*Metro - Rs 26/76*) Slg. 1977, 1875 (1900 ff. - Rn. 3 ff.); EuGH
     (*Demo-Studio Schmidt - Rs 210/81*) Slg. 1983, 3045 (3063 ff. - Rn. 10 ff.).
19   EuGH (*Demo-Studio Schmidt - Rs 210/81*) Slg. 1983, 3045 (3064 - Rn. 14).
20   Vgl. EuGH (*Timex - Rs 264/82*) Slg. 1985, 849 (865 - Rn. 14 ff.).
21   Vgl. Art. 2 Abs. 2 FusionskontrollVO.
22   Vgl. Art. 92 Abs. 1 EG-Vertrag.
23   Vgl. hierzu zuletzt EuGH (*Matra* - C-225/91) Urteil v. 15. Juni 1993, noch
     nicht veröffentlicht, Rn. 19, wobei dieser individuelle Nachteil seitens *Matra* im
     Fall der Durchführung des Beihilfeprojekts nicht bestritten wurde.

c)   Vereinigungen als Opfer von Wettbewerbsbeeinträchtigungen

Zu fragen ist, ob Interessenverbände gleichfalls unmittelbar von einer wettbewerbsrechtlichen Maßnahme der Kommission betroffen sein können.

Da diese Verbände nicht am Wirtschaftsverkehr teilnehmen, sondern lediglich die Unternehmen, die sie vertreten, berührt sie eine von der Kommission tolerierte Wettbewerbsbeeinträchtigung nicht unmittelbar. Sie selbst sind nicht Opfer der Wettbewerbsbeeinträchtigung geworden.

Nach ständiger Rechtsprechung lehnt dementsprechend der Gerichtshof Klagen von Verbänden ab, wenn lediglich die Interessenbeeinträchtigung der Mitglieder gerügt wurde[24].

Eine Ausnahme muß für das Antidumpingrecht gelten. Beteiligungsrechte sind dort von vornherein nur Repräsentanten eines EG-Wirtschaftszweiges gewährt. Schutzobjekt des Antidumpingverfahrens ist nicht das einzelne Unternehmen, sondern der Bestand eines ganzen Wirtschaftszweiges. Dementsprechend kann dieser Wirtschaftszweig als ganzes auch nur Opfer von Dumping- oder Subventionsmaßnahmen geworden sein. Unmittelbar betroffen ist daher dieser Wirtschaftszweig. Geltend gemacht werden kann dieses unmittelbare Betroffensein nur durch den Verband, der diesen Wirtschaftszweig repräsentiert[25]. Dementsprechend hat der Gerichtshof das Betroffensein des Verbandes nicht problematisiert[26].

Im Beihilfenaufsichtsrecht sind nur die Unternehmen unmittelbar betroffen, die durch die Beihilfe in ihrer Marktstellung beeinträchtigt werden. Gleichwohl hat der Gerichtshof auch hier Interessenverbänden eine Klagebefugnis zugesprochen. Zu überlegen ist, ob eine solche Klagebefugnis der hier entwickelten Auslegung der unmittelbaren Betroffenheit zuwiderlaufen würde. In den Rechtssachen *van der Kooy* und *Cirfs* hat der EuGH diese Verbände deshalb als klagebefugt angesehen, weil sie anerkannte Verhandlungspartner der Kommission gewesen seien und durch die angegriffene Maßnahme in dieser Stellung betroffen wären[27]. Hier hat der

24   Ständige Rspr. vgl. EuGH (*Defi* - 282/85) Slg. 1986, 2469 (2480 - Rn. 16).
25   Vgl. zur ausnahmsweise unmittelbaren Betroffenheit eines einzelnen Unternehmens EuGH (*Timex* - Rs 264/82) Slg. 1985, 849.
26   Vgl. hierzu EuGH (*Fediol-I* - Rs 191/82) Slg. 1983, 2913.
27   EuGH (*van der Kooy*/verb. Rs 67,68,70/85) Slg. 1988, 219 (268 f. - Rn. 21); EuGH (*Cirfs* - 313/90) Urteil v. 24. März 1993, noch nicht veröffentlicht, Rn. 30.

Gerichtshof ein eigenes Betroffensein angenommen, das nicht auf einer Beeinträchtigung der wirtschaftlichen Interessen der durch die Verbände Vertretenen beruht. Diese Rechtsprechung ist als Sonderfall einer Klagebefugnis Dritter zu werten.

d) Kodifizierte Opfer von Wettbewerbsbeeinträchtigungen

Zu diskutieren sind noch solche Dritte, die zwar nicht Marktteilnehmer sind, jedoch in Untersuchungsverordnungen ausdrücklich erwähnt werden, nämlich Interessenvertretungen von Arbeitnehmern und Mitgliedern der Leitungsorgane[28]. Diese Gruppen sind gleichgestellt mit Unternehmen, die ein hinreichendes Interesse an der Beteiligung am Untersuchungsverfahren darlegen können. Es fragt sich, ob sie von einer wettbewerbsrechtlichen Maßnahme der Kommission unmittelbar betroffen sein können.

Diese Gruppen sind zwar im Wettbewerbsprozeß engagiert, ihre Nachteile sind aber nicht mit den Nachteilen identisch, die unmittelbar durch eine Wettbewerbsbeschränkung entstehen. Das Wettbewerbsrecht knüpft an Wettbewerbsbeschränkungen an, nicht an Arbeitsplatzverlust oder Beschränkung des Entscheidungsspielraumes eines Unternehmensvorstandes. Insofern fehlt hier es an einem unmittelbaren Betroffensein. Das individuelle Interesse entspricht nicht dem kollektiven.

Hier erklärt sich, weshalb nach allgemeiner Meinung[29] die Gruppe, die in der KartellVO Antrag auf Verfahrenseinleitung stellen kann, größer sein soll als diejenige, die „individuell betroffen" und daher klagebefugt ist.

Die hier vorgenommene Wertung gilt für die Begründung der Klagebefugnis aufgrund des besonderen Interesses der Gemeinschaft, das sie an der Einhaltung des Wettbewerbsrechts hat. Es sind jedoch Fallkonstellationen denkbar, in denen sich die Kommission im Rahmen ihrer wettbewerbsrechtlichen Entscheidungen an einem anderen Interesse orientiert hat und demzufolge zu fragen wäre, ob der Kläger nicht als Anwalt dieses speziellen Interesses fungiert. Als Beispiel wäre hier die Nestlé/Perrier-Entscheidung[30] zu nennen, in der die Kommission zum ersten Mal nicht bloß Auflagen für eine geplante Unternehmensfusion erteilt hat, sondern

---

28   Vgl. Art. 18 Abs. 4 EG-Vertrag.
29   Vgl. hierfür GTE-Schröter/Jakob-Siebert Rn. 5 zu Art. 87 - Zweiter Teil m.w.N.
30   Amtsblatt 1992 Nr. C 322/14 ff., vgl. hierzu WuW 1993, 120.

versuchte, einen ganzen Marktsektor neu zu organisieren. Möglicherweise hat die Kommission hierbei Aspekte zu beachten, für die Arbeitnehmervertretungen als Anwälte des öffentlichen Interesses fungieren[31]. Dieser Gesichtspunkt soll hier indessen nicht näher vertieft werden.

Festzuhalten ist, daß nur die Kläger als unmittelbar betroffen gelten, deren Beeinträchtigung ihrer wirtschaftlichen Interessen Anknüpfungspunkt für die einschlägige Regelungsmaterie ist.

2. Verfahrensbeteiligung

Im letzten Abschnitt wurde diskutiert, in welchen Fällen ein Kläger, der als Anwalt des Gemeinschaftsinteresses fungiert, überhaupt einen für das öffentliche Interesse relevanten, individuellen Nachteil erleidet und deshalb als unmittelbar betroffen anzusehen ist.

Art. 173 Abs. 4 EG-Vertrag verlangt darüber hinaus ein individuelles Betroffensein. Es ist zu prüfen, inwiefern dieses Tatbestandsmerkmal unter Berücksichtigung des hier vertretenen Ansatzes auszulegen ist.

a) Tatsächliche Beteiligung

Individuell betroffen ist nur der Kläger, der sich am Verfahren beteiligt hat.

Nur solche Kläger, die ihre Informationen und ihre Kompetenz bezüglich des einschlägigen Marktes bereits in das Untersuchungsverfahren eingebracht haben, dienen dem Interesse der Gemeinschaft. Das hängt mit dem Zweck des Untersuchungsverfahrens zusammen. In ihm soll nicht nur das betroffene Unternehmen Gelegenheit bekommen, sich gegen die Vorwürfe zu verteidigen. Es dient auch dazu, daß die Kommission die Tatsachengrundlage für ihre Entscheidungsfindung zusammentragen kann. Hierbei ist sie auf die Unternehmen angewiesen, die mit dem Untersuchten entweder in einem Wettbewerbsverhältnis stehen oder Handelspartner sind. Schon in dem dem Rechtsakt vorangehenden Verfahren dient also der Dritte, obwohl er nur seine eigenen Interessen verfolgt, dem Gemeinschaftsinteresse.

---

31   Vgl. z.B. Sozialcharta der Sozialen Grundrechte der Arbeitnehmer v. 9. Dezember 1989, Satorius II Nr. 190.

Dritte, die sich erst auf dem gerichtlichen Wege zu Worte melden, nützen dem Gemeinschaftsinteresse nicht. Das Gericht will sich nämlich nicht die Kompetenz anmaßen, anstelle der Kommission eine Entscheidung zu treffen. Hierfür wären Bewertungen und Prognosen erforderlich, die nicht Anwendung von Recht sind, sondern sich innerhalb eines gewissen Ermessens- bzw. Beurteilungsspielraumes bewegen können. Lediglich die Ausübung dieses Ermessens soll der richterlichen Kontrolle unterworfen sein[32]. Für derartige Ermessensausübung ist es aber erforderlich, daß sich der Dritte am Verfahren beteiligt.

Im übrigen kann auch unter dem Rechtsschutzgesichtspunkt eine individuelle Betroffenheit an die Verfahrensbeteiligung gebunden werden. Derjenige kann sich nämlich nicht glaubhaft auf seine Interessenbeeinträchtigung berufen, der die ihm eingeräumten Verfahrensgarantien nicht wahrgenommen hat. Zwar kann ein Unternehmen gute Gründe haben, wegen einer Wettbewerbsverletzung beispielsweise seines Handelspartners nicht die Kommission anzurufen. Jede Rechtsschutzgarantie setzt aber voraus, daß derjenige, der sich auf sie beruft, die ihm zur Verfügung stehenden Rechtsschutzmöglichkeiten ausgenutzt hat. Hierzu gehört in den hier interessierenden Regelungsmaterien - als eine Art vorgeschobenen Rechtsschutzes - die Verfahrensbeteiligung.

Somit stellt sich die tatsächliche Verfahrensbeteiligung sowohl aus der Sicht des Gemeinschaftsinteresses als auch unter dem Aspekt der Rechtsschutzgarantie als konstitutives Merkmal einer Klagebefugnis dar[33]. Sie individualisiert den Kläger, denn Opfer einer Wettbewerbsbeschränkung können viele Marktteilnehmer sein.

b) Potentielle Verfahrensbeteiligung

Wenn die Verfahrensbeteiligung dazu dient, den Kläger seiner Rolle als Anwalt des Gemeinschaftsinteresses gerecht werden zu lassen, stellt sich

---

32 Ausnahmsweise erhebt der Gerichtshof selbst Beweis über die Richtigkeit der von der Kommission unterstellten Tatsachengrundlagen; aber auch hierin liegt nur die Absicht zu klären, ob die Kommission nicht sorgfältig genug ermittelt hat; nicht geht es darum, selbst eine Entscheidung zu fällen.

33 Vgl. Heidenhain, Klagebefugnis Dritter, EuZW 1991, 590 (593): Danach folgert der Gerichtshof von Verfahrensbeteiligung auf Klagebefugnis.

die Frage, welche Konsequenzen sich für den Fall ergeben, daß es erst gar nicht zu einer Verfahrensbeteiligung kommt.

Dies kann deshalb der Fall sein, weil die Kommission ein auf Betreiben eines Dritten hin eröffnetes Verfahren bereits im Stadium des Vorverfahrens, für das noch keine Beteiligungsgarantien bestehen, eingestellt hat.

Hier hat der Dritte noch keine Möglichkeit gehabt, seine ihm durch die Beteiligungsrechte übertragene Aufgabe zur Konkretisierung des Allgemeinwohls wahrzunehmen. Auch hat er nicht zurechenbar eine Rechtsschutzmöglichkeit nicht genutzt. Insofern spricht nichts dagegen, daß er auch durch eine Einstellung im Vorverfahren individuell betroffen ist. Auf eine tatsächliche Verfahrensbeteiligung in diesem Stadium kommt es daher nicht an.

Geht das Verfahren jedoch in das Hauptverfahren über und wird mit einer wettbewerbsrechtlichen Maßnahme abgeschlossen, so kann eine Nichtbeteiligung dem Dritten nur dann nicht zugerechnet werden, wenn er von diesem Untersuchungsverfahren nichts wußte. Zu untersuchen ist, wann dies der Fall sein könnte.

Kenntnis erlangt der Dritte, wenn er von der Kommission informiert wurde. Es stellt sich die Frage, auf welche Weise die Kommission Drittbeteiligte zu informieren hat. Weil es sich bei den Drittbetroffenen um eine unübersichtliche Gruppe von Wirtschaftsteilnehmern handelt, reicht es aus, wenn eine Mitteilung im Amtsblatt veröffentlicht wird[34]. Die Kommission muß allerdings deutlich machen, daß sie den Dritten innerhalb einer bestimmten Frist Gelegenheit zur Äußerung gibt.

Im Fusionskontrollrecht werden Anmeldungen veröffentlicht, wenn die Kommission der Auffassung ist, daß der Zusammenschluß unter die FusionskontrollVO fällt[35].

Im Beihilfenaufsichtsrecht werden Drittbeteiligte mit Einleitung eines Hauptverfahrens durch eine Veröffentlichung im Amtsblatt informiert[36]. Dasselbe gilt für das Antidumpingrecht[37].

---

34   EuGH (*Intermills* - Rs 323/82) Slg. 1984, 3809 (3826 - Rn. 16) zum Beihilfenaufsichtsrecht.
35   Art. 4 Abs. 3 FusionskontrollVO.
36   Vgl. Dauses-Götz Rn. 55 zu H III.

Bevor die Kommission ein kartellrechtliches Negativattest oder eine Freistellungsentscheidung erteilt, muß sie diese Absicht im Amtsblatt veröffentlichen und alle betroffenen Dritten zur Abgabe einer Stellungnahme auffordern[38].

Somit steht fest: Immer dann, wenn das Verfahren mit einer Maßnahme abgeschlossen werden soll, gibt dies die Kommission durch eine Veröffentlichung im Amtsblatt bekannt. Somit kann dem Dritten eine Nichtbeteiligung immer zugerechnet werden.

IV. Zusammenfassung

Unmittelbar ist derjenige betroffen, an dessen Nachteil die streitgegenständliche Regelungsmaterie anknüpft. Nachteil ist im Wettbewerbsrecht die Wettbewerbsbeschränkung.

Für den Nachweis, Opfer einer Wettbewerbsbeeinträchtigung zu sein, kann der Kläger sich entweder auf typisierte Fälle der Wettbewerbsbeeinträchtigung stützen (Kartellrecht) oder muß die Beeinträchtigung seiner Wettbewerbsposition glaubhaft machen.

Individuell ist derjenige betroffen, der dem Gemeinschaftsinteresse entsprechend sich am Verfahren beteiligt hat, es sei denn, die Beteiligung war wegen frühzeitiger Einstellung nicht möglich.

B. Bedeutung von Verfahrensrechten

Weil in der Diskussion um die Klagebefugnis verfahrensbeteiligter Dritter dem Argument, die Dritten können sich auf ihnen eingeräumte Verfahrensgarantien stützen, ein großer Stellenwert beigemessen wird, ist auf die Bedeutung dieser Verfahrensgarantien für das hier entwickelte Modell einzugehen.

---

37   Vgl. Art. 7 Abs. 1 lit. a AntidumpingVO.
38   Art. 19 Abs. 3 KartellVO.

I. Antragsrecht erforderlich?

Nach dem oben entwickelten Modell ist es nicht die Einräumung von Beteiligungsrechten, die den Dritten zur Klage legitimiert, sondern der Gleichklang von Individual- und Gemeinschaftsinteresse in der streitgegenständlichen Regelungsmaterie und die daraus entspringende Anknüpfung an einen individuellen Nachteil des Klägers. Aus diesem Grund kann keine Rolle spielen, auf welche Art der Dritte am Verfahren beteiligt ist. Es ist daher unerheblich für die Gewährung des Klagerechts, ob dem Dritten lediglich Anhörungsrechte eingeräumt sind oder darüber hinaus auch noch das Recht, die Einleitung einer Untersuchung beantragen zu können[39].

Wird indessen eine Klagebefugnis gewährt, so kommt das der Einräumung eines Antragsrechts gleich, denn die Kommission ist dann verpflichtet, das vom Antragsteller vorgebrachte Tatsachenmaterial sorgsam zu prüfen.

II. Beteiligungsrecht hinreichend?

Die Einräumung von Anhörungsrechten ist nie hinreichend für eine Klagebefugnis. Immer muß hinzu kommen, daß in der zugrundeliegenden Regelungsmaterie das Individual- mit dem Gemeinschaftsinteresse deckungsgleich ist. Eine solche Deckungsgleichheit kommt in der Anknüpfung an Tatbestandsmerkmale zum Ausdruck, die als individuelle Nachteile des Klägers anzusehen sind.

Diese Ansicht wird dadurch bestätigt, daß sich jeder EU-Bürger an die europäischen Organe mit Beschwerden, Vorschlägen, Stellungnahmen wenden kann[40]. Es entspricht allgemeinen Rechtsgrundsätzen, daß die europäischen Organe hierauf reagieren. Ein solches Beteiligungsrecht kann jedoch offensichtlich nicht zu einer besonderen Sorgfaltspflicht und damit verbundenem Klagerecht führen.

---

39 FusionskontrollVO.
40 Für das Parlament vgl. Art. 128-130 GO des EG-Parlamentes; gegenüber Kommission vgl. GTE-Schmitt von Sydow Rn. 13 zu Art. 155 mit Hinweis auf ein von der Kommission entworfenes Beschwerdeformular ABl. Nr. C 16 v. 1. Februar 1989, S. 6.

C. Problemfälle

Um Inhalt und Grenzen des oben skizzierten Argumentationsmodells besser zu verstehen, werden am Schluß dieser Untersuchung einzelne Probleme im Zusammenhang mit dem Klagerecht Dritter herausgegriffen.

I. Fusionskontrolle

Das Gebiet der Fusionskontrolle eignet sich besonders gut, um die Möglichkeiten des hier vertretenen Argumentationsmodells gegenüber anderen Ansätzen abzugrenzen. Zum einen kennt die FusionskontrollVO im Gegensatz zum Kartellrecht und Außenhandelsrecht kein Antragsrecht Dritter. Zum anderen sind Dritte erst in der zweiten Phase des Verfahrens anzuhören, sofern sie ein hinreichendes Interesse geltend machen können[41]. Bereits aus diesen beiden Gründen ist schon streitig, ob die Rechtsprechung des Gerichtshofes auf das Fusionskontrollrecht übertragen werden kann[42]. Darüber hinaus soll unabhängig von Bestand und Umfang an Verfahrensrechten ein Klagerecht Dritter ausgeschlossen sein. Diese Auffassung ist zunächst zu prüfen.

1. Schutzrichtung der Fusionskontrolle

Kritiker eines Klagerechts stützen sich auf das Ziel der Funktionskontrolle. Im Gegensatz zum Kartellverbot und dem Verbot des Mißbrauchs von Marktmacht schütze die Zusammenschlußkontrolle nur die wettbewerbsrechtliche Struktur der Märkte, nicht die individuellen Freiheitsrechte einzelner Marktteilnehmer[43].

Ohne hier näher zu untersuchen, inwiefern die Fusionskontrolle in dieser Hinsicht richtig charakterisiert ist, kann darauf verwiesen werden, daß es bei dem hier anzuwendenden Argumentationsmodell gar nicht darauf ankommt, ob die Fusionskontrolle drittschützende Funktion hat. Die maßgeb-

---

41 Vgl. Art. 18 IV 2.

42 Die oben bereits zitierte *Air-France*-Entscheidung hat in dieser Hinsicht keine Klärung bewirkt, vgl. 2. Kapitel/C/I/4.

43 Vgl. Koch, Kontrolle von Unternehmenszusammenschlüssen, in: EWS 1990, 65 (72); Miersch, Kontrolle von Unternehmenszusammenschlüssen, S. 9 ff.; Übersicht m.w.N.; vgl. Karl, Rechtsstellung Dritter, S. 75.

liche Frage ist vielmehr, ob der durch den Kläger geltend gemachte Nachteil auch ein Nachteil ist, den die Fusionskontrolle im öffentlichen Interesse vermeiden will.

In diesem Zusammenhang ist zu überlegen, inwiefern die Fusionskontrolle Wettbewerbsbeeinträchtigungen Dritter als mit den Interessen der Gemeinschaft unvereinbar betrachtet. Hier stellt sich nämlich das Problem, daß es strittig ist, ob die Fusionskontrolle rein wettbewerblich ausgerichtet ist[44], d.h. eine Monopolisierung bzw. Oligopolisierung[45] des Marktes grundsätzlich verhindern will oder ob auch industriepolitische Gesichtspunkte[46] zu berücksichtigen sind, wie z.b. wirtschaftlicher Fortschritt (z.B. Entwicklung von Spitzentechnologie), der dank der Synergieeffekte eines Zusammenschlusses entstehen kann. Insofern könnte also der Nachteil eines Wettbewerbers sogar ein Vorteil für die Gemeinschaft in dem Sinne sein, daß durch den Zusammenschluß ein Unternehmen entsteht, das auf dem Weltmarkt wettbewerbsfähig ist.

Unterstellt, solche industriepolitischen Erwägungen sind - zumindest nachdem die Industriepolitik und die Wettbewerbsfähigkeit durch den Unions-Vertrag in den EG-Vertrag inkorporiert wurden[47] - von nun an stärker zu beachten, so ändert sich nichts daran, daß die Kommission zunächst die Struktur der Märkte gründlich zu analysieren hat. Hierbei bedarf sie des Dritten. Des weiteren können industriepolitische Zielsetzungen immer nur als rechtfertigungsbedürftige Abweichungen von einer wettbewerblichen Marktstruktur verwirklicht werden. Insofern wäre jeder individuelle Nachteil, der nicht ausreichend industriepolitisch legitimiert ist, auch ein Nachteil für die Gemeinschaft und die Errichtung eines Bin-

---

44 Vgl. hierzu Immenga, Unverfälschter Wettbewerb, WuW 1990, 371 (372 ff.); Immenga, Europäische Fusionskontrolle, S. 5 ff.; Ehlermann, Wettbewerbspolitik, RiW 1993, 793 (795); vgl. für einen möglichen „new approach" der Kommission durch den neuen Generaldirektor: Picat/Zachmann, Concentration Operations, in: ECLR 1993, 240 (245).

45 Vgl. *Nestlé-Perrier*-Entscheidung der Kommission, nach der eine marktbeherrschende Stellung auch von einem Oligopol eingenommen werden kann.

46 Vgl. den neuen Art. 3 lit. 1 u. Art. 130 EG-Vertrag.

47 Vgl. Art. 130 EG-Vertrag.

nenmarktes[48]. Insofern liegt es auch hier im Gemeinschaftsinteresse, dem Konkurrenten ein Klagerecht einzuräumen.

Ergebnis: Es ist völlig unerheblich, ob die Fusionskontrolle zugunsten des einzelnen Teilnehmers des jeweils von der Fusion betroffenen Marktes vorgenommen wird. Auf den subjektivrechtlichen Gehalt kommt es bei dem hier vertretenen Klagemodell nicht an. Aus der Natur des Fusionskontrollrechts ergibt sich, daß der einzelne die Funktion eines Anwaltes öffentlicher Interessen ausübt, wenn er Klage erhebt.

2. Antragsrecht fehlt; Anhörung nur im Hauptverfahren

Das Fusionskontrollverfahren kennt kein dem Kartell- bzw. Antidumpingrecht vergleichbares Beschwerderecht. Eine Anhörungsmöglichkeit ist den Dritten nur im Hauptverfahren eingeräumt. Für das Vorverfahren, in welchem bereits viele Kontrollverfahren abgeschlossen werden[49], existiert überhaupt keine verfahrensrechtliche Garantie. Es gibt daher Stimmen, die an einer Anknüpfung an die bisherige Judikatur zur Klagebefugnis verfahrensbeteiligter Dritter zweifeln[50]. Solche Zweifel betreffen insbesondere die Autoren, die das Klagerecht im wesentlichen mit dem Antragsrecht rechtfertigen[51].

Wegen der nicht sehr ausgeprägten verfahrensrechtlichen Stellung des Dritten stützen einige Autoren das Klagerecht deshalb auch auf vom Verfahren unabhängige Gesichtspunkte. Beispielsweise sollen die dem Dritten wegen der Fusion drohenden wirtschaftlichen Einbußen zur Klage legitimieren[52]. Nach anderer Ansicht genüge bereits die Eigenschaft, Konkurrent der fusionierenden Unternehmen zu sein[53].

---

48 Immenga, Europäische Fusionskontrolle, S. 37 ff., der der Konkurrentenklage die Funktion zuspricht, die wettbewerbliche Grundaussage der Fusionskontroll-VO auch tatsächlich durchzusetzen und damit eine Politisierung der Zusammenschlußkontrolle zu verhindern.

49 Immenga, Euopäische Fusionskontrolle, S. 39.

50 Vgl. hierzu Bos/Stuyck/Wytinck, Concentration Control, S. 327 (Rn. 4-365) m.w.N.

51 Fischer, Dritte im Wettbewerbsverfahren, S. 62 ff.

52 Bos/Stuyck/Wytinck, Concentration Control, S. 327 (Rn. 4-365); Immenga, Unverfälschter Wettbewerb, WuW 1990, 371 (381).

53 Vgl. editorial comments CMLRev. 1992, 1 (3); Niemeyer, Fusionskontrolle. S. 21.

Andere Autoren versuchen, die verfahrensmäßige Stellung des Dritten durch den Rückgriff auf ungeschriebene Beteiligungsrechte auszubauen[54]. Nach der hier vertretenen Auffassung ist nicht die verfahrensmäßige Stellung des klagenden Dritten entscheidend, sondern der Gleichklang von individuellem und kollektivem Interesse. Insofern ist es ohne Belang, daß dem Dritten in der Fusionskontrolle kein Antragsrecht zusteht.

3. Art des Betroffenseins

Wie oben bereits festgestellt, ist der Dritte individuell betroffen, sofern er sich am Verfahren beteiligt hat oder dies nur deshalb nicht konnte, weil die Kommission das Verfahren zuvor eingestellt hatte. Das gilt auch für eine Klage im Rahmen der Fusionskontrolle.

Das unmittelbare Betroffensein soll nach der oben formulierten Auffassung davon abhängig sein, an welchem individuellen Nachteil sich die streitgegenständliche Regelungsmaterie orientiert. Im Kartellrecht war es die Wettbewerbsbeschränkung. Für die Fusionskontrolle kann dieses Kriterium nicht uneingeschränkt übernommen werden. Art. 2 Abs. 2 FusionskontrollVO stellt auf die durch die Fusion begründete oder ausgebaute marktbeherrschende Stellung ab, die den Wettbewerb zumindest in einem wesentlichen Teil ausschließt[55]. Dementsprechend ist nur dasjenige Unternehmen unmittelbar betroffen, das wegen eines Ausschlusses vom Wettbewerb beeinträchtigt wird. Eine bloße Wettbewerbsbeschränkung genügt hier also nicht[56].

Diese Differenzierung ist Ausdruck einer Klagebefugnis, die sich auf die Rolle des Dritten als Anwalt des Gemeinschaftsinteresses gründet.

---

54 Immenga, Euopäische Fusionskontrolle, S. 40; Jones/Gonzáles-Díaz, Merger Regulation, S. 211.
55 Vgl. Miersch, Kontrolle von Unternehmenszusammenschlüssen, S. 29; ständige Rspr. zu Art. 86 EG-Vertrag, vgl. nur EuGH (*Hoffmann-La Roche*) Slg. 1979, 461 (520 - Rn. 38): „... die dieses in die Lage versetzt, die Aufrechterhaltung eines wirksamen Wettbewerbs auf dem relevanten Markt zu verhindern, ...".
56 Im Ergebnis genauso Karl, Rechtsstellung Dritter, S. 79.

II. EG-Subventionierung

Kann ein Marktteilnehmer gegen die Subventionierung seines Mitbewerbers aus EG-Mitteln vorgehen?

Im Gegensatz zu mitgliedstaatlich gewährten Beihilfen gelten die Art. 92 bis 94 EG-Vertrag hier nicht[57]. Dementsprechend gibt es auch kein Beihilfenaufsichtsverfahren, in dem der Dritte beteiligt werden müßte[58].

Nach dem hier vertretenen Modell kommt es darauf an, ob die Beihilfegewährung einer Regelung unterliegt, die versucht, den individuellen Nachteil eines Marktteilnehmers aus öffentlichem Interesse zu verhindern. Genau das ist aber nicht der Sinn und Zweck der Beihilfegewährung. Zwar sind die Organe verpflichtet, für die Gewährleistung des innergemeinschaftlichen Wettbewerbs Sorge zu tragen[59]. Zweck der z.B. im Agrarrecht vorgenommenen Regelungen ist aber zumeist, einzelnen Marktteilnehmern wegen bestimmter Umstände finanzielle Zuwendungen zukommen zu lassen. Insofern kann es durchaus im Gemeinschaftsinteresse liegen, daß sich die Wettbewerbsposition eines anderen Marktteilnehmers aufgrund der Beihilfe verschlechtert.

Hier ist insoweit eine Grenze des hier vertretenen Argumentationsmodells erreicht. Eine am Gemeinschaftsinteresse orientierte Betrachtung kann dem Dritten nicht zu einem Klagerecht verhelfen. Ein Klagerecht in diesem Bereich kann sich nur auf den Rechtsschutzgedanken stützen.

III. Klagen gegen Verordnungen

Eine zweite Grenze erreicht das hier vertretene Modell, wenn es darum geht, die Klagebefugnis gegen Verordnungen zu begründen.

Die hier vertretene Argumentation gilt zwar auch für den Verband von Gemeinschaftsherstellern, die gegen eine nach ihrer Ansicht zu milde Antidumping-Zollverordnung vorgehen wollen. Dieses Argumentationsmodell läßt sich allerdings nicht auf andere Gruppen von Klägern übertragen, die gegen eine solche Verordnung vorgehen wollen. Hier hat der EuGH

---

57   Vgl. GTE-Wenig Rn. 4 zu Vorbemerkung zu Art. 92 bis 94.
58   GTE-Wenig Rn. 4 zu Vorbemerkung zu Art. 92 bis 94.
59   Vgl. GTE-Wenig Rn. 4 zu Vorbemerkung zu Art. 92 bis 94.

jedoch einen eigenständigen Ansatz geschaffen, der nicht mehr auf die genaue Analyse der Rechtsnatur einer Verordnung zielt, sondern auf die Frage, ob der Anlaß der Verordnung ein individuelles wirtschaftliches Verhalten war. Der Ausschluß von Individualklagen gegen Verordnungen wird damit auf den ursprünglichen Sinn und Zweck zurückgeführt, der es nicht verlangt, administrative Maßnahmen vom Klagerecht auszunehmen.

Resumée

Ausgangspunkt dieser Arbeit war die Frage, inwiefern die Tatsache der Verfahrensbeteiligung einen Dritten zur Erhebung einer Nichtigkeitsklage legitimieren könne.

Wie diese Untersuchung gezeigt hat, kann die Klageberechtigung nicht allein auf die Tatsache der Verfahrensbeteiligung oder auf die Gewährung von Verfahrensgarantien gestützt werden, sondern muß sich an der Funktion des Klägers als Anwalt des öffentlichen Interesses orientieren. Als solcher fungiert er, wenn die Verfolgung seines Interesses gleichzeitig dem Gemeinschaftsinteresse dient und die streitgegenständliche Regelung an diesen individuellen Nachteil anknüpft.

Der Gang der Argumentation kann folgendermaßen nachgezeichnet werden:

Die *Plaumann*-Formel erklärt nicht, inwiefern eine Verfahrensbeteiligung einen Dritten zur Klageerhebung befugt. Sie ist eine Leerformel, die keine Prognose darüber ermöglicht, welche Umstände zur Klage legitimieren.

Auch den Konkretisierungen, die diese Formel von der Rechtsprechung erfahren hat, läßt sich die Judikatur zur Klagebefugnis verfahrensbeteiligter Kläger nicht zuordnen.

Im Rahmen eines rechtsnaturorientierten Ansatzes ist eine Verfahrensbeteiligung für die Frage nach dem Klagerecht bedeutungslos. Dieser Ansatz orientiert sich allein daran, ob die angegriffene Maßnahme generell oder individuell gilt. Definitionsgemäß ist ein Dritter aber nicht derjenige, für den die Maßnahme Rechtswirkung entfaltet, sondern derjenige, der von den tatsächlichen Auswirkungen der Maßnahme betroffen ist.

Auch in den übrigen Konkretisierungen der *Plaumann*-Formel wird nicht auf Verfahrensbeteiligung bzw. die Einräumung von Verfahrensgarantien abgestellt. Eine Ausnahme gilt für Klagen gegen Antidumping-Zollverordnungen. Hier beruft sich der Gerichtshof auf die Verfahrensbeteiligung der Hersteller bzw. der abhängigen Importeure. Für das Klagerecht ausschlaggebend ist indessen, daß aufgrund der Verfahrensbeteiligung der Inhalt der angegriffenen Maßnahme auf das individuelle Verhalten des Klägers ausgerichtet werden konnte. Die hier interessierenden verfahrensbeteiligten Dritten sind jedoch gerade nicht in einer derartigen Weise ursächlich für den Regelungsinhalt der von ihnen angegriffenen Maßnahme geworden.

Weil die Urteile zur Klagebefugnis Verfahrensbeteiligter sich somit als eigenständige, von bisherigen Ansätzen des Gerichtshofes unabhängige Lösungen erwiesen haben, mußte nach dem Konzept gefragt werden, das dieser Rechtsprechung zugrundeliegen könnte.

Versuche, die Dritten wegen ihnen eingeräumter Verfahrensrechte zu Adressaten an sie selbst gerichteter Entscheidungen zu machen und dadurch das Drittbetroffenen-Problem zu umgehen, scheitern bereits im Ansatz oder setzen eine Erörterung der subjektiven Rechte des Antragstellers voraus.

Diese Erörterung geht in die Frage über, ob der Kläger eine Möglichkeit des Rechtsschutzes haben muß oder nicht. Damit ist mit dieser Konzeption nichts gewonnen.

Eine Interpretation, die die Urteile zur Klagebefugnis verfahrensbeteiligter Kläger als Ausprägung der Rechtsschutzgarantie deutet, besitzt auf den ersten Blick große Attraktivität. Die nähere Analyse zeigt aber, daß das Bestehen eines hierfür erforderlichen subjektiven (Grund-) Rechts für alle der hier einschlägigen Regelungsgebiete sehr zweifelhaft ist. Die anzutreffenden Argumentationen werden oft zirkulär geführt. Der Rechtsschutz wird von der Existenz eines subjektiven Rechts abhängig gemacht, das subjektive Recht wiederum mit der Rechtsschutzbedürftigkeit des Klägers begründet.

Insbesondere genügt es nicht, aus dem Bestehen eines Verfahrensrechts auf die Verletzung subjektiver Rechte durch die angegriffene Maßnahme zu schließen. Die deshalb erforderliche Untersuchung zum Drittschutzcharakter der jeweiligen Regelungsmaterie gestaltet sich vor allem im Fusionskontrollrecht und im außenhandelsrechtlichen Schutz des Wettbewerbs als außerordentlich schwierig. Eine starke Vermutung spricht dafür, daß sich nur für einen Teil der vom Gerichtshof entschiedenen Fälle ein subjektives Recht finden ließe. Damit wäre dieser Ansatz restriktiver als die Urteile des EuGH's. Der Gerichtshof hat erst gar nicht versucht, diesen Normen eine drittschützende Funktion zuzusprechen.

Eine angemessene Erklärung der Klagebefugnis des verfahrensbeteiligten Dritten muß bei der Auslegung der Tatbestandsmerkmale des Art. 173

Abs. 4 EG-Vertrag die rechtsfortbildende Judikatur zum Klagerecht Privater berücksichtigen.

Eine Analyse dieser Urteile offenbart die beiden wesentlichen Argumente, auf die sich der Gerichshof für die Gewährung von Rechtsschutz stützt: zum einen die Garantie eines effektiven Rechtsschutzes (oder besser: Schutzes berechtiger Interessen), zum anderen der Gedanke der Effektivität des Gemeinschaftsrechts. Dabei spielt der Effektivitätsgedanke die zentrale Rolle.

Legitime Interessen Dritter können ohne größere Schwierigkeiten festgestellt werden.

Der Effektivitätsgedanke ist gleichzusetzen mit dem besonderen Interesse an der ordnungsgemäßen Anwendung der streitgegenständlichen Materie. Dieses besondere Interesse besteht, wenn sich die Regelungsmaterie als konstituierend für den Integrationsprozeß erweist. In diesem Fall übernimmt der klagende Dritte die Funktion eines Anwaltes des Gemeinschaftsinteresses.

Unter Zugrundelegung dieses besonderen Gemeinschaftsinteresses ist der klagende Dritte dann von einer Maßnahme unmittelbar betroffen, wenn er einen individuellen Nachteil erleidet, der für die der Maßnahme zugrundeliegende Rechtsmaterie Anknüpfungspunkt ist. Weil die im Rahmen dieser Argumentation eingenommene Perspektive vom Gemeinschaftsinteresse ausgeht, genügt es, daß diese Rechtsvorschriften an individuelle Nachteile anknüpft, um integrationsfördernde Ziele zu verwirklichen. Eine drittschützende Funktion dieser Vorschriften ist nicht erforderlich.

Für das Vorliegen der unmittelbaren Betroffenheit müssen die individuellen Nachteile und die Anknüpfungsmerkmale der jeweiligen Norm deckungsgleich sein.

Für das Kartellrecht kommt es demnach darauf an, ob der Dritte eine Wettbewerbsbeschränkung erleidet. Im Fusionskontrollrecht zählen allein Nachteile wegen einer den Wettbewerb ausschließenden marktbeherrschenden Stellung eines Konkurrenten. Dritte, die individuelle Nachteile nicht-wettbewerbsrechtlicher Art erleiden, können ihr Klageinteresse nicht auf dieses Argumentationsmodell stützen.

Individuell ist derjenige Dritte betroffen, der sich am Untersuchungsverfahren beteiligt hat oder sich wegen einer Einstellung im Vorverfahren nicht mehr beteiligen konnte.

Das hier vertretene Modell einer Klagebefugnis hat mehrere Vorteile:

– Es kommt ohne die Prüfung subjektiver Rechte aus.
– Das Klagerecht dient der Sicherung und Förderung eines Gemeinsamen Marktes.
– Das Klagemodell steht in Übereinstimmung mit der Judikatur zur Ausweitung der Klagemöglichkeiten Privater.

An Grenzen stößt dieser Ansatz in Bereichen, in denen die der angegriffenen Maßnahme zugrundeliegende Regelungsmaterie für die Erreichung ihres dem Allgemeinwohl dienenden Zwecks nicht an individuelle Nachteile des Klägers anknüpft.

Trotz dieser Einschränkungen erweist sich dieses Modell als handhabbares Instrument, um sowohl dem schutzwürdigen Interesse des Dritten als auch dem Interesse der EU zu dienen.

Das öffentliche Interesse an der Durchsetzung des EG-Rechts kann zur Ausweitung des individuellen Klagerechts führen. Hierauf will diese Arbeit hinweisen.

Literaturverzeichnis

Arnull, Anthony: Challenging EC Antidumping Regulations: The Problem of Admissibility, in: ECLR 1992, 73.

Barav, Ami: Direct and individual concern: an almost unsurmountable barrier to the admissibility of individual appeal to the EEC Court, in: CMLRev. 1974, 191.

Bast, Joachim / Blank, Klaus Günter: Beihilfen in der EG und Rechtsschutzmöglichkeiten für Wettbewerber, in WuW: 1993, 181-199.

Bechtold, Rainer: Die Stellung der Kommission und der Unternehmen im EWG-Kartellverfahren, in: EuR 1992, 41.

Bernhardt, Wilfried: Verfassungsprinzipien - Verfassungsgerichtsfunktionen - Verfassungsprozeßrecht im EWG-Vertrag, Berlin 1987.

Beutler, Bengt / Bieber, Roland / Pipkorn, Jörn / Streil, Jochen: Die Europäische Union - Rechtsordnung und Politik -, Baden-Baden 1993.

Bleckmann, Albert: Das Ziel des gerichtlichen Rechtsschutzes: Schutz des einzelnen oder objektive Kontrolle der vollziehenden Gewalt? Die Rolle der Klagebefugnis, in: Mosler (Hg.), Gerichtsschutz gegen Exekutive, Teil 3 Rechtsvergleichung Völkerrecht, Deutsche Ausgabe, Köln 1971.

—   Teleologie und dynamische Auslegung des Europäischen Gemeinschaftsrechts, EuR 1979, 239.

—   Die Freiheiten des Gemeinsamen Marktes als Grundrechte, in: Das Europa der zweiten Generation, GS für Sasse, Bd. 2, Kehl am Rhein 1981.

—   Zu den Auslegungsmethoden des Europäischen Gerichtshofs, in NJW 1982, 1177.

—   Die Rechtsquellen des Europäischen Gemeinschaftsrechts, in: NVwZ 1993, 824.

—   Rechtsetzung und Vollzug des EG Rechts, in Dauses, Handbuch des EG-Wirtschaftsrechts, München, Februar 1993, B I Rn. 15.

Börner, Bodo: Kann ein Dritter die Kommission zwingen, einen Verstoß gegen Art. 85, 86 EWG-Vertrag zu verfolgen? in: EuR 1984, 181 ff.

Bos, Pierre / Stuyck, Jules / Wytinck, Peter: Concentration Control in the European Economic Community, London 1992.

v.Burchard, Friedrich: Der Rechtsschutz natürlicher und juristischer Personen gegen EG-Richtlinien gemäß Artikel 173 Abs. 2 EWGV, in EuR 1991, 140.

Bredimas, Anna: Methods of Interpretation and Community Law, Amsterdam 1978.

Cane, Peter: Administrative Law, Oxford 1986.

Ciresa, Meinhard: Beihilfenkontrolle und Wettbewerbspolitik in der EG, München 1992.

Collins, Lawrence: European Community Law In The United Kingdom, London 1990.

Constantinesco, Léotin-Jean: Das Recht der Europäischen Gemeinschaften I, Baden-Baden 1977.

Craig, Paul P.: Administrative Law, London 1989.

v.Danwitz, Thomas: Die Garantie effektiven Rechtsschutzes im Recht der Europäischen Gemeinschaft, NJW 1993, 1108.

Dauses, Manfred A.: Handbuch des EG-Wirtschaftsrechts, München 1993 (Stand: Februar 1993).

Dauses, Manfred A. / Fugmann, Friedrich: Europäische Fusionskontrolle: wettbewerbspolitisches Instrument zur Verwirklichung des Binnenmarktes, ZfRV 1993, 177.

David, René / Grasmann, Günther: Einführung in die großen Rechtssysteme der Gegenwart, München 1988

Deimel, Albert: Rechtsgrundlagen einer europäischen Zusammenschlußkontrolle, Baden-Baden 1992.

Dienes, Karsten: Die europäische Integration und die Rechtsweggarantie, Diss., Münster 1975.

Dinnage, James: Locus Standi and Article 173 EEC: the Effect of Metro SB Großmärkte v. Commission, in: ELRev. 1979, 15.

Due, Ole: Verfahrensrechte der Unternehmen im Wettbewerbsverfahren, in: EuR 1988, 33.

Ehle, Dietrich: The Legal Protection of Enterprises of the Common Market within the Jurisdiction of the ECJ and of national courts, in: 6 CMLRev. 1969, 193.

Ehlermann, Claus Dieter: Ist die Verordnung Nr. 17 noch zeitgemäß?, WuW 1993, 997.

—   Wettbewerbspolitik im Binnenmarkt, in: RiW 1993, 793.

Everling, Ulrich: Rechtsvereinheitlichung durch Richterrecht in der Europäischen Gemeinschaft, in: RabelsZ 1986, 193 ff.

—   Rechtsanwendungs- und Auslegungsgrundsätze des Gerichtshofs der EG, in: Kruse (Hg.) Zölle, Verbrauchssteuern, europäisches Marktordnungsrecht, Köln 1988, S. 51 ff.

—   Zur richterlichen Kontrolle der Tatsachenfeststellungen und der Beweiswürdigung durch die Kommission in Wettbewerbssachen, in: WuW 1989, 877.

Fikentscher, Wolfgang / Hoffman, Gerhard: Einfluß der Form eines Rechtsaktes der europäischen Gemeinschaftsorgane auf den Rechtsschutz vor dem Gerichtshof der Europäischen Gemeinschaften, in: SEW 1964, 289.

Fischer, Claudia: Die Stellung Dritter im europäischen Wettbewerbsverfahren, Frankfurt 1990.

Forster, Richard: Taking on the Commission: Procedural Possibilities for an Applicant Following Submission of a Complaint, in: ECLR 1993, 256.

Fromont, Michel: L'influence du droit francais et du droit allemand sur les conditions de recevabilité due recours en annulation devant la Cour de Justice des Communautés européennes, in: RTDE 1966, 47 ff.

Geiger, Rudolf: Kommentar zum EG-Vertrag, München 1993.

Grabitz, Eberhard: Kommentar zum EWG-Recht, München, Juni 1990.

225

v.d.Groeben, Hans / Thiesing, Jochen / Ehlermann, Claus-Dieter: Kommentar zum EWG-Vertrag, Baden-Baden 1991.

Hailbronner, Kay / Heydebrand u.d. Lasa, Hans-Christoph: Der gerichtliche Rechtsschutz im Antidumping- und Antisubventionsrecht der Europäischen Wirtschaftsgemeinschaft, in: RiW 1986, 889.

Hartley, Trevor C.: Foundations of European Community Law, Oxford 1981.

— Locus standi under Article 173: the Japanese ball bearing cases, in: ELRev. 1979, 265.

Heidenhain, Martin: Zur Klagebefugnis Dritter in der europäischen Fusionskontrolle, in: EuZW 1991, 590.

Hoppmann, Erich: Wirtschaftsordnung und Wettbewerb, Baden-Baden 1988.

Hübner, Ulrich / Constantinesco, Flad: Einführung in das französische Recht, München 1988.

Ibsen, Hans Peter: Europäisches Gemeinschaftsrecht, Tübingen 1972.

Immenga, Ulrich: Die Sicherung unverfälschten Wettbewerbs durch Europäische Fusionskontrolle, in: WuW 1990, 371.

— Die europäische Fusionskontrolle im wettbewerbspolitischen Kräftefeld, Tübingen 1993.

Jones, Christopher / Gonzàlez-Díaz, F. Enrique: The EEC Merger Regulation, London 1992.

Karl, Matthias: Die Rechtsstellung privater Dritter in der Europäischen Fusionskontrolle, in: Veelken, Karl, Richter, Die europäische Fusionskontrolle, Tübingen 1992.

Kerse, C.S.: EEC Antitrust Procedure London 1981.

Kevekordes, Johannes: Zur Rechtsstellung Drittbeteiligter im EG-(Kartell-)Verfahrensrecht, in: DB 1989, 2521.

Koch, Norbert: Die neuen Befugnisse der EG zur Kontrolle von Unternehmenszusammenschlüssen, in: EWS 1990, 65.

Koch, Klaus: Klagebefugnis Privater gegenüber europäischen Entscheidungen gemäß Art. 173 Abs. 2 EWGV, Frankfurt 1981.

König, Ludger: Die Klagebefugnis Privater im englischen Verwaltungsprozeß, Diss., Münster 1979.

Kopp, Ferdinand: Kommentar zur Verwaltungsgerichtsordnung, München 1992.

Kovar, Robert: Code européen de la concurrence, Paris 1993.

Kovar, Robert / Barav, Ami: Recours individuel en annulation, CDE 1976, 73.

Kutscher, Hans: Thesen zu den Methoden der Auslegung des Gemeinschaftsrechts aus der Sicht eines Richters; in Gerichtshof der Gemeinschaften (Hg.), Berichte - Begegnung von Justiz und Hochschule am 27. u. 28 September 1976, Luxemburg 1976, I-5 ff.

Kuyper / van Rijn: Procedural Guarantees in European Law, in: Yearbook of European Law (2), Jacobs (Hg.), Oxford 1982.

Landsittel, Ralf / Sack, Rolf: Dumpingsachen vor dem EuGH, in: NJW 1987, 2105.

226

Larenz, Karl: Methodenlehre der Rechtswissenschaft, Berlin u.s.w. 1991.

Lasok, K.P.E.: The European Court of Justice - Practice and Procedure -, London 1984.

Lauwaars, R.H.: The Admissiblity of the Action for Annulment: the IBM-Case, in: O'Keefe, Schermers (Hg.) Essays in European Law and Integration, Antwerpen 1982, 29 ff.

Leibrock, Gero: Der Rechtsschutz im Beihilfenaufsichtsverfahren des EWG-Vertrages, in: EuR 1990, 20.

Löw, Norbert: Der Rechtsschutz des Konkurrenten gegenüber Subventionen aus gemeinschaftsrechtlicher Sicht, Baden-Baden 1992.

Mertens de Wilmars, J., Reflexions sur les méthodes d'interprétation de la Cour de justice des Communautés européennes, in: CDE 1986,5.

Middeke, Andreas / Szczekalla, Peter: Änderungen im europäischen Rechtsschutzsystem, in: JZ 1993, 284.

Miersch, Michael: Kommentar zur EG-Verordnung Nr. 4064/89 über die Kontrolle von Unternehmenszusammenschlüssen, Neuwied 1991.

Mortelmans, K.: Les lacunes provisoire en droit communautaire, in: CDE 1981, 410.

Nicolaysen, Gert: Wirtschaftsfreiheit, in: Das Europa der zweiten Generation, 2. Band, GS für Sasse, Kehl am Rhein 1981.

Nicolaysen,Gert: Anmerkung zum Eridania-Urteil in: EuR 1970, 165.

–   Europarecht I, Baden-Baden 1991.

Niemeyer, Hans-Jörg: Die Europäische Fusionskontrollverordnung, Heidelberg 1991.

–   Erweiterte Zuständigkeit für das Gericht erster Instanz, in: EuZW 1993, 529.

–   Recent Developments in EC State Aid Law, in: EuZW 1993, 273.

Nofal, Samer Thomas: Der Rechtsschutz im Antidumping- und Wettbewerbsrecht nach Artikel 173 Abs. 2 und Artikel 175 Abs. 3 EWG-Vertrag, Diss Saarbrükken 1989.

Oppermann, Thomas: Europarecht, München 1991.

Paulis, Emil: La Position de la Partie Plaignante en Matière de Concurrence, in: Rev.trim.D.E. 1987, 621.

Pernice, Ingolf: Gemeinschaftsverfassung und Grundrechtsschutz - Grundlagen, Bestand und Perspektiven, in: NJW 1990, 2409.

Pescatore, Pierre: La carence du legislateur communautaire et le devoir du juge, in GS Constantinesco, Köln 1983, 559 (576 ff.).

Petersmann, Ernst-Ulrich: Thesen zur Wirtschaftsverfassung der EG, EuZW 1993, 593.

Picat, Marc / Zachmann, Jacques: Community Monitoring of Concentration Operations: Evaluation after over Two Years'of Application of Regulation 4064/89, in: ECLR 1993, 240.

Pijnacker Hordijk, Erik H.: Judicial Protection of Private Interests under the EEC Competition Rules relating to State Aids, in: LIEI 1985, 67.

Prieß, Hans-Joachim: Die Verpflichtung der Europäischen Gemeinschaft zur Amts- und Rechtshilfe, EuR 1991, 342.

Rabe, Hans-Jürgen: Das Gericht erster Instanz der Europäischen Gemeinschaften, in: NJW 1989, 3041.

Rasmussen, Hjalte: Why is Article 173 Interpreted against Private Plaintiffs?, in: ELRev 1980, 112.

Rengeling, Hans-Werner: Grundrechtsschutz in der Europäischen Gemeinschaft, München 1993.

Riedel, Eibe H.: Kontrolle der Verwaltung im englischen Rechtssystem, Berlin 1976.

Rodriguez Iglesias, Gil Carlos: Der Gerichtshof der Europäischen Gemeinschaften als Verfassungsgericht, in: EuR 1992, 225.

Rolf, Reinhard: Die Rechtsstellung Betroffener bei der Anwendung außenhandelsrechtlicher Schutzinstrumente in den Vereinigten Staaten und der Europäischen Gemeinschaft, Frankfurt 1991.

Rüber, Hans-Josef: Konkurrentenklage deutscher Unternehmer gegen Wettbewerbsverzerrende Subventionen im Gemeinsamen Markt, in: NJW 1971, 2097.

Schermers, Henry G. / Walbroek, Denis: Judicial Protecion in the European Community, Deventer 1992 (5. Auflage).

Schmid-Lossberg, Alexander: Kontrolldichte im EG-Wirtschaftsrecht, Frankfurt 1992.

Schmidt, Karsten: Klagebefugnis verfahrensbeteiligter Dritter im europäischen und nationalen Kartellrecht, in: FS für Steindorff, Berlin 1990, S. 1085 ff.

Schmidt-Aßmann, Eberhard: Kommentierung zu Art. 19 Abs. 4 GG, in: Maunz-Dürig, Grundgesetzkommentar, München, Stand: Dezember 1992.

Schmitt Glaeser, Walter: Die Position der Bürger als Beteiligte im Entscheidungsverfahren gestaltender Verwaltung, in Lerche, Schmitt Glaeser, Schmidt-Aßmann, Verfahren als staats- u. verwaltungsrechtliche Kategorie, Heidelberg 1984.

Schroeder, Dirk: Anmerkungen zum EuG-Urteil v. 28.10.1993 in Rs T-83/92, in: EWRecht 1993, 1085.

Schwarze, Jürgen: Der funktionale Zusammenhang von Verwaltungsverfahrensrecht und verwaltungsgerichtlichem Rechtsschutz, Berlin 1974.

— Der Schutz des Gemeinschaftsbürgers durch allgemeine Verwaltungsrechtsgrundsätze im EG-Recht, in: NJW 1986, 1067.

— Rechtsschutz gegen Anti-Dumpingmaßnahmen der EG - zu Verfahren und richterlicher Kontrolle auf dem Gebiet der Aussenwirtschaftsverwaltung, in: EuR 1986, 217.

— Subventionen im Gemeinsamen Markt und der Rechtsschutz des Konkurrenten, in: GS für Martens, hrsg. von Peter Selmer u. Ingo v. Münch, Berlin 1987.

— Europäisches Verwaltungsrecht, Bd. 1 u. Bd. 2, Baden-Baden 1988.

— Tendances vers un droit administratif commun en Europe, in: RTDE 1993, 235.

Skouris, Wassilios: Verletztenklagen und Interessentenklagen im Verwaltungsprozeß, Köln 1979.

Stein, Torsten: Richterrecht wie anderswo auch?, in: Richterliche Rechtsfortbildung, FS der jur. Fakultät Heidelberg zur 600 Jahr-Feier der Ruprecht-Karls-Universität, Heidelberg 1986.

228

Steindorff, Ernst: Das Antragsrecht im EWG-Kartellverfahren und seine prozessuale Durchsetzung, in: AWD (RiW) 1963, 353.

— Ansprüche gegen die EG-Kommission auf Einschreiten gegen Kartellrechtsverstöße, in: ZHR 1986, 222.

Temple Lang, John: The Position of third Parties in EEC Competition Cases, in: ELRev. 1978, 177.

Toth, A.G.: Legal Protection of Indidivuals in the European Communities, Volume II, Amsterdam 1978.

Ule, Carl Hermann: Empfiehlt es sich, die Bestimmungen des europäischen Gemeinschaftsrechts über den Rechtsschutz zu ändern un zu ergänzen? in: Verhandlungen des sechsundvierzigsten Deutschen Juristentages, Bd. 1, Teil 4, München u. Berlin 1966.

van Empel, D.: note to Eridania, in: CMLRev 1970, 345.

Wegmann, Manfred: Die Nichtigkeitsklage Privater gegen Normativakte der Europäischen Gemeinschaften, Berlin 1976.

Weidinger, Wilhelm: Der Rechtsschutz betroffener Dritter, Stuttgart 1968.

Weinhardt, Dieter: Die Klagebefugnis des Konkurrenten, Göttingen 1973.

Wenig, Harald: Kommentierung zu Art. 92-94, in GTE, Kommentar zum EWG-Vertrag, Baden-Baden 1991.

— Kommentierung zum Art. 173 EWG-Vertrag, in: Grabitz, EWG-Kommentar, Baden-Baden 1991.

v.Winterfeld, Achim: Möglichkeiten der Verbesserung des individuellen Rechtsschutzes in den Europäischen Gemeinschaften, in: NJW 1988, 1409.

Woehrling, Jean-Marie: Die französische Verwaltungsgerichtsbarkeit im Vergleich mit der deutschen, in: NVwZ 1985, 21.

Zuleeg, Manfred: Subventionskontrolle durch Konkurrentenklage, Frankfurt a. M. 1974.

229

Verzeichnis wichtiger Judikatur

Hans-Georg Pelster

Wettbewerbsverbote in Unternehmensveräußerungsverträgen nach EG-Recht

Frankfurt/M., Berlin, Bern, New York, Paris, Wien, 1992. 356 S.
Europäische Hochschulschriften: Reihe 2, Rechtswissenschaft. Bd. 1260
ISBN 3-631-45029-X   br. DM 95.--*

Vertraglich vereinbarte Wettbewerbsverbote stellen sich im Rahmen von Unternehmensveräußerungen als zwingende Notwendigkeit dar. Sie dienen dazu, dem Erwerber den gesamten Geschäftswert des veräußerten Unternehmens zu übertragen. Anhand von Art. 85 EWGV wird die Zulässigkeit derartiger Konkurrenzklauseln untersucht. Die Entscheidungspraxis der EG-Kommission wie auch des EuGH wird dargestellt und einer kritischen Würdigung unterzogen. Das Kartellverbot ist eng verbunden mit der Zielbestimmung des Art. 3 lit. f) EWGV. Danach ist ein System zu errichten, "das den Wettbewerb innerhalb des Gemeinsamen Marktes vor Verfälschungen schützt". Vor diesem Hintergrund steht die Frage der extraterritorialen Anwendung der EG-Wettbewerbsregeln. Daneben stellt sich das Problem des Verhältnisses von Gemeinschaftsrecht zu nationalem Recht. Ziel muß es sein, der EG-Wettbewerbspolitik die Durchschlagskraft zu verleihen, welche notwendig ist, die Vorgabe des Art. 3 lit. f) EWGV zu realisieren.

Aus dem Inhalt: Extraterritoriale Anwendung der EG-Wettbewerbsregeln · Verhältnis von Gemeinschaftsrecht zu nationalem Recht · Das Kartellverbot des Art. 85 EWGV und seine Ausnahmen · Die Entscheidungspraxis von EG-Kommission und EuGH

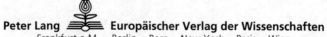
Peter Lang ☰ **Europäischer Verlag der Wissenschaften**
Frankfurt a.M. · Berlin · Bern · New York · Paris · Wien
Auslieferung: Verlag Peter Lang AG, Jupiterstr. 15, CH-3000 Bern 15
Telefon (004131) 9411122, Telefax (004131) 9411131
- Preisänderungen vorbehalten - *inklusive Mehrwertsteuer